칼 비테의 자녀 교육법

칼 비테의
자녀 교육법

칼 비테(Karl Witte) 지음 | 김락준 옮김

베이직북스

19세기 독일의 유명한 천재 Jr. 칼 비테! 그는 세살 때 글을 깨우치고 여섯 살 때부터 외국어를 배우기 시작해 여덟아홉 살 무렵에는 독일어, 영어, 이탈리아어 등을 자유롭게 구사했다. 또한 열여섯 살 때 법학박사 학위를 취득해 베를린 대학 법학과 교수가 되었고, 스물세 살 때《단테의 오해》를 집필해 단테 연구에 관한 권위자가 된 뒤로 줄곧 독일의 저명한 대학에서 교편을 잡다가 1883년에 세상을 떠났다.

칼 비테의 능력은 가히 하나님의 축복을 받았다고 여길 만큼 대단하다. 하지만 그의 지능지수가 평범하다면 믿겠는가? 칼 비테는 태어났을 때 주위 사람들에게 바보라는 소리를 들었다. 그런데도 그가 훗날 천재라는 명성을 얻을 수 있었던 것은 시골에서 목사를 지낸 아버지 칼 비테의 가정교육이 있었기에 가능했다.

평범한 아이큐를 지닌 아이가 크게 성공했다는 것은 가정교육이 성공적이었다는 것을 의미한다. 그래서 아들 칼 비테가 세간의 이목을 끌게 된 이후에 아버지 칼 비테의 교육사상과 방법은 전 유럽, 나아가 전 세계에서 조명 받게 되었다.

사람들은 아이들의 타고난 재능 뒤에 있는 무언가에 대해서 관심을 갖기 시작했다. 여기서 그 무언가는 부모의 이념교육, 방법 및 자녀교육에 대한 열의를 뜻한다. 사실 타고난 재능이 없더라도 제대로 된 교육을 받으면 누구나 비범한 사람이 될 수 있다. 아버지 칼 비테가 제시한 교육이념은 지금의 부모들에게도 여전히 유용하다.

- ♠ 아이의 실수를 인정하는 것은 아이가 좌절을 딛고 성공으로 나아가게 하는 중요한 요소다.
- ♠ 경청은 아이가 스스로 존중과 관심을 받고 있다고 느끼게 해서 자신의 능력을 더 적극적으로 인식하게 한다.
- ♠ 아이의 창의력은 많이 움직이고 생각하며 문제를 제기할 때 발달하므로 부모는 아이의 엉뚱한 물음에도 인내심 있게 대답해야 한다.
- ♠ 가정교육이 잘못되면 아이가 최고의 전문가에게 교육을 받아도 효과가 미미하다.

칼 비테의 교육이념은 오늘날 주목받고 있는 조기교육, 소질교육과 일치한다. 물론 모든 아이들을 칼 비테처럼 키우기란 불가능하다. 하지만 칼 비테의 교육방법을 적절히 활용하는 것은 좋은 시도라고 할 수 있다.

어느 바둑 기사는 성공의 원동력이 무엇이냐는 인터뷰에 부모와 가족에게 받은 조기교육의 공이 컸다고 말했다. 어릴 때 그는 할아버지의 손을 잡고 기원에 갈 때가 많았다. 할아버지는 늘 그를 옆에 앉혀두고 해설해주곤 했다. 서서히 바둑에 흥미를 가지게 된 그는 할아버지를 그림자처럼 따라다니며 기원을 출입했고 급기야 일이 생겨 급히 자리를 떠야하는 맞수를 대신해 네 살의 나이로 할아버지와 바둑을 두기에 이르렀다. 아들이 바둑에 흥미와 재능을 보이자 그의 아버지는 그 고장에서 가장 훌륭한 사범에게 레슨을 받게 했다. 그 결과 그는 여섯 살에 고장의 소문 난 바둑꾼이 되었다. 초등학교에 입학한 뒤에 그는 하루도 거르지 않고 스스로 바둑을 연구했고, 그의 아버지는 아들이 큰 대회에서 고수들과 겨루게 해 문제점을 분석하는 데 주력했다. 열 살 때 그는 도 대회에 나 가 우수한 성적을 거두고 훗날 국가대표에 선발돼 세계적인 바둑 고수가 되었다.

조기교육과 가정교육의 영향력은 지대하다. 많은 부모들은 궁금해 한 다. 어떻게 조기교육을 해야 아이가 성공할까? 조기에 실시한 교육을 아 이가 어느 정도 소화할 수 있을까? 조기교육 과정에서 발생하는 문제를 어떻게 해결해야 할까?

이 책은 아버지 칼 비테가 14세 이전의 아들에게 실시했던 조기교육과 아들 칼 비테가 조기교육을 받아들이는 상황에 대해서 두루 얘기하며 최 고의 답안을 제시한다. 또한 책에는 아들 칼 비테의 성장과정 및 아버지 칼 비테와 아들 칼 비테가 몸소 느낀 철학과 지혜가 들어있다.

아이를 비범한 인물로 키우기 위해서 좋은 교육방법을 물색하고 있는 부모에게 이 책은 가장 탁월한 선택이 될 것이다.

옮긴이가

차례

Volume 2. Jr. 칼 비테의 공부의 즐거움

하나님, 제 아이를
보호해 주세요

엄마의 마음이 엄마 자신은 물론 태아의 몸까지 지배한다는 점을 고려하면 엄마의 의지, 희망, 공포, 정신적인 고통이 태아에게 미치는 영향력은 매우 지대하다고 할 수 있다. 따라서 자녀교육은 아이의 엄마가 먼저 변하는 데서 시작해야 한다.
– 레오나르도 다빈치

♣ 아들의 성공은 모두 아내의 덕

아이는 하늘의 뜻에 따라 태어난다. 아이에게 세상은 매우 신기하고 낯선 곳으로 이런 세상에서 아이는 한없이 연약하고 무력하기만 하다. 하나님의 아들인 나는 아이가 건강하게 잘 자라나 세상을 즐겁게 살게 할 책임이 있다. 그래서 아이가 자라기 전에 인격적으로나 신체적으로 모든 조건을 갖추기 위해서 노력했다.

많은 부모들은 이런 고민을 아이가 두세 살이 돼야 비로소 하기 시작한다. 하지만 이 의무를 다 하려면 반드시 아이가 태어나기 전에 부모가 될 준비가 돼 있어야 한다. 다시 말해서 스스로 건강하고 하나님의 요구 조건을 충족시켜야 한다.

속담에 "근친은 가장 좋은 말과 개를 키워낸다"는 말이 있다. 하지만 사람에게만큼은 해당하지 않는 말이다. 이웃에 사는 목수 한센은 사촌누이와 결혼해 총 열 명의 아이를 낳았다. 하지만 얼마 안 돼 세 명의 아이가 죽었고 나머지 일곱 아이들도 죄다 병에 걸려 골골댄다. 한센과 그의 부인의 가족은 이곳에서 대대로 뿌리를 내리고 살았지만 곧 대가 끊길 위기에 놓였다. 벌써 인생의 말년에 접어든 한센은 늘 눈물로 슬픈 마음을 달래지만 그렇다고 현실을 되돌릴 순 없는 노릇이다.

이것은 무엇을 의미할까? 근친과 결혼하면 동물과 별반 다르지 않은 아이를 낳게 돼 부모가 몸과 마음을 졸이게 된다는 것이다.

사람들 중에는 부유하게 살기 위해서 부잣집 아가씨와 결혼하는가 하면 출세하기 위해서 명문가 규수와 결혼하고, 춤 솜씨에 반해 결혼하거나 단지 얼굴이 예쁘다는 이유로 결혼하기도 한다. 하지만 난 이렇게 어떤 목적을 가지고 배우자를 찾는 행태가 매우 싫다.

자신과 아이 모두의 행복을 보장받으려면 목적에 맞는 여자가 아니라 건강하고 내면이 아름다우며 성품이 좋은 여자를 부인으로 맞아야 한다. 단, 가족력의 여부와 눈에 띄는 문제점 정도는 살펴야 한다.

내 아내는 사람들이 흔히 말하는 미인은 아니다. 하지만 우리는 서로 열렬히 사랑한다. 내가 그녀를 선택한 건 그녀가 착하고 부지런한 데다가 똑똑하고 어느 상황에서건 날 이해하고 꿋꿋이 응원해주기 때문이다. 그녀는 가난한 목사를 남편으로 맞은 탓에 늘 생활고에 허덕이지만 한 번도 날 원망한 적이 없다.

대다수 여자들이 갖는 최고의 소원은 똑똑한 아이를 낳는 것이다. 물론 내 아내도 예외는 아니다. 첫 아이를 잃고 오랫동안 슬픔에서 벗어나

지 못했던 아내가 조금씩 달라지기 시작한 건 둘째 칼을 임신한 뒤부터
다.

"우리 아기는 어떻게 생겼을까요? 분명히 똑똑하고 예쁘겠죠?"

아내가 기대에 찬 표정으로 물을 때마다 난 늘 긍정적으로 대답했다.

"물론이지. 우리 아기는 분명히 똑똑하고 사랑스러울 거야."

우리 부부는 희망에 차서 둘째가 태어날 날을 손꼽아 기다렸다. 하지
만 첫째를 잃은 그늘에서 완전히 벗어난 것은 아니었다. 어느 날 아내가
갑자기 말했다.

"설마 이번에도 아기가……."

비록 아내가 중간에 말을 얼버무리긴 했지만 난 그녀가 무슨 말을 하
려는지 짐작할 수 있었다. 사실 나도 그것이 조금 걱정되었다. 난 미간을
찌푸리기만 할 뿐 아무 말도 할 수 없었다. 내 모습이 마음에 걸렸는지
아내가 말했다.

"여보, 미안해요. 모두 내 잘못이에요. 이런 생각을 하면 안 되는
데…… 분명히 우리 아기는 건강하게 태어날 거예요."

"암. 그렇고말고. 인자하신 하나님께서 우리 아기를 보호해주실 거
야."

내가 웃으며 대답했다. 우리 부부는 늘 이렇게 서로를 위로하며 이해
했다.

아내는 하나님이 내게 주신 가장 큰 은혜다. 감히 말하건대 아내의 지
지와 도움이 없으면 난 결코 가난한 형편에 행복하게 살 수 없었을 뿐더
러 아들인 칼 비테를 영재로 키우지 못했다.

아들이 태어나면서 시작된 어려움은 키우는 동안에도 계속되었다. 하지만 난 아내의 도움으로 결국 고난을 이겨냈다.

아내는 심혈을 다해서 아들을 보살폈다. 상상해보라. 선천적인 정신박약아를 잘 키우기 위해서 부모가 얼마나 많은 용기를 냈겠는가를! 늘 하나님 앞에서 생각하는 거지만 아들의 성공은 착한 아내가 있었기에 가능했다.

♣ 작은 실수

부모들은 모두 자신의 아이가 남보다 뛰어난 영재이길 바란다. 우리 부부도 마찬가지였다. 하지만 사람의 일이란 게 꼭 바람대로 되는 건 아닌가 보다. 아이가 태어나기 전까지 하루하루 설렘에 들떠 지낸 우리 부부는 막상 아이가 태어나자 한 가지 의문에 휩싸였다. 과연 이 아이가 영재가 될 수 있을까?

건강한 아이를 얻기 위해서 임신 전에 우리 부부는 각별히 심리적 건강과 체질개선에 힘썼다. 호화롭고 사치스러운 분위기는 자칫 사람을 향락에 빠지게 하고 정신을 흐려놓는다. 그래서 나와 아내는 의식주를 절약하며 검소하게 생활했다. 우리는 집에 있기보단 틈나는 대로 들판을 산책하며 맑은 공기를 마시고 자연의 아름다움을 감상했다. 그러면 마음이 그렇게 탁 트일 수가 없다. 우리 부부는 성격도 좋아서 자질구레한 일도 늘 평화로운 마음으로 대하고 여간해선 화를 내지 않았다. 둘째를 임신한 동안 얼마나 편안하고 즐겁게 생활했는지, 틀림없이 건강한 아이가 태어나리라고 장담했다.

대부분의 독일인은 맥주 마시기를 좋아하는데, 건강한 아이를 갖고 싶은 부모라면 반드시 애주가로서의 생활을 포기해야 한다. 우리 부부가 아이를 갖기로 결심했을 때 의사인 내 친구는 술을 마신 상태에서 아이를 임신하게 되면 태아의 발육이 늦고 지능도 상대적으로 떨어지는데, 특히 임산부가 술을 마셨을 경우 매우 심각한 결과가 생긴다고 충고했다. 그래서 우리 부부는 임신 3개월 전부터 금주에 들어갔다.

임신 기간에 우리는 되도록 마차를 타지 않고 운동 삼아 걸어다녔다. 태어날 아이에 대한 자신감이 컸기에 아내도 늘 쾌활하게 생활했다. 우리는 늘 들판에 나가 산책하거나 주위 언덕에 올라 의미 있는 대화를 나눴고, 가끔 아내가 꽃을 딸 때면 난 옆에서 돕곤 했다. 당시의 풍경과 우리가 나눴던 대화 내용이 아직도 머릿속에 생생하기만 하다.

그때 난 아름다운 풍경에 감탄을 금치 못했다.

"와! 이렇게 근사할 수가!"

아내가 웃으며 물었다.

"정말 아름답죠? 여보, 당신은 뭐가 가장 아름다워요?"

난 한껏 들떠 대답했다.

"그야 하나님의 작품이니 모두 아름답지. 저쪽에 보이는 바위는 힘이 넘치는 게 여간해서는 부서지지 않을 거 같고 또 저쪽에 있는 꽃은 아담한 모습이 매우 아름다워."

"정말 모두 한데 어우러져 조화를 이룬 모습이 꼭 한 폭의 그림 같아요."

"아들이 태어난다면 바위를 닮아 힘이 세면 좋겠어."

"여자아이면요?"

"여자아이면 만개한 꽃처럼 아름답고 귀여워야지."

"과연 그게 좋을까요? 당신 바람대로라면 우리 아이는 훌륭한 인물이 될 수 없을 거예요."

"어째서 훌륭한 인물이 될 수 없다는 거야?"

"남자아이건 여자아이건 건강하고 올바른 사람이어야 해요. 바위처럼 강인한 성격과 신체를 가진 데다 외모까지 예쁘면 금상첨화겠죠. 물론 아이의 외모를 우리가 어쩔 수 있는 건 아니지만 어쨌든 마귀처럼 못생기지 않으면 좋겠어요."

내가 웃으며 대답했다.

"물론이지. 우리 아이가 지옥 굴에 빠진 사람의 얼굴을 하고 태어나는 일은 없을 거야."

아내가 희망에 차서 말했다.

"칼, 부디 우리 아이가 독일에서 가장 지혜로웠으면 좋겠어요."

확실히 아이가 뛰어난 지혜를 가지는 것은 부모나 아이 일생에 모두 중요하다. 사실 이것은 우리 부부가 훗날 칼을 키우는 원칙이자 목표로 삼은 것이기도 했다.

우리 부부는 금슬이 좋아 싸우는 일이 극히 적었다. 태어날 아이를 위해서라도 우리는 화목하게 지내야 했다.

우리는 만반의 준비를 하고 아기가 태어날 날만을 손꼽아 기다렸다. 하지만 지금까지 두고두고 후회하는 한 가지 실수를 저질렀으니, 고양이나 강아지의 대변 및 동물들의 기생충이 태아에 심각한 영향을 줄 수 있다는 의사의 충고를 무시한 것이다. 그저 아내의 무료함과 답답함을 풀어주고자 한 것이 아기의 건강을 해치리라곤 전혀 예상하지 못했다.

♣ 하나님은 우리의 희망을 저버리지 않는다

아내가 임신한 뒤로 우리 부부는 일찍 자고 일찍 일어나는 등 일과 시간표를 엄격히 지키며 규칙적으로 생활했다. 난 젊을 때부터 한밤중에 기도하고 책을 보는 것을 좋아했는데, 모두 잠든 고요한 밤에 홀로 불을 밝히고 앉아 의미를 곱씹으며 책을 읽으면 그렇게 머릿속이 또렷해질 수가 없었다. 이것은 내 인생의 가장 큰 즐거움이기도 했다. 하지만 아내의 임신으로 이 습관을 버릴 수밖에 없었다. 아내가 임신하면 그 어느 때보다도 남편의 보살핌이 절실히 필요하지 않은가? 내가 늦게까지 책을 보면 분명히 아내는 편히 쉬지 못할 것이다. 비록 깊은 밤에 책을 보고 하나님과 대화하는 즐거움을 포기해야 했지만 사랑하는 아내와 앞으로 태어날 아이를 위해서라면 기꺼이 할 수 있었다.

이탈리아의 화가인 다빈치는 말했다.

"엄마의 마음이 엄마 자신은 물론 태아의 몸까지 지배한다는 점을 고려하면 엄마의 의지, 희망, 공포, 정신적인 고통이 태아에게 미치는 영향력은 매우 지대하다고 할 수 있다. 따라서 자녀교육은 아이의 엄마가 변화하는 데서 시작해야 한다."

뱃속에서 아이를 키우는 건 여간 힘든 일이 아니다. 그래서 남편으로서 난 최대한 아내를 보살피고 이해하며 지지하기 위해서 노력하고, 가끔 아내가 우울해하면 기분전환을 위해서 서로 감정을 교류하며 대화를 나눴다.

어느 날 전도활동을 마치고 집에 돌아와 평상시처럼 아내에게 키스하고 방으로 들어갔다. 하지만 아내가 불안에 떠는 모습에 뭔가 잘못되었다는 직감이 들었다.

"여보, 왜 그래?"

아내는 아무 말도 않고 그저 무력하게 날 바라보기만 했다. 난 도무지 이해가 되지 않았다. 줄곧 명랑하게 지내던 그녀를 무엇이 이토록 불안하게 만들었을까? 초점 없이 멍하니 앉아 있는 아내의 얼굴에 슬픔과 근심이 가득했다. 아내를 안으며 물었다.

"어디 아파? 그럼 나한테 말해야지. 무슨 일이든 먼저 내게 말하더니 오늘은 왜 이러는 거야?"

"카테리나의 아들이 죽었대요."

같은 마을 사람인 카테리나에게는 한 살 된 아들이 있었는데 건강이 좋지 않았다. 그녀의 가여운 아들이 선천적으로 희귀한 병에 걸렸다는 건 온 마을 사람들이 다 아는 사실이지만 그렇게 빨리 세상을 떠날 줄 꿈에도 몰랐다. 만약에 그날 내가 다른 마을에 전도하러 가지 않았으면 한

사코 아내에게 이 사실을 숨겼을 텐데, 이런 소식은 임산부에게 매우 받아들이기 힘든 사실이다.

아내가 말했다.

"오늘 낮에 카테리나 가족이 당신을 찾으러 왔어요. 갑자기 우리 애도 그렇게 되면 어떡하나, 아마 당신은 제가 얼마나 괴로웠을지 모를 거예요."

"오! 여보, 그런 생각은 마."

난 아내가 무엇을 걱정하는지 깨닫고 위로의 말을 했다.

"카테리나의 아이는 태어날 때부터 아팠잖아. 물론 이렇게 빨리 세상을 떠날 줄 몰랐지만…… 하지만 우리 아이는 아무 문제없을 거야."

"그렇지만 우리 첫째 아이도 일찍 세상을……."

아내는 더 이상 말을 잇지 못하고 끝내 울음을 터트렸다. 나 역시 아무말도 할 수 없었다. 하지만 하루 빨리 아내가 슬픔에서 벗어나게 하기 위해서 최대한 감정을 조절하려고 애썼다.

"여보, 복잡하게 생각하지 마. 첫째 아이는 하나님의 뜻에 따라 우리 곁을 일찍 떠났어. 우리로서도 어쩔 수 없는 일이었지. 이제 과거는 생각하지 말고 미래만 바라 봐. 내가 날마다 하나님께 건강한 아이를 내려달라고 기도하는데 하나님은 결코 우리의 희망을 저버리지 않으실 거야. 소문에 듣자니, 카테리나는 임신했을 때 온종일 남편과 싸웠다더군. 아마 불쾌함 때문에 아이의 건강이 나빠졌는지도 몰라. 그러니 여보, 우리 아이를 위해서라도 어서 힘내요."

"알아요. 하지만 그게 잘 안 돼요."

아내가 힘없이 흐느꼈다.

"여보, 우리 즐거운 생각만 하자. 우리 아이는 어떻게 생겼을까? 틀림없이 멋진 아이일 거야. 자, 심호흡을 해봐."

내가 먼저 시범을 보이자 아내가 곧 따라했다. 잠시 후 아내의 기분이 많이 나아졌다. 그날 저녁에 나는 아내 곁을 지키며 오늘 있었던 일과 책에서 본 내용을 들려주었다. 이튿날 그녀는 슬픔에서 말끔히 벗어나 다시 예전처럼 명랑해졌다.

난 스스로 아내에게 만점짜리 남편이라고 자부한다. 늘 그녀에게 기쁨을 줄 수 있는 방법을 생각하고 언제나 최고의 옷과 음식을 선사하기 위해서 노력했다.

아내는 따뜻한 물에 목욕하는 것을 좋아했다. 이것은 피곤하게 하루를 보낸 것에 대한 일종의 보상인 셈이다. 하지만 그녀는 임신기간 내내 단한 번도 자신이 좋아하는 목욕을 하지 않았다. 편하긴 하지만 너무 뜨거운 수온이 태아를 위험하게 할 수도 있기 때문이다.

아내는 곧 한 아이의 엄마가 될 사람이었지만 젊은 탓에 가끔 제멋대로 굴기도 했는데, 그때마다 아내를 달래는 일은 내 차지였다.

한번은 내가 없는 틈을 타 아내가 몰래 뜨거운 물에 몸을 담갔다. 나중에 이 사실을 안 나는 아내를 호되게 꾸짖었다.

"어떻게 당신 생각만 해? 뜨거운 물이 뱃속의 아기에게 해롭다고 내가 말했잖아."

"흥! 오로지 아기 생각뿐이죠? 뭐든지 아이가 우선이고, 더 이상 제게는 관심도 없군요."

"그렇게 말하면 안 되지. 아기는 우리 둘의 자식이니, 아기에게 관심을 가지는 건 당연히 당신에게 관심을 가지는 거나 마찬가지야. 뜨거운 물은 아기에게 안 좋다고 하잖아. 아기가 태어나면 그땐 실컷 뜨거운 물로 씻게 해줄게."

"하지만 며칠 동안 집안에 틀어박혀 있었더니 온 몸이 쑤셔서 가만히 있을 수 없었어요. 당신이 늘 엄마가 우울해 하면 아이가 건강할 수 없다고 했잖아요. 뜨거운 물로 씻어야 직성이 풀리겠는데 어떡해요?"

아내가 늘어놓는 장난스러운 변명을 가만히 들어보니 일리가 있었다. 그래서 그날 이후 하인을 시켜 아내가 뜨거운 물로 족욕하는 것을 돕고 수건으로 일일이 몸을 닦아주게 했다.

아내의 임신은 지금까지도 내게 잊을 수 없는 추억으로 남아 있다. 아내가 임신하면 나 몰라라 하는 다른 남자들과 달리 난 아내를 기쁘게 하기 위해서 신선한 꽃을 꺾어주기도 하고 좋은 책을 추천하며 예전처럼 아내를 살갑게 대했다.

아내는 태생적으로 타고난 좋은 목소리로 뱃속의 아기에게 감미로운 노래를 불러주기도 했다.

♣ 엄마가 먼저 변해야 한다

사람들은 흔히 위대한 사람의 아이는 부모와 똑같이 위대하거나 적어도 성공을 거두리라고 생각한다. 하지만 내 생각은 다르다. 위대한 사람들은 자신의 모든 열정을 일에 쏟아 부어 아이를 돌볼 시간이 없다. 또한 그들의 부인들은 남편 뒷바라지하기에 바빠 아이를 돌볼 여력이 없다. 한 마디로 그녀들의 관심은 아이보다 성공한 남편에게 더 많다. 하지만 엄마의 교육이 얼마나 중요한가? 역사적으로 위대했던 인물을 보라. 그 뒤에는 반드시 성심성의껏 자녀교육을 한 어머니가 있다.

아들 칼은 자랑스러운 성적을 거둔 것에 대해서 먼저 엄마에게 감사한 마음을 가져야 한다. 그녀는 성품이 고울뿐더러 박학하다. 아들을 교육시킬 때나 생활지도할 때 보면 그녀를 만점짜리 엄마라고 해도 전혀 손색이 없다.

칼을 키우는 내내 아내의 활약은 대단했다.

아내가 칼을 임신했을 때 얼마나 먹을거리에 주의하던지 늘 "내가 먹는 건 모두 아이에게 영향이 가요."라고 말하며 매콤하거나 시큼한 음식을 먹지 않았다. 심지어 가장 좋아하는 생선튀김도 입에 대지 않았다. 뱃속의 아기가 먹고 피부가 나빠질까봐 걱정됐던 것이다. 아기가 직접 먹는 건 아니지만 아내는 자신이 먹으면 아기도 같이 먹게 된다고 생각했다.

아내는 이미 충분히 강한 여인이었지만 태어날 아기를 위해서 더 강인해지고 싶어 했다. 그래서 임신한 기간에 거의 울지 않고 슬픈 일이 생겨도 오랫동안 실의에 빠져 있지 않았다. 난 그런 아내가 대견스러웠다. 그도 그럴 것이 임산부가 우울해하며 시도 때도 없이 울면 아기의 발육이 더뎌지거나 이상이 생기기 때문이다.

엄마는 반드시 아이를 아름다움과 정의와 진리를 사랑하는 사람으로 키워야 한다. 많은 엄마들이 아이의 신체건강에만 관심을 기울이고 덕행과 지혜를 키우는 데는 소홀한데 이것은 무책임한 행동이다. 내 아내의 경우 자신의 용감함과 명랑함으로 아이에게 강인함과 사랑과 지혜를 가르쳤다. 그 덕에 아들 칼은 사회에 나간 뒤에 고난을 두려워하지 않고 희망을 꿈꿀 수 있었다.

엄마들 중에는 사람을 고용해 자식을 가르치려는 사람들이 있는데 이것은 매우 무책임한 행동으로 엄마로서 자격이 모자라다. 자녀교육을 하는 데 있어 엄마의 자리를 대신할 수 있는 사람은 아무도 없다. 지구상에서 자식 교육을 남에게 맡기는 동물이 있는가? 아마 그러는 동물은 사람이 유일할 것이다. 이것은 하늘의 뜻을 거역하는 행위다!

젊고 활력이 넘치는 부자 부부가 있었다. 그들은 아이를 낳은 뒤에 기념으로 해외여행을 떠났고 아이는 친척집에 맡겨졌다. 하지만 이 친척이라는 사람은 일이 바쁘다는 이유로 아이를 직접 돌보지 않고 집사에게 떠넘겼다.

그들은 아이가 크면 놀 시간이 없을 테니 어릴 때 밖에서 많이 뛰어놀게 해달라는 부탁을 남겨놓은 채 영국에 일 년간 체류했다가 다시 프랑스에서 일 년간 머무르고 또다시 미국과 아프리카로 떠나는 등 거의 전

세계를 유람했다.

얼마나 어리석은 부모인가! 교육은 아이가 태어나는 그 순간부터 시작된다는 걸 그들은 몰랐을까? 결국 그들은 뒤늦게 후회하게 되었다.

여행에서 돌아온 그들은 눈앞에 펼쳐진 광경에 얼이 빠지고 말았다. 아이가 자신의 부모도 몰라보다니, 하지만 아이를 탓할 수도 없는 노릇이었다. 다섯 살이 되도록 친부모 얼굴 한 번 못 보고 자란 것이 아이 탓은 아니지 않은가?

그날 저녁 아이는 부모와 안 자고 한사코 집사와 함께 자겠다고 고집을 피웠다. 부모가 꾸며준 침대가 예쁘고 푹신푹신하긴 하지만 지금껏 그가 줄곧 잤던 곳은 남루한 집사네 침대였기 때문이다.

부부는 훌륭한 교육을 받고 점잖게 행동하는 사람들이었지만 그들의 아이는 입에 욕을 달고 살았다. 또한 툭하면 말썽쟁이들과 어울려 못된 짓을 꾸미거나 싸움박질을 하고 어린아이들을 괴롭혔다. 부부가 글을 가르치려 애썼지만 진도가 나가기는커녕 아예 부모의 말이 먹히지 않았다.

그들이 아이를 교육시키려고 할 때마다 마주치는 건 낯설고 차가운 눈빛이었다. 그러다 결국 일어나지 말아야 할 슬픈 일이 벌어지고 말았다.

어느 날 부부와 아이 사이에 격렬한 싸움이 일어났다.

"누가 뭐해도 우린 네 친부모야."

마침내 아이의 냉소적인 태도에 부모가 폭발하고 말았다. 그러자 처음으로 부모의 무서운 모습을 본 아이가 집사의 집으로 도망쳤다. 부모가 집사를 불러 분풀이를 했다.

"대체 어떻게 가르쳤기에 애가 친부모도 몰라보는 거야!"

아이 아빠가 소리치자 가여운 집사는 바짝 얼어붙은 채로 변명 아닌 변명을 했다.

"제 생각에는…… 자라는 내내 엄마 아빠와 떨어져 지내서 그런 것 같은데…… 시간이 지나면 괜찮아지지 않을까요?"

"마그리트 아줌마한테 그런 식으로 말하지 마요!"

갑자기 나타난 아이가 집사 옆에 서서 부모를 노려봤다.

"네가 편들어야 할 사람은 집사가 아니라 바로 이 아빠야. 넌 그것도 모르니?"

"아빠? 한 번도 본 적이 없어요."

"아무리 그래도 넌 엄마 아빠 말을 듣고 교육을 받아야 해. 그리고 오늘부터는 마그리트 아줌마 옆에서 자지 말고 우리와 함께 자도록……"

"싫어요!"

아이가 아빠의 말을 가로챘다.

"난 마그리트 아줌마와 자는 게 더 좋아요."

"네가 한 번만 더 고집부리면 아줌마를 해고해버릴 거야. 그땐 네가 어떻게 하는지 두고 보자."

아이의 아빠가 거의 이성을 잃고 화를 내자 집사는 눈물을 머금고 아이 곁을 떠났다. 하지만 근 5년이라는 시간을 친부모자식처럼 지냈기에 한순간에 깊게 든 정을 떼기가 어려웠다.

집사가 떠난 이후 하루가 다르게 아이는 침울해하고 꿈속에서 마그리트 부인의 이름을 수없이 불렀다. 그러다 열 살 때부터는 밥 먹듯이 가출하기 시작했다.

난 이것을 필연적인 결과라고 생각한다.

물론 사람을 고용해서 아이를 보살피게 하는 게 나쁜 것은 아니다. 가정형편이 넉넉해서 사람을 따로 고용하면 아이 엄마가 집안일에 신경 쓰지 않아도 돼서 좋다. 하지만 모든 것을 위임해도 절대 위임해선 안 될 것이 있으니, 바로 자녀를 교육시키는 책임이다.

우리 집에도 하인이 있지만 젊은 부부와 같은 일을 겪지 않았다. 아내가 수시로 아이 곁을 지키며 우유를 먹이고 교육도 시키기 때문이다. 아내는 너무 바빠서 도저히 아이에게 신경을 쓸 수 없을 때나 하인에게 아이를 맡긴다. 지금까지 하인은 우리 가족의 일원으로서 아내의 좋은 조수가 돼줬다.

어느 유명한 사람은 "민족의 운명은 어머니의 손에 달려 있다"고 말했다. 난 정말 이 말에 감탄하지 않을 수 없다. 하지만 과연 이 말의 의미를 제대로 파악하고 있는 사람이 얼마나 될까? 엄마로서 자격이 부족한 사람이 아이를 키우면 교육을 망치게 되리라는 건 안 봐도 뻔한 일이다. 엄마의 교육이 국가의 운명을 결정하는 만큼 엄마들이 이 영광스러운 책임을 성의껏 다하길 바란다.

환경이 다를 뿐
누구나 똑같이 태어난다

모든 아이들이 똑같이 교육받으면 재능에 의해서 운명이 달라질 것이다. 하지만 현실 속의 많은 아이들은 제대로 된 교육을 받지 못해 타고난 재능의 절반도 발휘하지 못한다. 요컨대 재능이 80이면 40밖에 발휘하지 못하고 60이면 30밖에 발휘하지 못한다.

♣ 아이의 재능과 후천적 교육

엘베시우스는 말했다.

"사람은 누구나 똑같이 태어난다. 하지만 어떤 환경에서 자랐는가에 따라 누구는 천재나 영재가 되고 누구는 평범한 사람 심지어 바보가 된다. 하지만 적절한 교육을 받으면 평범한 아이도 훌륭한 사람이 될 수 있다."

아들이 태어나기 전에 난 이 말에 크게 동감하고 많은 사람들에게 알려줬다. 하지만 엘베시우스의 의견에는 한계가 있다. 아이의 성장에 환경이 매우 중요한 것은 사실이지만 그는 개인마다 재능이 모두 다르다는 것을 간과한 것이다. 난 바로 이 점에 주목했다.

예로부터 교육계에는 천재를 바라보는 두 가지 대립적인 관점이 존재했다.

철학자 루소는 교육학 저서 《에밀》에 이런 재미난 비유를 했다.

"한 어미에서 태어난 강아지들이 같은 곳에서 같은 교육을 받아도 그 결과는 천차만별이다. 어떤 강아지는 똑똑하고 예민한데 비해 또 다른 강아지는 멍청하고 둔한데 이런 차이는 타고난 성질이 서로 다르기 때문이다."

반면에 저명한 교육가 페스탈로치는 다른 관점의 우화를 내놓았다.

"쌍둥이 망아지 두 마리가 각각 농부와 똑똑한 사람에게 보내져 자랐다. 먼저 찢어지게 가난한 농부에게 보내진 망아지는 어릴 때부터 돈벌이에 이용돼 결국 보잘것없는 마바리가 되었다. 하지만 똑똑한 사람에게 보내진 망아지의 운명은 매우 다르게 전개되었다. 이 말은 주인의 정성어린 보살핌으로 커서 천리를 내다보는 명마가 되었다."

이상의 두 우화는 영재에 관한 서로 다른 관점을 보여준다. 전자는 운명을 결정하는 요인은 환경이 아니라 타고난 재능이라는 관점이고, 후자는 재능보다 환경의 중요성을 역설하고 있다.

학계에서는 대체로 루소의 관점에 동의하는 사람들이 많은 편이다. 하지만 앞서 나온 엘베시우는 페스탈로치의 견해에 가까운 쪽으로, 난 그의 의견에 어느 정도 공감을 표하지만 전적으로 동의하지는 않는다.

아이들은 저마다 서로 다른 재능을 타고난다. 편의상 좋은 재능을 100, 바보가 될 재능을 10이하, 평범한 재능을 50이라고 하자.

이럴 경우 모든 아이들이 똑같이 교육받으면 재능에 따라서 운명이 달라질 것이다. 하지만 현실 속의 많은 아이들은 제대로 된 교육을 받지 못해 타고난 재능의 절반도 발휘하지 못한다. 요컨대 재능이 80이면 40밖에 발휘하지 못하고 60이면 30밖에 발휘하지 못한다.

하지만 아이들에게 잠재력을 계발할 수 있는 교육을 실시하면 재능이 80~90%까지 발휘돼 50의 재능을 타고난 평범한 아이도 80의 재능을 타고난 아이보다 더 훌륭해질 수 있다. 물론 80의 재능을 타고난 아이가 같은 교육을 받으면 50의 재능을 타고난 아이보다 더 뛰어나진다. 하지만 그렇다고 비관할 필요는 없다. 대부분의 아이들이 적어도 50 이상의 재능은 타고난다.

♣ 지나친 독촉이 인재를 망친다

앞의 이론대로라면 좋은 재능을 타고나 제대로 된 교육을 받은 아이는 탄탄대로를 걷게 된다. 하지만 안타깝게도 대부분의 영재교육은 실패적이다. 부모가 아이의 소양을 종합적으로 발달시키는 임무에 소홀한 채 재능에만 집착해 너무 무리하게 요구하면 아이가 반항심과 스트레스에 시달리다가 결국 부모를 원망하게 된다. 실제로 감당할 수 없는 스트레스에 재능을 제대로 발휘하지 못한 예가 수두룩하다. 어릴 때 부모에게 받은 재촉과 다그침이 평생의 상처가 되었다고 말하는 유명한 사람들도 많다. 영국의 철학자 존 스튜어트 밀은 아버지의 엄격한 지도로 청소년 시절을 매우 우울하게 보냈다. 그는 날마다 열심히 공부해야 하고 사사건건 아버지의 간섭을 받았으며 쉬는 날도 자유도 취미도 허락되지 않았다. 평생을 우울하게 보낸 밀은 급기야 자신에게 심리장애가 있다고 느끼게 되었다. 밀은 자서전에서 아버지에게 받은 스트레스에 대해서 고통스럽게 회고했다.

"무슨 잘못이건 아버지 앞에선 그 자리에서 고쳐야 했다. 아버지는 늘 가볍고 즐겁게 토론을 시작했지만 내가 수학을 잘못 계산하면 태도가 돌변해 한순간에 자상한 아버지에서 잔혹한 복수자로 변해버렸다."

칼 폰 루드비히도 안타까운 경우다. 그는 남다른 재능을 타고났지만 아들을 빨리 성공시키려는 아버지의 욕심과 재촉이 일을 그르치고 말았다. 칼의 아버지는 직접 아들에게 고등수학을 가르치며 쉬지 않고 공부하게 했다. 그는 오로지 칼의 학업에만 신경 쓰고 체육이나 게임, 대자연에 대한 탐구 따위는 철저히 외면했다. 칼은 여덟 살 때 대학 수준의 수학을 공부하고, 아홉 살 때 미적분을 배우고 희곡을 쓰기 시작했으며 연이어 월반해서 열한 살 때 3년 만에 대학과정을 모두 마쳤다. 교수들은 칼이 세계적인 수학자가 되리라고 믿어 의심치 않았다.

하지만 칼의 영광은 그리 오래가지 않았다. 대학원 2학년 때 수학에 흥미를 완전히 잃은 칼은 그 뒤에 법학을 공부했지만 금세 흥미를 잃었다. 결국 그는 머리를 쓸 필요도 없고 책임질 필요도 없는 평범한 사무원이 되었다.

밀과 칼의 예는 올바른 교육방법이 얼마나 중요한가를 잘 보여준다. 교육방법이 적절하지 않으면 뛰어난 재능을 타고난 아이도 재능을 꽃피우지 못하는데 평범한 아이는 오죽하랴.

♣ 유아기는 도자기를 만드는 점토와 같다

전에 친구에게 이렇게 말한 적이 있다.

"예로부터 위인과 천재는 모두 이런저런 결점이 있었어. 하지만 그들이 더 나은 교육을 받았으면 더 위대하고 건강하고 관용적이고 지혜롭고 정직하고 박학하고 겸손하고 강인하고 완벽한 사람이 되었을 거야."

사람의 인격은 대부분 유년기 때 받은 교육에 의해 결정된다. 따라서 한 국가의 도덕은 아이들에게 어떤 교육을 시키느냐에 달라진다. 세상 사람들이 신봉하는 논리와 주장은 저마다 모두 다르다. 동양의 운명론, 고대 그리스의 지식주의와 예술주의와 자유주의, 로마의 보수주의와 무예 숭상주의, 유태인의 종교주의와 열정주의는 모두 유년기 때 받은 교육에서 탄생했다.

《국가론》에서 본인이 생각하는 이상적인 국가를 묘사한 플라톤은 자녀교육을 사회의 기초로 보았다. 도자기는 점토로 빚어지는데, 사람이 도자기라면 유년기는 도자기를 빚는 점토라서 이 시기에 받는 교육에 따라 도자기의 기본 형태가 잡힌다. 따라서 자녀교육은 되도록 빨리 시작하는 것이 좋다.

나의 교육 목표는 아이의 잠재력을 계발하는 것으로, 이 논리에 반대하는 사람들이 많아 늘 충돌이 끊이지 않았다. 내 교육이론의 핵심은 아이의 지능이 형성되는 순간부터 교육을 실시해야 한다는 것이다. 하지만 당시는 일고여덟 살 때부터 교육을 시작해야 한다는 교육사상이 크게 유행하던 때다. 이 사상에 이의를 제기하는 사람은 아무도 없었다. 오히려 조기교육이 아이의 건강을 해친다고 생각해 두려움에 떠는 부모들이 많았다. 나는 이런 잘못된 관념 앞에서 무기력할 수밖에 없었다. 당시의 이론이 머리속까지 파고든 사람들에게 범재를 영재로 만들 수 있다는 내이론은 논할 가치도 없는 것이었다. 심지어 아들 칼이 교육을 받은 뒤에 다방면에서 보통 아이들보다 뛰어난 성적을 거둬도 사람들은 이것이 교육의 결과가 아니라 원래 타고난 것이라고 치부했다. 과연 내가 어떻게 해야 믿을까? 앞서 얘기했지만 내 아들은 영재는커녕 정신박약아였다.

난 무척 속상했다. 하지만 그렇다고 주장을 굽히진 않았다. 난 아들이 또래 아이들에게 뒤처지지 않게 하기 위해서 계획적으로 조기교육을 시키기로 결심했다. 비록 아들이 좋은 재능을 타고나지 못했지만 노력하면 가진 재능을 80~90% 또는 그 이상으로 발휘하리라고 굳게 믿었다. 이를 위해선 반드시 아들의 지능이 형성되는 순간부터 교육을 시작해야 했다.

그렇다면 조기교육이 왜 영재를 만들까? 이 얘기를 하자면 아동의 잠재력부터 살펴봐야 한다. 생물학, 생리학, 심리학 등의 연구에 따르면 사람은 선천적으로 특수한 능력을 타고난다. 하지만 이 능력은 겉으로 드러나지 않고 속에 숨어 있다. 예를 들어 상수리나무는 이상적인 환경에서 30m까지 자라는데 사람들은 이것을 최대 30m까지 자랄 가능성이 있다고 말한다. 마찬가지로 어떤 아이가 이상적인 환경에서 100 정도의 수준을 갖출 수 있을 때 사람들은 그 아이에게 100 정도의 잠재력이 있다고 말한다. 여기서 잠재력은 영재가 될 수 있는 가능성을 뜻하는 것으로 사람들의 생각처럼 소수에게만 있는 것이 아니라 누구에게나 있다.

물론 이상적인 상태에 도달하는 것이 쉬운 일은 아니다. 상수리나무가

30m까지 자랄 가능성이 있다고 했지만 실제로 그렇게 자라는 것은 드물다. 대개 12~15m 정도 자라고 열악한 환경에서는 6~9m 정도 자라다 만다. 하지만 비료도 주고 물도 주며 정성껏 보호하면 18~21m, 높게는 24~27m까지도 자란다. 같은 원리로 100의 수준을 타고난 아이도 제멋대로 굴도록 방치하면 머지않아 수준이 20~30까지 떨어져 잠재력도 20~30이 되고 만다. 하지만 다시 적절한 교육을 받으면 수준이 60~70 심지어 80~90까지 높아져 잠재력도 그만큼 높아지게 된다.

교육의 목표는 아이가 잠재력을 마음껏 발휘하게 하는 것이다. 잠재력을 발휘하면 누구나 영재가 될 수 있다. 하지만 많은 사람들이 제대로 된 교육을 받지 못해 잠재력을 충분히 발휘하지 못하는 것이 안타깝다. 영재가 소수에 불과한 것도 모두 이런 이유 때문이다. 어떻게 해야 더 많은 영재를 양성할 수 있을까? 가장 먼저 아이의 잠재력을 빨리 발견하고 발달시켜야 한다.

♣ 아동의 잠재력 체감법칙

아이의 잠재력은 시간이 지날수록 점차 줄어든다. 예컨대 아이가 100의 잠재력을 타고났을 때 태어난 즉시 적절한 교육을 받으면 100의 수준인 인물로 자란다. 하지만 다섯 살 때 교육을 시작하면 교육법이 적절해도 80 수준의 인물밖에 안 된다. 열 살에 시작한다면 어떨까? 어떤 좋은 교육을 받은들 60 수준의 인물밖에 안 된다. 즉 교육의 시기가 늦어질수록 아이의 잠재력은 점차 줄어든다. 이 것이 아동 잠재력의 체감법칙이다.

체감법칙이 존재하는 이유는 모든 동물들의 잠재력에는 고정적인 데드라인이 있기 때문이다. 다만 다른 점이 있다면 어느 것은 데드라인이 길고 어느 것은 짧다. 하지만 상황이 어떻든 데드라인 안에 잠재력이 발휘되지 않으면 이 잠재력은 영원히 실현되지 않는다.

예를 들어 병아리가 어미 닭을 쫓아다니는 잠재력의 데드라인은 생후 4일로, 나흘이 지나도록 이 능력이 발휘되지 않으면 이 병아리는 어미 닭을 쫓아다니지 않게 된다. 쉽게 설명하자면 생후 4일 안에 병아리를 어미 닭과 함께 두지 않으면 이 병아리가 어미 닭을 '소 닭 보듯이' 하게 된다. 또한 어미 닭의 소리를 판별하는 능력은 생후 8일 안에 결정되는데 여드레가 지나도록 병아리가 어미 닭의 소리를 듣지 못하면 어미 닭의 소리를 구분하는 능력을 잃고 만다. 강아지가 먹다 남은 음식을 땅에 파묻는 능력도 기간 내에 발휘되지 않으면 영원히 음식을 땅에 못 묻게 된다.

사람의 경우도 같은데 스콧의 아들이 좋은 예다. 스콧 부부는 갓 태어난 어린 아들을 데리고 바다 여행길에 올랐다가 아프리카 해안에서 폭풍우를 만나고 말았다. 불행히도 배는 전복되고, 스콧 가족만이 가까스로 살아남았다. 아들을 데리고 바다 위를 떠다니던 스콧 부부는 열대우림의 어느 무인도에 도착했다. 하지만 스콧 부부는 곧 풍토병에 걸려 죽고 9개월 된 어린 아들은 고릴라 무리와 함께 생활하게 되었다. 그로부터 이십여 년 뒤에 영국의 상선이 우연히 무인도에 정박했다가 스콧의 아들을 발견했다. 이미 청년이 된 그는 고릴라처럼 언덕을 뛰어내리고 나뭇가지 사이를 자유자재로 날아다녔다. 두 발로 못 걷고 사람 말을 못 하는 것이 영락없는 고릴라의 모습이었다. 선원들이 스콧을 영국으로 데려오자 일대 파장이 일고 과학계에서 큰 흥미를 나타냈다. 과학자들은 스콧의 아들이 사람들과 잘 어울리게 하기 위해서 아기에게 가르쳐주듯이 그에게 각종 능력을 가르쳤다. 십년 뒤에 그는 과학자들의 노력으로 옷을 입고, 여전히 네 발로 걷는 것을 더 좋아하긴 하지만 두 발로도 걷게 되었다. 하지만 끝내 말은 배우지 못한 채 자신의 욕망을 표현할 때마다 고릴라처럼 소리를 질렀다.

스콧의 아들은 왜 끝내 말을 배우지 못했을까? 언어를 배우는 능력의 데드라인은 유아기다. 따라서 이미 스무 살이 넘은 스콧의 아들은 언어를 배울 수 있는 적기를 놓쳐버린 탓에 말을 할 수 없게 된 것이다. 100의 잠재력을 타고났더라도 교육을 받지 못하면 잠재력은 5세 때 80, 10세 때 60, 15세 때 40으로 떨어지고 만다. 이는 아이가 잠재력을 실현할 수 있는 기회를 못 얻었기 때문이다. 따라서 아이를 가르칠 때 잠재력의 체감법칙이 일어나지 않도록 아이에게 잠재력을 실현할 수 있는 기회를 많이 주고 제때 교육해서 잠재력이 더 잘 발휘되게 해야 한다.

♣ 아이가 태어나는 날부터 교육을 시작한다

　　　　　　　어떻게 하면 잠재력의 체감법칙이 일어나는 것을 막을 수 있을까? 우리는 조기교육에서 그 해법을 찾을 수 있다. 내가 직접 경험한 바로는 아이는 태어나는 순간부터 교육을 받아야 한다. 교육학자들은 이런 나의 의견에 바로 반격했다. 조기교육이 유아에게 해롭다는 근거 없는 관점이 당시의 주류 관점이었기 때문이다.

　사실 1~4세 유아의 뇌는 5세 이상의 아이들과 다른 방식으로 사물을 받아들인다. 갓 태어난 아기는 사람의 얼굴을 정확히 구분하지 못하고 3~4개월이나 5~6개월이 돼야 부모와 다른 사람의 얼굴을 구분한다. 하지만 얼굴의 특징을 분석해서 기억하는 것이 아니라 수차례 반복적인 관찰을 통해서 엄마 얼굴의 전체적인 인상을 기억하는데, 이렇게 순간적인 직감으로 전체 모양을 식별하는 능력은 어른의 상상을 초월할 정도다.

　4세 이전의 아이들은 사물을 반복해서 봐도 싫증내지 않아 정보를 '주입'하기에 가장 적기라고 할 수 있다. 아기의 대뇌는 백지 상태라서 어른처럼 스스로 좋고 나쁜 것을 분석하거나 판단하지 못하고 외부 정보를 있는 그대로 흡수해버린다. 이 시기에 부모가 정확한 정보를 주입하지 않으면 아이가 정보를 무분별하게 흡수하고, 이것이 그대로 성격과 소질로 나타난다. '될성부른 나무는 떡잎부터 다르다'는 속담이 있는데 4세 정도가 되면 성인이 됐을 때 기본적으로 성격과 소질이 어떠하리라는 것을 예상할 수 있다. 실제로 사람들을 자세히 분석하면 4세 이전의 환경의 흔적 및 환경이 성격과 소질에 미친 영향을 찾을 수 있다. 이 시기가 인생을 결정한다고 해도 과언이 아닌 것이다.

그렇다면 아이에게 무엇을 가르쳐야 할까? 첫째는 언어, 음악, 문자, 그림과 같이 지능을 형성하고 대뇌활동의 기초가 되는 것과 둘째는 올바른 인생법칙과 태도다.

아이를 건강하게 낳는 것은 기나긴 장정에 첫걸음을 내디딘 것에 불과하다. 앞으로 가야 할 길은 더 멀고 복잡할뿐더러 짊어져야 할 책임도 크다. 이유인즉 아이가 태어나는 날부터 부모는 교육의 책임을 져야 하기 때문이다.

지능발달의 최적기를
놓치지 않아야 한다

아동의 잠재력 체감법칙에 따르면 사람의 성장과정에는 지능이 발달하는 최고의 적기가
존재한다. 이 시기는 아이의 지능을 결정하는 매우 중요한 때이므로 조기 지능 발달 교육
을 할 때 가장 중요한 것은 이 최적의 시기를 놓치지 않는 것이다.

♣ 아이가 즐겨 먹는 음식이 곧 보약이다

　　　　　　　어떻게 해야 아이의 잠재력을 빨리 계
발할 수 있을까? 방법은 간단하다. 아이가 목말라할 때 물을 주고 배고파
할 때 젖을 주며 오줌 쌌을 때 기저귀를 갈아주는 등 부모가 민첩하게 아
이의 요구를 들어줘 아이를 편안하게 하면 된다. 다시 말해서 아이가 부
모의 사랑과 관심을 받고 있다고 느끼게 하면 된다. 아이가 무엇을 원하
는지 부모가 금세 알아차리는 것은 성공적인 자녀교육을 향해 첫걸음을
내디딘 것이나 마찬가지다. 또한 이것은 부모와 아이가 하나의 띠로 연
결되었다는 뜻으로 훗날의 교육에 감정적인 기초가 된다.

　나는 4개월 된 아들에게 젖을 먹이기 전에 과즙을 먹이고, 좀 더 자란
뒤에는 으깬 바나나와 사과와 당근, 야채수프를 먹였으며 이보다 더 자

란 뒤에는 국, 삶은 계란과 감자를 먹였다. 아이들은 대체로 곡물을 좋아한다. 하지만 내 아들은 곡물을 싫어했다. 나는 아이가 즐겨 먹는 음식이 가장 좋은 음식이라는 생각에 아들이 좋아하는 것만 먹게 했다. 단 세 살까지 절대 고기를 먹이지 않았다.

독일 속담에 "음식이 성격을 결정한다"는 말이 있다. 음식과 사람의 성격은 서로 밀접한 관계가 있다는 뜻이다. 전에 누군가가 '음식 치료'를 주장한 적이 있는데, 아이들은 먹는 음식에 따라 성격이 달라진다는 것이 이 주장의 논지다. 요컨대 당근을 많이 먹으면 치아와 피부가 좋아지고 감자를 많이 먹으면 추리력이 높아지며 강낭콩을 많이 먹으면 미술에 대한 흥미가 높아지고 완두콩을 많이 먹으면 성격이 쾌활하고 솔직해진다. 따라서 수학을 싫어하는 아이는 감자를 많이 먹고 미술을 싫어하는 아이는 강낭콩을 많이 먹어야 한다. 반면에 끈기가 부족한 아이는 완두콩을, 폭력성이 있는 아이는 양배추를 먹어선 안 된다.

아들이 규칙적인 바이오리듬을 갖게 하기 위해서 생후 15일 동안 정해진 시간에 맞춰 젖과 물을 줬다. 또한 밥을 먹기 시작한 뒤에는 끼니 사이에 물 이외에 다른 음식을 못 먹게 했다. 위가 운동하려면 혈액이 많이 필요한데, 식사 외에 다른 음식을 또 먹으면 뇌에 혈액이 충분하게 공급되지 않아 대뇌발달이 잘 안 이뤄진다. 또한 건강에도 전혀 도움이 안 돼 위장병에 잘 걸리게 된다. 누군가는 "사람을 긍정적이고 적극적으로 만드는 위도 있고 부정적이고 염세적으로 만드는 위도 있다."고 말했다. 위장병은 아이에게 많은 괴로움을 안겨줘 건강한 행복을 못 누리게 한다.

그래서 난 아들이 군것질을 못하게 하고 영양을 보충할 때도 정해진 간식시간에 먹게 했다.

♣ 건강한 마인드를 유지하게 한다

　　　　　　　　　　　　　내 아들을 본 사람들의 반응은 한결같다.

"아이가 너무 건강한 게 영재 같지 않아요."

이들의 '영재는 병약하다'는 생각은 근거 없는 구닥다리 관념에 불과하다. "건강한 정신은 건강한 육체에서 나온다"는 말도 있지 않은가.

물론 영재들 중에는 몸이 허약한 아이들도 있다. 하지만 이로 인해 영재는 모두 병약하다는 결론을 내리는 것은 너무 성급하다. 몸이 약한 영재도 건강한 마음을 가지면 더 풍성한 열매를 수확할 수 있다. 웹스터, 브라이언트, 칼폰, 제니 린드, 요한 웨슬리, 루이스와 같은 사람들은 건강했을 뿐더러 몸집도 크고 힘도 셌다.

즐거움은 건강을 지키는 매우 중요한 요소로 환경이 침울하면 아이가 소화불량에 잘 걸린다. 난 이 점에 주의해 처음부터 아이의 방을 편안하고 쾌적하게 만들었다.

아이의 건강함은 다시 한 번 사람들을 놀라게 했다. 갓난아기임에도 불구하고 '신체훈련'을 받았기 때문이다.

하늘이 맑은 날에는 야외로 나가 아이가 푸른 들판을 마음껏 감상하게 했는데, 손과 발이 자유롭게 움직이도록 아이를 꼭 안지 않고, 얼굴과 입이 가려지지 않도록 목에 두른 침받이 수건도 풀었다. 또한 날씨가 좋은 날에는 아이가 밖에서 햇빛을 쐬고 신선한 공기를 마시며 잠들게 하고, 방에서 재울 땐 아이가 손발을 자유자재로 움직일 수 있게 깨끗한 침대에 오리털 이불을 깔아줬다. 이처럼 아기들은 손발을 맘대로 움직이며 운동하기 때문에 재울 때 인형처럼 이불로 꼭꼭 싸매선 안 된다.

우리 부부 덕에 늘 바깥 공기를 마시며 '운동'한 아들은 생후 6주 만에 4개월 된 아기만큼 자랐다. 서너 살 땐 매끄러운 나무토막에 원숭이처럼 매달려 턱걸이도 조금씩 했다.

아들은 파악반사(신생아의 손바닥에 자극을 주면 무의식적으로 손가락을 꼭 쥐는 행위)로 인해 종종 내 손가락을 꼭 움켜쥐었는데, 그때마다 마치 철봉에 매달린 것 마냥 힘껏 힘을 주고 몸을 일으켰다. 생후 2개월이 지나 파악반사가 사라졌을 때 아들의 팔은 기어 다녀도 될 만큼 매우 튼튼해졌다.

이밖에 아이에게 목욕하는 습관도 들였다. 아기는 물이 차거나 뜨거우면 목욕하기 싫어하기 때문에 우리 부부는 처음부터 적절한 수온을 맞추기 위해서 노력하고 목욕을 시키는 동안에 아이의 손발을 안마해줬다. 이것은 촉각을 발달시키거니와 혈액순환을 촉진하고 민첩성을 키우는 데 도움이 된다. 또한 아들이 두 살일 때부터 세수하고 손 씻고 이 닦는 법을 가르쳤더니, 얼마 안 되어 밥을 먹으면 꼭 이를 닦고 수건을 이용해 흐르는 코를 닦았다.

이렇게 식습관과 신체훈련을 통해 병약한 신생아였던 칼은 건강하고 활발한 아이가 되었다.

♣ 오관 훈련

　　　　　　　　아기 때 잠재력이 계발되거나 이용되지 않으면 아이는 그 능력을 영원히 잃고 만다. 난 아들을 최고로 가르치기 위해서 오관(눈, 귀, 코, 혀, 피부)을 훈련시키고 대뇌발달을 촉진시키는 교육을 하기로 결정했다. 대뇌의 각종 능력이 제대로 발휘되면 아이가 똑똑해지리라 생각해서다.

　아기는 시각보다 청력이 더 먼저 발달하므로 청력훈련부터 해야 한다. 가장 좋은 방법은 엄마가 좋은 목소리로 노래를 불러주는 것이다. 칼은 목소리 좋은 엄마를 둔 것은 행운으로 여겨야 한다. 칼이 뱃속에 있을 때 아내는 늘 감미로운 목소리로 민요를 불러줬다. 난 노래를 못하는 관계로 늘 시를 읊어줬다.

　아들이 6주가 되었을 때 베르길리우스가 쓴 서사시 〈아이네이스〉를 들려줬는데 효과가 상당했다. 내가 이 시만 읊으면 아들이 조용히 잠드는 것이다. 아들은 시를 읊는 어조에 따라 각각 다른 반응을 보였는데, 막 흥분했다가도 테니슨의 〈미녀들의 꿈〉을 들으면 다시 얌전해졌다. 이렇게 해서 아들 칼은 두 살 때 〈아이네이스〉의 앞부분 열 줄과 〈인 메모리엄〉을 암송하게 되었다.

　난 아들이 자연스레 시를 외우게 했지 결코 강제로 외우게 하지 않았다. 단적인 예로 〈인 메모리엄〉은 아들이 본인 스스로 너무 좋아한 나머지 밤마다 기도하듯이 암송했기에 빨리 외울 수 있었다.

　난 아들에게 음감을 키워주기 위해서 칠음이 나는 작은 종을 샀다. 그러고는 각각 빨간색, 주황색, 노란색, 초록색, 파란색, 남색, 보라색 띠를 매 빨간 종, 주황 종, 노란 종……보라색 종이라는 이름을 짓고 아들이 잠에서 깰 때마다 조금씩 자리를 옮기며 종을 울렸다. 그 결과 칼은 채 6개월도 되지 않아 내가 말하는 종을 정확히 울렸다. 난 음감과 색감을 동시에 발달시키는 데 이만한 방법이 없다고 생각한다.

시각훈련도 아이의 지능을 계발하는 데 매우 중요하다. 난 아들이 태어나고 이삼 주 뒤에 대여섯 가지 색이 들어간 모빌을 사다 걸고 살랑살랑 흔들며 아이의 시선을 자극했다. 또한 프리즘을 벽에 걸고 빛을 반사시켜 무지개를 만들었다. 아들이 무지개를 얼마나 좋아하던지 울다가도 무지개를 보면 울음을 뚝 그쳤다.

미각은 아들이 직접 음식의 맛을 보게 하는 방식으로 훈련시켰다. 단 설탕과 소금을 너무 많이 섭취하는 것은 건강에 해로우므로 모든 음식의 간은 심심하게 했다. 이렇게 하면 아이가 예민한 미각을 가지는 동시에 설탕과 소금을 많이 먹는 나쁜 습관을 들이지 않게 된다.

출생 후 만 한 달 만에 아들이 고개를 들기에 난 아들의 발을 조금씩 앞으로 밀며 기게 했다. 기는 것은 아이가 활동하는 데 도움이 되므로 되도록 빨리 가르치는 것이 좋다. 기어 다니면 목 부위의 근육이 발달하고, 고개를 들면 마음대로 주위 사물을 둘러보며 많은 자극을 받게 돼 대뇌 발달이 활발하게 이뤄진다.

시각훈련을 한 다음에는 관찰능력을 키워야 한다. 관찰능력은 여러 가지 색채를 이용해서 키우는 것이 좋다. 난 유명한 그림의 모사본과 조각품의 복제품으로 아이 방을 꾸미고는 어린 아들을 품에 안고 탁자, 의자

등 방안의 모든 물건을 가리키며 눈으로 익히고 그것들이 무엇인지 가르쳤다. 그러자 처음에 그림의 색깔에만 관심을 보이던 아들이 차차 의미를 이해하기 시작했다.

그림은 아이의 지능발달에 중요한 작용을 한다. 따라서 부모가 그림을 그릴 줄 아는 것은 아이에게 큰 행복이다. 난 배우다 만 그림 솜씨로 아이에게 예쁜 꽃과 동물을 그려주고 예쁜 그림이 있는 책을 아이에게 들려줬다. 물론 이렇게 해도 아이는 내용을 이해하지 못한다. 하지만 얌전히 얘기를 듣는 것은 내 목소리와 그림의 색깔에 흥미가 생겼다는 것을 뜻했다. 이 외에도 난 틈나는 대로 아이와 나눈 대화 내용을 그림으로 그려서 아이의 지식을 키웠다.

또한 색깔에 대한 감각을 키워주기 위해서 다양한 색깔의 구슬, 나무토막, 헝겊 인형을 가지고 자주 아이와 놀았다. 아이가 어릴 때 색에 대한 감각을 훈련시키지 않으면 색감 발달이 더디게 일어난다.

크레용은 좋은 장난감이다. 난 늘 아들과 크레용으로 '색채 경기'를 치렀다. 경기 방식은 내가 그리는 그림을 아들이 그대로 따라 그리는 것으로, 빨간 크레용으로 3㎝ 정도 선을 그으면 아들은 똑같이 빨간 크레용으로 평행선을 그리고, 내가 이어서 초록색 선을 그으면 아들도 초록색 선을 그려야 한다. 만약에 아들이 다른 색 크레용으로 그림을 그릴 경우 게임은 종료된다.

칼이 걸음마를 시작한 뒤에는 늘 함께 산책을 나가 하늘과 나무와 사람들의 옷 색깔을 관찰하며 색에 대한 감각을 키우게 했다.

이 밖에 예민한 관찰력을 키워주기 위해서 사물을 주의 깊게 보는 게임도 했다. 예컨대 상점을 지날 때 쇼윈도 안에 무엇이 진열돼 있었냐고 물어서 많이 대답하면 칭찬하고 적게 대답하거나 쓸데없는 것을 말하면 혼냈다.

이것은 기억력을 훈련시키는 좋은 방법이기도 하다. 칼은 이 방법 덕분에 기억력이 많이 좋아졌다. 칼이 세 살 때 함께 모조 조각품을 사러 간 적이 있는데 "왜 여기는 다비드 상이 없어요?"라고 말해 주인을 놀라게 했다. 세 살짜리 꼬마가 다비드 상을 아니, 놀랄 일이기도 하다.

형용사를 가르칠 땐 아이들의 집중력이 약한 점을 고려해 실물을 이용했다. 아들이 태어난 지 6주가 되었을 때부터 풍선을 불어서 아들의 팔목에 느슨하게 묶어 아이가 풍선을 움직이며 놀게 하고, 일주일마다 풍선의 색깔을 바꿨다. 이렇게 해서 아들에게 손쉽게 '빨갛다', '푸르다', '동그랗다' 와 같은 형용사들을 가르칠 수 있었고 아들도 재미있어 했다.

이 방법이 효과가 있자 난 아들이 사포가 붙은 나무토막을 들고 놀게 하며 '거칠다' '매끄럽다' 등의 형용사를 가르쳤다. 단, 아이들은 손에 잡히는 물건마다 입에 넣는 것을 좋아하므로 이것이 습관이 되지 않도록 부모가 주의해야 한다.

아기가 손을 많이 쓰게 하는 것은 관찰력을 키우는 데 매우 효과적이다. 따라서 오랜 시간에 걸쳐 아기가 자신의 손을 인식하고, 손을 움직여 뭔가를 할 수 있다는 것을 되도록 빨리 발견하게 해야 한다.

우리 부부는 아들이 잠에서 깨어나 손바닥을 쫙 펼 때 재빨리 물건을 쥐어주고, 평소에도 늘 물건을 만지거나 박수를 치는 등 손을 움직이게 했다. 또한 내 손을 관찰하게 유도해 손의 기능을 이해시켰는데, 아들은 내가 종을 흔들면 옹알거리며 양팔을 흔들었다. 생후 8~9개월 땐 종이와 연필을 주고 그림을 따라 그리게 했다. 비록 그림은 엉망진창이었지만 아들이 손을 사용해서 뭔가를 했다는 것은 큰 수확이었다.

한 가지 강조할 점은 모든 훈련을 강제로 해선 안 된다는 것이다. 갓난아기가 본인의 능력을 발휘하기까지는 시간이 필요하다. 내가 아들을 열심히 훈련시킨 건 단지 아이의 잠재력을 헛되게 버리고 싶지 않아서였다. 아들은 뭔가를 하지 않으면 늘 손가락을 빨거나 울었는데 훈련을 받은 뒤로는 보채지도 않고 건강하게 자랐다.

♣ 생후 15일부터 단어를 가르친다

앞서 사람의 성장과정에는 지능이 발달하는 최적기가 존재한다고 말했다. 이 시기에 지능의 발달 정도가 결정되는 만큼 조기에 지능을 발달시키기 위해선 이 시기를 결코 놓쳐선 안 된다. 네 살 이전은 언어를 배우기에 가장 좋은 시기다. 언어는 생각의 도구이자 지식을 학습하는 도구로써 언어를 배우지 않으면 지식을 얻을 수 없다. 오늘날 인류가 이룬 모든 성과도 언어가 있었기에 가능했다. 따라서 아이들이 능력을 마음껏 발휘하게 하기 위해선 언어를 일찍 가르쳐야 한다. 7세 이전까지 언어를 습득한 아이는 그렇지 않은 아이들보다 발전 속도가 빠르다.

부모들은 아이들의 건강을 위해서 먹을거리와 마실 거리를 꼼꼼히 고른다. 하지만 내가 칼의 두뇌 계발을 위해서 노력할 때 다들 놀라며 의심의 눈초리를 보냈다. 사실 조금만 주의를 기울이면 아기들이 사람의 목소리와 사물에서 나는 소리에 얼마나 민감하게 반응하는지 알 수 있는데 이렇게 아이가 소리에 반응한다는 것은 말을 가르쳐도 된다는 뜻이다. 그럼 언제부터 말을 가르쳐야 할까? 정답은 생후 15일부터다. 난 이때부터 단어를 가르쳤고, 아기가 사물을 구별할 줄 알게 되면 말을 가르쳐도 된다고 생각한다.

생후 15일 때 칼은 우리 부부가 손가락을 내밀면 꼭 움켜쥐었다. 물론 처음부터 그랬던 것은 아니다. 처음에는 손가락이 또렷이 안 보이는지 잘 잡지 못했다. 최초로 손가락을 잡았을 때 칼은 매우 기뻐하며 그 손가락을 입에 넣고 빨았다. 이때 난 편안한 목소리로 "손가락, 손가락"하며 반복해서 말했다.

칼이 사물을 구분하기 시작하자 난 더 많은 물건들을 보여주고 동시에 그 사물의 이름을 반복해서 들려줬다. 그러자 얼마 지나지 않아 칼이 사물의 이름을 말하기 시작했다.

언어를 학습하는 데 듣고 말하기를 빼놓으면 말이 되지 않는다. 아기는 보통 생후 6주가 되면 목소리에 반응한다. 따라서 부모는 이 시기를 놓치지 말고 말할 수 있는 기회와 듣기 훈련을 할 수 있는 환경을 많이 제공해서 아이의 청력을 발달시켜야 한다. 물론 부모와 아이가 교류를 많이 한다고 해서 당장 아이의 말문이 트이는 것은 아니다. 하지만 아기들은 옹알이를 하며 조금씩 말문을 트기 시작한다.

우리 부부는 아들이 잠에서 깨어나면 말을 걸며 노래도 불러주고, 아들이 침대에 붙어 있는 형형색색의 종이꽃을 쳐다보면 "빨간 꽃, 노란 꽃 ……."이라고 말해줬으며, 일을 하는 중이면 무슨 일을 하고 있는지 설명했다.

아이에게 말할 땐 정확한 발음과 편안한 목소리로 반복해서 말해야 하는데, 말했을 때 아이가 웃거나 허공을 향해 발을 차거나 손을 흔들면 바로 웃으며 칭찬해야 한다. 또한 '쇠뿔도 단김에 빼라'고 아이가 "엄마" "아빠"라고 말하면 계속해서 말하도록 환경과 화제를 만들어 말하려는 열정을 유지시켜야 한다. 아이가 단어나 간단한 말 정도를 할 수 있게 되면 다른 문장도 가르치며 아이를 이해시킨다.

내가 아이에게 말을 가르치며 터득한 노하우를 공개하자면 다음과 같다.

1. 기초적인 발음을 가르친다

아들이 'F'와 'a' 음을 낼 때부터 난 반복해서 "Fa-Fa-Fa" "Ma-Ma-Ma"와 같은 발음을 가르치고, 아들이 "ka-ka-ka"라고 하면 나도 "ka-ka-ka"라고 하며 즉각 반응을 보였다. 아들의 발음이 부정확할 때가 많았지만 난 끝까지 격려를 잊지 않았다. 단 이때 한 가지 주의할 점은 아이가 "mo"라고 발음한 것을 부모가 "ma"로 잘못 듣고 칭찬하면 나중에 아이가 혼란스러워 한다. 발음을 가르치기에 가장 좋은 타이밍은 아기가 잠에서 깨어난 지 한 시간쯤 돼서 기분이 가장 좋을 때이다. 나도 주로 이 시기에 발음을 가르쳤는데 효과가 매우 좋았다. 아이에게 발음을 가르칠 때 아이와 교감하는 것도 중요하다. 그래서 아기가 우리 부부의 얼굴, 특히 입 모양을 보게 했다.

아이에게 발음을 가르칠 땐 필요한 말만 해야 한다. 예컨대 "a"를 가르치려면 쓸데없이 말을 길게 하지 말고 짧게 "a"라고 해야만 아이가 헷갈리지 않고 발음을 따라한다.

2. 주변의 사물로 가르친다

외국어를 공부할 때 반나절 동안 단어를 외우고 돌아서기 무섭게 모두 잊어버린 경험이 있을 것이다. 난 아들을 가르치기 위해서 직접 영어를 공부하기로 결심하고 사전을 통째로 외우는 작업에 들어갔다. 하지만 이 일은 단어를 외우기 무섭게 모두 잊어버리는 바람에 결국 별 소득 없이 끝나고 말았다. 이때의 경험을 통해서 난 단어를 많이 기억하려면 사전을 외우는 것보다 차라리 재미있는 책을 많이 읽는 것이 좋다는 사실을 깨달았다. 읽다보면 저절로 단어가 기억에 남기 때문이다. 아이에게 주입식으로 단어를 가르치면 어휘량이 늘기는커녕 역효과만 난다. 아이에게 말을 가르치는 것은 결코 쉬운 일이 아니라서 웬만한 노력을 들이지 않고는 제대로 가르칠 수 없다. 난 주변의 사물, 구체적으로 탁자 위의 식기, 실내 장식물, 정원의 꽃과 곤충 등을 이용해서 단어의 발음과 의미를 재미있게 가르쳤다. 아들이 조금 자란 뒤에는 식물, 신체의 각 부위, 옷, 실내 물품, 방안의 구석구석, 꽃과 나무의 각 부위 등 모든 사물에 흥미를 가지게 하고 사물이 보이는 족족 모두 가르쳤다. 물론 동사와 형용사를 가르쳐서 어휘력을 더 풍부하게 다져주는 일도 잊지 않았다.

우리 부부는 저녁에 식사를 마치면 늘 아이를 안고 마을 입구의 교회까지 산책하며 보이는 모든 것을 가르쳤다. 특히 의식적으로 아들이 나무, 잔디, 새, 넝쿨, 가로등, 집, 마차, 화초, 행인, 개미 등을 보게 유도했다. 그러면 외부 세계에 호기심이 많은 아들은 고개를 두리번거리며 옹알거리고 결과적으로 말도 빨리 배웠다.

아이에게 말을 가르칠 땐 쉬운 것부터 가르쳐야 한다. 간단한 발음과 짧은 문장으로 시작해 점차 난도를 높이며 꾸준히 가르치면 반드시 성과가 있을 것이다.

3. 재미있는 이야기로 세상에 대한 친근감을 높여준다

아기는 이 세상에 온 지 얼마 안 된 이방인으로서 세상에 대해서 아무것도 모른다. 따라서 아이가 세상을 빨리 이해하도록 부모가 돕는 것이 당연하다. 이때 가장 좋은 방법은 이야기를 들려주는 것이다. 이야기를 들려주면 아이가 세상을 낯설게 여기지 않아 교육적으로 큰 효과를 볼 수 있다. 어린아이에게 이야기를 들려주는 것은 매우 중요하다. 아들이 조금씩 말길을 알아들을 때부터 우리 부부는 날마다 이야기를 들려줬다. 이렇게 하면 기억력과 상상력이 좋아지고 지식도 늘어난다. 아이들은 따분하게 가르치면 지식을 잘 기억하지 못하지만 이야기 형식으로 재미있게 가르치면 배우는 것을 지루해하지도 않고 내용도 잘 기억한다.

책을 읽어주는 것도 좋은 방법이다. 아이에게 언어를 가르치는 데 책을 읽어주는 것만큼 좋은 방법도 없다. 또한 이렇게 하면 아이의 품성도 점잖아진다. 하지만 줄곧 아이가 듣기만 하면 교육의 효과가 떨어지므로 다 읽고 난 뒤에 아이가 책의 줄거리를 되새기게 해야 한다. 아내는 아들이 말을 배우기 전에 그리스 로마와 북유럽의 신화를 읽어줬는데, 나중에 아들이 말을 할 수 있게 됐을 때 신화의 내용을 바탕으로 같이 연극을 하기도 했다.

이런 재미있는 교육방식 덕에 아들은 어렵지 않게 예닐곱 살 때 삼만 단어 이상을 구사할 수 있게 되었다. 이것은 열여섯 살짜리 청소년과 견줘도 뒤지지 않을 만한 수준이다.

4. 어휘량을 풍부하게 한다

아이에게 언어를 가르칠 때 가장 중요한 것은 어휘량을 풍부하게 만들고 뜻을 이해시키는 것이다. 우리 부부는 어휘력 훈련을 매우 중요하게 생각해서 하인들이 '이것' '저것'이라는 단어를 사용하지 못하게 하고, 이야기를 들려줄 때 아들이 모르는 단어가 나오면 그냥 지나치지 않고 설명해줬다. 물론 어려운 단어의 경우에는 설명해도 아들이 알아듣지 못했다. 그런데도 꿋꿋이 뜻을 설명한 것은 학습 태도와 방법을 키우기 위해서였다. 그렇지 않으면 모르는 것을 그냥 지나치는 나쁜 습관이 생길 수 있다.

우리 부부는 아들에게 동요를 가르쳤다. 비교적 기억하기 쉽고 단어도 다양하게 나오며 결정적으로 지적 발달을 촉진하기 때문이다. 아들은 채 다섯 살이 되기 전에 책을 읽기 시작했는데 대부분 노래 가사 형식으로 쓰인 책이 많았다.

5. 불완전한 말과 사투리를 가르치지 않는다

나는 아이에게 '맘마', '멍멍이'와 같이 불완전한 말이나 사투리를 가르치는 것에 반대한다. 아이들 입장에서는 밥, 강아지라는 단어를 배우는 것보다 맘마, 멍멍이라는 말을 배우기가 더 쉽다. 부모들도 아이들이 이렇게 말하는 것에 크게 개의치 않는다. 하지만 이것은 아이들의 언어 발달에 결코 도움이 안 된다. 내 경험에 따르면 어려운 단어라도 원래의 의미대로 가르치면 세 살쯤 됐을 때 정확하게 발음했다. 아이가 배울 수 있는데도 굳이 발음하기 쉬운 말로 바꿔서 가르치는 것은 매우 어리석은 짓이다. 레마르크는 말했다.

"사용하지 않으면 가치를 제대로 평가할 수 없다."

배울 수 있는데도 어른이 가르쳐주지 않으면 아이는 잠재력을 발휘할 기회를 잃고 만다. 또한 이것은 아이에게 부담을 주는 일이기도 하다. 조만간 정확한 단어를 배워야 할 텐데 '맘마'를 배우고 다시 '밥'을 배우게 하는 건 비계획적이고 이중부담을 주는 일이 아닌가? 잘못된 교육은 아이가 다른 지식을 배울 수 있는 귀중한 시간과 에너지를 낭비시킨다. 따라서 부모는 아이의 시간을 소중히 여겨 불완전한 말을 가르치지 말아야 한다.

어떤 부모는 아이들이 그런 단어를 사용하는 것이 귀엽다고 하는데 과연 아이들이 그런 말을 배우기 위해서 많은 대가를 치를 가치가 있을까? 부모가 단어를 잘못 가르치면 아이는 열대여섯 살 심지어 어른이 되어도 틀린 단어를 구사하고 장기적으로 고치기 어려워진다. 정확한 사고는 단어를 정확하게 사용할 때 가능한데 어릴 때부터 불완전한 말을 사용하면 대뇌가 제대로 단련되지 않는다. 난 늘 아들에게 표준 독일어로 말하는 동시에 속담을 중요하게 여기고 재미있는 얘기를 할 때 꼭 속담을 인용했다. 사상이 발달하면 새로운 아이디어가 끊임없이 샘솟고 관련 속담도 많아지는데 무턱대고 속담을 배척하는 것은 시대에 뒤떨어지는 일이라고 생각한다. 난 아들이 불완전한 말을 하는 것을 절대 허락지 않았다. 올바른 언어교육은 처음부터 좋은 효과를 안겨주기 마련이다. 아들이 두 살도 안 되었을 때이다. 내 친구들이 "칼, 네 멍멍이 좀 보여줘."라고 말했는데 칼이 "멍멍이가 아니라 강아지예요"라고 말해 친구들을 놀라게 한 적이 있다.

6. 정확한 어휘로 두뇌를 무장하게 한다

아이는 처음부터 정확한 단어를 배워야 한다. 아들을 가르칠 때 난 어려움이 따라도 꼭 표준 독일어를 반복해서 가르쳤는데, 아들이 정확하게 따라서 발음하면 머리를 쓰다듬으며 "잘 했어"라고 칭찬하고, 부정확하게 발음하면 아내에게 "이것 봐. 당신 아들이 xxx도 발음하지 못하네."라고 말했다. 그러면 아내도 나와 한 패가 되어 "그래요? 우리 아들이 그것도 못 발음한다고요?"라고 말하며 아들이 정확하게 발음할 때까지 노력하게 했다. 난 정확한 언어 사용이 머리를 똑똑하게 만든다고 생각해서 아들이 유아식으로 발음하거나 말을 하지 못하게 하고 제법 어렵고 복잡한 말도 술술 사용할 수 있게 점진적으로 지도했다. 이를 위해선 온 가족의 협조가 필요했다. 한쪽은 엄격하게 요구하고 다른 한쪽은 그냥 봐주면 지도가 제대로 되겠는가? 그래서 우리 부부는 약속이라도 한 듯 평소 때와 장소에 맞는 표준어를 사용하고 발음을 정확하게 하는 등 몸소 모범을 보였다.

사투리는 아이가 표준어를 공부하는 데 방해가 된다. 사투리를 고치는 데는 많은 시간이 필요해서 언어를 배울 수 있는 최적기에 고치지 않으면 평생 고치기 어려워진다. 수십 년간 우리 가족을 위해서 열심히 일한 하인은 나이가 많은 탓에 사투리를 썼다. 칼이 태어난 뒤에 난 여러 차례 그에게 표준어를 써달라고 부탁했다. 하지만 평생 사용한 사투리를 한순간에 고치기가 어려웠나보다. 그가 표준어를 쓰면 도통 무슨 말인지 알아들을 수 없었다. 당시는 칼이 한창 말을 배울 때여서 난 그를 매우 존경하고 신뢰함에도 불구하고 어쩔 수 없이 그에게 은퇴를 권했다. 가슴이 아팠지만 아들이 표준어를 잘 따라하는 것을 보면 분명 가치 있는 일이었다. 어법은 언어를 배울 때 필요하지만 가장 중요하지는 않다. 특히 아이들에게는 더 그렇다. 난 칼이 아홉 살이 되도록 어법을 전문적으로 가르치지 않고 오로지 듣고 말하기를 통해서 언어를 가르쳤다.

아이들은 말하기를 좋아해서인지 배운 단어를 반복해서 말하는 것도 싫어하지 않는다. 난 이 점을 고려해 칼이 좋아하게끔 엄선한 단어로 짧고 재미있는 이야기를 만들어 외우게 했다. 칼은 빠른 속도로 이야기를 외우고 틈난 나면 우리 부부에게 들려줬다. 나중에는 이 이야기를 외국어로 번역해서 외우게 했는데 역시나 칼은 빨리 외웠다. 경험상 2~6세 사이는 언어를 학습하기에 가장 좋은 시기이므로 부모들은 이 시기를 놓치지 말아야 한다.

♣ 기억력과 창의력, 그리고 상상력을 빨리 계발하기 위한 방법

　　　　　　　　　지금껏 내가 노력한 건 아들의 기억력과 창의력과 상상력을 보다 빨리 계발하기 위해서였다. 이 세 가지 능력이 장차 아들이 사회적으로 성공하는데 큰 역할을 하기 때문이다. 기계처럼 훈련시키면 별 효과가 없다는 걸 잘 알기에 난 생동감 있고 재미있는 방법을 사용했다.

1. 기억력

　어느 과학자가 말하길 "모든 지혜의 뿌리는 기억에 있다."고 한다. 쓰면 발달하고 안 쓰면 퇴화하는 기억력의 원리에 따라 조기교육을 하면 기억력이 크게 높아진다. 특히 갓난아기 때 날마다 반복해서 같은 단어를 가르치면 두뇌의 어휘 창고가 끊임없이 자극돼 기억력의 발달이 촉진된다.

　난 아들의 기억력을 좋게 하기 위해서 신화와 성경과 각 나라의 역사를 들려주고 내용을 요약해서 종이 카드에 적었다. 그러고는 게임하듯이 카드를 뒤집으며 다시 한번 내용을 가르쳤다. 또한 가끔 아들과 함께 재미있는 책을 읽고 내용을 요약하기도 했다.

　내용을 기억할 땐 긴 산문보다 짧은 운문이 편리하다. 칼도 어릴 때 운문을 이용해서 지식을 기억했다. 칼은 아홉 살 때 내게 생리학을 배웠는데, 내가 외출했을 때 자신이 기억하는 뼈와 근육과 장기의 명칭을 운문 형식으로 적은 것을 보고 깜짝 놀란 적이 있다.

칼이 역사책을 읽으면 난 함께 역사적인 사건을 연극으로 재현해서 칼이 기억하도록 도왔다. 대개 학교에서는 역사를 틀에 박힌 방식으로 지루하고 따분하게 가르치는데 가만 보면 아이들이 역사를 잘 모른다고 탓할 일도 아니다.

2. 창의력

난 아들의 창의력을 키우기 위해서 손을 많이 쓰고 많이 생각하며 문제를 많이 제기하게 하고, 아들이 뭘 묻던 인내심을 가지고 대답했다.

칼이 두 살 때 손에 물건을 들려준 뒤에 내던지지 않고 한참을 가지고 놀면 우리 부부는 바로 칭찬하며 함께 즐겁게 놀아줬다. 하지만 아들의 놀이 방식이 식상하면 칭찬하는 대신에 다른 놀이방법을 생각해보라고 격려했다.

칼이 세 살 때 아내는 날마다 수업하는 것처럼 아이에게 이야기를 들려줬는데, 매번 신문에 연재된 소설의 끝부분에 '다음에 이어서 계속'이 나오는 것처럼 가장 재미있는 부분까지만 들려주며 아이의 흥미를 끌고 상상력을 자극했다. 그녀는 이튿날에도 그냥 이야기를 해주는 법 없이 꼭 어떤 내용이 펼쳐질 것 같으냐고 물어서 칼이 상상한 내용이 이야기의 줄거리에 부합하면 칭찬하고, 다르면 "와! 우리 아들이 말한 이야기가 훨씬 더 재미있네."라고 말하며 계속해서 칼의 창의력을 북돋았다.

3. 상상력

상상할 수 없는 인생은 얼마나 불행할까? 누군가의 말처럼 상상력은 인생의 피와 살이라서 이것이 없어지면 인생에는 한 무더기의 뼈만 남게 된다.

상상력이 없는 사람은 지나치게 현실적이어서 산타클로스와 천사의 존재를 안 믿고, 전설과 동요가 아이에게 좋은 영향을 주는 것을 이해하기는커녕 오히려 해롭다고 생각한다. 그들은 아이들이 동물을 사랑하고 도덕을 잘 지키며 큰 뜻을 세운 것이 모두 어릴 때 배운 전설과 동요 덕택이라는 걸 모른다. 상상력이 사라지면 어른들의 삶도 무미건조해지는데 아이들은 오죽할까. 아이들에게서 산타클로스와 천사에 대한 꿈을 빼앗는 것은 친구와 장난감을 뺏는 매우 잔혹한 행위나 다름없다.

상상력이 부족한 아이는 결코 시인, 소설가, 조각가, 화가가 될 수 없거니와 건축가, 과학자, 수학자, 법학자도 될 수 없다. 상상력은 모두에게 또 모든 직업에 반드시 필요하다.

어릴 때 상상력을 충분히 발휘하며 자란 아이는 불행 속에서도 행복을 찾고 어려운 환경에서도 즐겁게 생활한다. 세상에서 가장 불행한 사람은 상상력이 부족한 사람이다.

어떤 사람들은 가치가 없다는 이유로 신화를 배척하는데 내 생각은 그렇지 않다. 내가 관찰한 바로는 신화를 아는 아이와 모르는 아이는 똑같이 하늘의 별을 바라봐도 감동받는 정도가 다르다.

사회경험이 부족하고 선과 악을 구분할 줄 모르는 아이들에게 전설과 동요를 가르치는 것은 선악을 구별하게 하는 가장 좋은 방법이다. 난 늘 아들에게 전설을 들려주고 동요를 불러주며 대자연을 천사가 사는 귀여운 세상이라고 말했다. 칼은 어릴 때부터 자연을 사랑하는 마음이 뛰어

낳을뿐더러 정직하고 친절하며 용감하고 자제력 있는 등 인격적으로도 훌륭한 면모를 보였다. 난 이야기를 지을 때마다 칼에게 한번 스스로 자신의 이야기를 만들어서 글로 써보라고 격려하고, 둘이 있을 때 네리와 루시라는 상상 속의 친구를 불러내 함께 놀곤 했다. 칼은 상상 속의 친구 덕에 늘 심심하지 않았다. 한번은 보모가 내게 이런 재미난 얘기를 한 적이 있다.

"선생님. 칼이 이상한 거 아세요? 노는 모습을 보면 꼭 유령과 같이 있는 거 같아요."

어떤 부모는 아이들만의 상상의 세계를 이해하지 못한 채 방 청소를 한다는 명목 하에 아이들이 천조각과 종이상자로 만든 성과 궁전을 말도 없이 허물어버린다. 하지만 이것은 아이들에게서 놀이의 재미를 빼앗는 것일뿐더러 무정하게 그들의 정신세계를 짓밟고 장차 시인, 발명가가 될 수 있는 가능성을 떨어뜨리는 행위이므로 부모들은 이 같은 경솔한 행동으로 영재가 될 재목을 망가뜨리는 일은 없도록 주의해야 한다.

올바른
교육방법

아들을 교육시킨 건 아들이 피상적인 정신세계에 맹목적인 낙관주의자로 머물지 않고 지혜의 문을 열고 들어가 사회 각계각층의 사람들을 예리하게 꿰뚫어보는 사람이 되게 하기 위해서였다. 인류는 결코 아담과 이브처럼 자신이 발가벗은 것도 모른 채 천국 같은 생활을 보내는 것에 만족해선 안 된다.

♣ 게임을 활용한다

칼은 영아기 때 받은 교육 덕에 또래 아이들보다 더 똑똑하고 민첩했으며 각 방면에서 두루 뛰어난 능력을 보였다. 칼이 세 살이 되고 어느 정도 기초적인 지능이 형성된 뒤에 난 글자를 가르치기 시작했다. 물론 강압적인 방법을 쓰진 않았다. 난 어떤 식이로든 강압적인 교육에 반대한다.

아이에게 뭔가를 가르칠 땐 먼저 흥미부터 불러일으켜야 하는데, 이렇게 해서 아이가 흥미를 보이면 절반은 성공한 것이나 다름없다. 흥미를 키우는 가장 좋은 방법은 게임의 방식을 빌리는 것이다. 이 방법이 훌륭하다는 것은 이미 칼에게 조기교육을 할 때 충분히 증명되었다.

게임을 하는 것은 동물의 본능으로 모든 동물은 게임을 좋아한다. 또한 동물은 게임의 방식을 이용해서 다음 세대에게 능력을 전수한다. 왜 새끼 고양이는 어미 고양이의 꼬리를 가지고 놀고 어미 개는 강아지와 싸울까? 동물학에 따르면 전자는 생쥐를 잡는 능력을 단련하기 위해서고 후자는 짐승을 무는 능력을 키우기 위해서다.

나도 게임의 방법을 이용했다. 칼이 6개월 때 나는 바닥에서 1m 정도의 높이에 두꺼운 종이를 걸고 빨간 종이로 고양이, 강아지, 생쥐, 돼지, 토끼, 모자, 의자, 테이블 등의 간단한 명사와 1~10까지의 숫자와 악보를 만들어 붙였다.

또한 아기는 시각보다 청각이 더 먼저 발달하는 것을 고려해 소리로 A,B,C를 가르치기로 결정했다. 내가 알파벳을 가리키면 아내가 소리 내어 읽었다. 6개월 된 아들은 아내의 소리를 귓가에 스치는 바람 정도로 여기는지 듣는 둥 마는 둥 했지만 우리 부부는 멈추지 않고 날마다 알파벳을 보여주고 발음해줬다. 평소 글자를 많이 본 덕에 칼은 나중에 글을 쉽게 배웠다.

난 글자를 가르칠 때도 게임을 이용했다.

먼저 아들의 흥미를 키우기 위해서 작은 계획을 세웠는데, 아동서적과 그림책을 한가득 사와서 실감나게 읽어주고 자주 "글자를 알면 너도 여기에 있는 책을 모두 읽을 수 있어."라고 말하며 아이의 관심을 유도했다. 가끔은 일부러 안 읽어주고 "이 그림책 정말 재미있는데 지금은 아빠가 바빠서 못 읽어주겠네."라고 말하기도 했다. 난 이런 식으로 아이에게 글자를 읽고 싶은 마음을 불러일으키며 아이가 간절히 글자를 배우고 싶어 할 때까지 기다렸다가 글자를 가르쳤다.

그 다음에는 가로 세로 10㎝ 크기의 독일어 자모와 로마자와 아라비아 숫자 카드를 사서 벽에 붙이고는 게임하듯이 자음과 모음을 합치면 어떻게 발음되는지 가르쳤다. 예컨대 고양이 그림을 보여준 뒤에 '고양이' 라는 발음을 가르치고 벽에 붙은 '고양이' 글자 카드를 가리키며 반복해서 읽어줬다. 또한 '고양이' 라는 단어를 이루는 자모 카드를 골라서 다시 단어를 만들기도 했다. 나는 '게임' 을 하는 동안에 아들이 열심히 배우면 칭찬하며 계속해서 열심히 하라고 격려했다. 이렇게 하면 아들은 며칠이 걸리더라도 꾸준히 단어를 외웠다.

나는 작은 카드를 여러 장 만들어서 동물, 집, 나무 등의 귀여운 그림을 그리고 이름을 적어 넣은 뒤에 주방, 거실, 방에 붙여놓고 아들이 수시로 보게 했다. 우리는 이 카드로 종종 게임을 하고 이야기를 만들기도 했다. 산책할 땐 보는 것마다 아들에게 어떻게 읽고 쓰는지 물었다. 이 방법은 아들이 글자를 배우는 데 매우 효과적이었다.

이렇게 해서 칼은 글자를 배웠고, 글자를 배운 덕에 훗날 더 많은 단어를 배울 수 있었다. 더욱이 칼이 배웠던 것은 표준 독일어였기에 책을 읽는 데 아무 문제가 없었다.

♣ 외국어는 어떻게 가르칠까

난 칼이 모국어를 익힌 것에 만족하지 않았다. 언어를 많이 배우면 단어와 뜻을 정확하게 이해하고 사고하는

데 도움이 된다. 그래서 칼에게 주요 외국어의 기초를 일찍 다져주기 위해서 독일어와 비슷한 언어를 가르치기로 결심했다. 원래 언어라는 것이 처음에는 배우기 쉽지만 나중에는 어렵지 않은가.

칼이 자유자재로 독일어를 구사할 수 있게 된 뒤에 프랑스어를 가르쳤다. 그때 칼은 겨우 일곱 살이었다. 칼은 독일어 기초가 튼튼하고 내 교육방법도 적절했기에 일 년 만에 프랑스 글을 술술 읽는 수준이 되었다.

프랑스어를 배운 뒤에 칼은 6개월 만에 또다시 이탈리아어를 정복했다. 난 적당히 때를 봐서 라틴어도 가르치기로 했다.

난 학교에서 외국어를 가르칠 때 라틴어부터 가르치는 것에 반대한다. 뭐든지 쉬운 것부터 배우는 것이 좋지 않은가? 라틴어보다는 독일어와 비슷한 프랑스어부터 배우는 것이 훨씬 합리적이다. 라틴어는 얼마나 골치 아픈 언어인가? 열 몇 살짜리 아이가 배우기에는 너무나 어렵다. 칼에게 라틴어를 가르치기 위해서 만전의 준비를 했다. 먼저 칼에게 베르길리우스의 서사시 〈아이네이스〉의 감동적인 줄거리와 깊은 사상과 아름다운 문제에 대해서 설명하고, 훌륭한 학자가 되려면 반드시 라틴어를 배워야 한다고 말해서 승부욕을 자극했다.

칼이 여덟 살 때 난 자주 칼을 데리고 라이프치히 음악회에 갔다. 한번은 음악회 중에 잠시 쉬는 시간을 갖는데 칼이 노래 가사가 적힌 작은 책자를 보더니 말했다.

"아빠, 이건 프랑스어도 아니고 이탈리아어도 아니고 라틴어에요."

난 이때다 싶어 말했다.

"맞아, 무슨 뜻인지 아니?"

칼은 프랑스어와 이탈리어어로부터 뜻을 유추해서 뜻을 대충 파악하더니 흥분해서 말했다.

"아빠, 라틴어가 이렇게 쉽다면 빨리 배우고 싶어요."

마침내 때가 왔음을 알고 난 칼에게 라틴어를 가르쳤다. 칼은 9개월 만에 라틴어를 모두 배웠다. 뒤이어 칼은 3개월 만에 영어를 배우고 6개월 만에 그리스어를 배웠다.

칼이 그리스어를 배운 과정은 무척 재미있는데, 거작을 읽는 과정이었다고 해도 과언이 아니다. 칼은 내가 만든 그리스어 단어와 뜻을 적은 카드를 보고 외우는 것으로 그리스어 공부를 시작했다. 그리고 어느 정도 단어량이 는 뒤에는 책을 읽었다. 칼은 가장 먼저 《이솝우화》를 읽고 다음에는 크세노폰의 《아나바시스》를 읽었다. 다른 언어를 가르칠 때처럼 어법만 가르치지 않고 필요한 것이 있을 때마다 그때그때 보충해줬다.

내가 일할 때 칼은 바로 옆에서 공부했다. 당시 독일에는 '그리스어 - 라틴어' 사전만 있고 '그리스어 - 독일어' 사전이 없어서 그리스어를 공부할 때 부득이하게 내게 한 단어 한 단어 모두 물어야 했기 때문이다. 그때마다 난 일이 바빠도 화내지 않고 차근차근 대답했다.

칼은 헤로도투스의 역사서, 크세노폰의 《소크라테스의 추억》, 디오게네스 라에르티오스의 《위대한 철학자들의 생애와 사상》도 읽었다. 여덟 살 때 플라톤의 《대화편》을 읽었지만 이해하지는 못했다.

아홉 살 때 이미 프랑스어, 이탈리아어, 그리스어, 라틴어를 모두 배운 칼은 베르길리우스, 키케로, 플로리아누스, 실러 등 독일, 프랑스, 이탈리아, 그리스, 로마 작가의 문학작품을 마음껏 읽었다.

사람들은 보통 외국어 배우기를 두려워하는데, 이들이 6개 국어를 구사하려면 아마 평생이 걸릴 것이다. 하지만 칼은 어린 나이로 짧은 시간에 해냈다. 대체 어떤 특별한 비결이 있었기에 이것이 가능했을까?

1. '귀'를 이용한다

라틴어를 예로 들어보자. 라틴어는 기본 교과목이자 학문을 하는 사람들에게 꼭 필요한 언어다. 라틴어를 배우면 프랑스어, 스페인어, 이탈리아어를 배우기 쉽다. 하지만 학생들은 대부분 라틴어를 싫어한다. 라틴어의 기초가 튼튼하지 않기 때문이다. 그래서 난 아들이 요람을 탈 때부터 기초적인 라틴어를 가르쳤다.

물론 사람들 중에는 먹고 자기만 하는 아기에게 라틴어를 가르치는 게 가능하냐고 의문을 제기하는 사람들이 있을 것이다. 그런데 가능하다. 아기는 눈보다 귀를 더 잘 사용해서 그저 들려주는 것만으로도 효과를 볼 수 있다. 나도 이 방법을 이용해서 아들에게 라틴어를 가르쳤다. 칼이 잠에서 깨어나 기분이 좋을 때 난 편안한 목소리로 아들에게 베르길리우스의 〈아이네이스〉를 들려줬다. 이것은 훌륭한 서사시요, 최고의 자장가로, 아들이 매우 좋아하고 들으면서 잠들 때가 많았다. 이렇게 기초를 쌓은 아들은 나중에 라틴어를 배울 때 어려워하지 않고 쉽게 〈아이네이스〉를 외웠다.

표와 규칙을 이용한 기계적인 방법으로는 학생들이 라틴어를 즐겁게 배울 수 없다. 또한 배운다고 해도 읽기만 할뿐 자유롭게 말하진 못한다. 칼이 아홉 살 때 라틴어 교사와 대화를 나눈 적이 있는데 그 교사는 라틴어를 전혀 알아듣지 못했다.

2. 암기보다는 훈련

난 전문적이고 체계적인 방법으로 아들에게 어법을 가르치지 않았다. 가르친다한들 어린 아들이 이해할 리 만무하기 때문이다. 어른들은 어법을 토대로 외국어를 공부하는 것이 효과적이지만 아이들은 그보다 모국어를 배울 때처럼 '훈련' 시키는 것이 더 낫다.

대중적이고 이해하기 쉬운 시는 그만큼 기억하기도 쉬워서 주로 시를 이용해서 아들의 언어감각을 키우고, 어느 정도 기초를 다진 뒤에는 일상생활에서 사용하게 했다. 아들과 외국어로 대화할 때 직접적으로 표현하기 어려운 부분은 배운 단어를 모두 활용해서 우회적으로라도 표현하게 했지 결코 독일어로 말하게 하지 않았다. 또한 외국 서적을 많이 읽게 했는데, 책을 읽는 것은 언어를 배우는 가장 좋은 방법으로 모든 언어의 정수는 책 속에 있다. 모르는 단어가 나올 땐 사전을 찾으면 된다. 처음에는 사전을 달고 살던 아이가 점차 사전을 덜 찾으면 그만큼 실력이 많이 늘었다는 뜻이다.

칼은 외국 친구와도 편지를 주고받았다. 그리스어를 배울 때 칼은 그리스 친구에게 편지를 보낸 뒤에 답장을 받고는 매우 기뻐했다. 이것이 계기가 되어 칼은 그리스 문학에 관심을 갖고 많은 문학작품을 읽었다. 훗날 칼은 이탈리아, 영국의 친구와도 펜팔을 했는데 편지를 주고받는 횟수가 많아질수록 외국어 실력도 일취월장하고 그 나라에 대한 관심도 높아져 나중에는 언어 외에 지리와 생활습관도 연구하게 되었다.

3. 같은 이야기를 여러 언어로 읽는다

사람들은 보통 한번 읽은 책은 다시 안 읽는 경향이 있는데 칼은 같은 이야기도 지루해하지 않고 여러 번 읽는 것을 좋아했다. 그래서 난 외국어를 가르칠 때도 칼이 같은 책을 여러 나라 언어로 읽게 했다. 요컨대 독일어, 프랑스어, 이탈리아어, 라틴어, 영어, 그리스어로 안데르센 동화를 읽게 했다. 이렇게 해서 칼은 재미있고 쉽게 외국어를 배웠다.

4. 어원을 파악한다

어원을 파악하는 것은 외국어 공부에 도움이 된다. 난 칼이 어릴 때부터 어원을 파악하는 습관을 들이게 하기 위해서 어떤 라틴어 단어를 공부할 때 현대어 중에서 이 단어에서 파생된 단어가 없는지 알아보고 있으면 모두 노트에 기록하게 했다. 이렇게 하면 단어를 기억하기도 쉽거니와 그것에서 파생된 단어도 같이 공부하고 언어 발달의 규칙을 알 수 있어 일석삼조의 효과를 거둘 수 있다.

5. 가장 효과적인 방법은 게임형식이다

아이가 다양한 언어를 구사할 수 있는지의 여부는 부모가 어떤 학습방법을 취하느냐에 달려있다. 내가 직접 아들을 키워본 경험으로는 게임형식으로 가르치는 것이 가장 효과적이었다.

칼이 막 영어를 배우기 시작했을 때 난 13개국 언어로 아침 인사를 가르쳤는데 칼이 매우 재미있어하고 빨리 배웠다. 난 아이들이 장난감과 인형을 좋아하는 점을 이용해서 매일 아침마다 칼이 각 나라를 대표하는 열세 개의 인형을 들고 "좋은 아침이에요"라고 말하며 인사하게 했다. 이런 식으로 우리 부자는 각종 언어로 책을 읽고 노래를 불렀으며 수수께끼 놀이, 문장 만들기, 속담 맞추기, 이야기 짓기 등의 게임을 했다. 공부방법이 재미있어서인지 칼은 투정 부리지 않고 즐겁게 외국어를 배웠다.

6. 글자를 가르친다

아이는 뭐든지 어른을 따라하기 좋아하는데 칼이 내 흉내를 내며 펜을 들고 글씨 쓰는 시늉을 하기에 난 이때다 싶어 칼에게 글자를 가르쳤다. 칼이 처음 글자를 배우고 싶어 했던 것은 네 살 때였다.

어느 날 서재에서 혼자 일하는데 갑자기 인기척이 느껴졌다. 뒤돌아보니 칼이었다. 칼은 나를 등진 채 작은 의자에 엎드려 뭔가를 정신없이 짜맞추고 있었다. 그 순간 한 가지 의문이 들었다. 평소 온 집안을 소란스럽게 뛰어다니느라 바쁜 아이가 대체 뭘 하기에 이렇게 조용히 있을까?

난 궁금한 마음에 살금살금 칼의 곁으로 다가갔다. 그랬더니 칼이 못쓰는 종이에 글자 카드를 보며 글쓰기 연습을 하고 있지 않은가! 이건 너무나도 놀랍고 흥분되는 일이었다.

"칼, 글씨 배우고 싶니?"

"네."

칼이 고개를 끄덕였다.

"그럼 아빠한테 말하지. 아빠가 가르쳐줄 텐데."

난 얼른 연필 한 자루를 칼의 손에 쥐어주고 이름 쓰는 법을 가르쳤다. 칼은 처음에 연필도 제대로 못 쥐고 한 획도 쓰기 버거워했지만 나의 격려를 받으며 포기하지 않은 결과 마침내 삐뚤빼뚤하게나마 자신의 이름을 쓰는 데 성공했다.

칼은 자기가 보기에 글자를 잘 쓴 것 같으면 우리 부부에게 보여줬다. 그런데 솔직해 말해서 방금 막 글을 배우기 시작한 아이가 글자를 잘 쓰면 얼마나 잘 쓰겠는가? 하지만 아내는 이런 내색을 전혀 하지 않고 놀라는 척하며 "우리 칼이 글자를 쓰다니, 정말 대단하구나."라고 칭찬했다. 엄마의 칭찬은 글자를 쓰려는 칼의 의욕을 더 불태웠다.

그 며칠간 글자를 쓰려는 의지가 대단해서 칼은 아는 글자를 부지런히 연습하고 내게 더 많은 글자를 가르쳐달라고 졸랐다. 또 연필 대신 펜을 달라고도 했는데 내가 글씨 쓸 때 펜으로 쓴 것을 본 것이다.

칼은 내 모습을 따라하며 하루 빨리 글자 쓰는 법을 배우고 싶어 했다. 비록 연필보다 펜으로 쓰는 것이 더 어렵지만 난 칼의 기분을 맞추기 위해서 펜을 줬다. 툭하면 칼이 잉크병을 쏟아서 얼굴과 손에 묻히고 돌아다니는 바람에 일일이 쫓아다니며 뒤치다꺼리를 해야 했다. 물론 그렇다고 칼에게서 펜을 빼앗진 않았다. 칼은 며칠간의 노력 끝에 마침내 펜을 바르게 잡고 글자를 예쁘게 쓸 수 있게 되었다.

한번은 온 가족이 함께 여행을 떠났는데 칼이 여관 숙박부에 글자를 또박또박 적어서 여관 주인이 깜짝 놀라기도 했다.

칼이 간단한 문장을 쓸 수 있게 되자 난 날마다 일기를 쓰게 했다. 이렇게 해서 다섯 살 때부터 일기를 쓰기 시작한 칼은 바람이 세게 불고 비가 와서 밖에 나가서 놀 수 없을 때 종종 지난 일기를 읽으며 즐겁게 당시를 회상했다.

여기서 잠깐 번외의 얘기를 하자면 부모도 일기를 써서 아이의 성장과정을 모두 기록해야 한다. 이것은 대대손손 물려줄 수 있는 소중한 유산으로 후손이 자녀를 키우는 데 중요한 참고자료가 된다.

기록해야 할 내용은 많다. 예컨대 아이에게 어떤 새로운 말을 가르쳤나, 무엇 때문에 아이를 혼내고 칭찬했나, 어떤 지식을 가르쳤나, 아이가 어떤 새로운 단어를 말하기 시작했나, 아이가 무엇에 관심이 많고 무엇을 잘 못하나 등 아이에 관한 모든 것이 기록의 대상이 된다. 기록을 하고 나면 부모가 무엇을 가르쳤고 아이가 무엇을 이해하고 있는지 한눈에 알 수 있어서 좋다. 이것은 교육효과를 높이고 교육을 계획적으로 진행하며 아이가 나쁜 습관에 물들지 않고 좋은 습관을 들이는 데 도움이 된다. 아이의 성장과정을 기록하지 않는 것은 선장이 항해일지를 안 쓰는 것과 같아서 원래 세웠던 계획을 실현하지 못하게 된다. 날마다 귀찮게 일기를 어떻게 쓰냐고 반문하는 부모도 있겠지만 실제로 하면 그렇게 귀찮지 않고 보람 있는 일이라는 것을 알 수 있다. 날마다 조금씩 자라는 꽃을 감상하는 것은 좋아하면서 왜 자녀가 자라는 모습을 관찰하는 것은 귀찮아하는가? 아이가 하루하루 자라는 모습을 기록하면 또 다른 행복을 느낄 수 있다.

아이의 성장과정을 기록하려면 부모가 열정과 강인한 정신을 버리지 말아야 한다. 부모는 자신이 원하는 대로 자녀를 키우고 가르치며 양육계획을 세울 수 있는 절대적인 자유가 있다. 하지만 이런 절대적인 자유 탓에 종종 자신의 책임에 소홀해지기도 하는데 이럴 때 성장일기는 원래의 양육계획을 성실히 실현하라고 따끔한 일침을 가한다.

♣ 흥미는 어떻게 키울까

　　　　　　　　칼이 생후 15일 때부터 부모의 교육을
받았다고 하면 사람들은 칼의 유년생활이 매우 무미건조했을 거라고 생
각한다. 하지만 실상은 그렇지 않다. 칼은 여러 분야에 두루 관심이 많아
서 다양한 체험을 하며 성장했다.

　나는 칼이 풍부한 어휘량을 익힌 뒤에 책 읽는 흥미와 습관을 키워주
기 위해서 노력했다. 사람은 생애 최초로 어떤 책을 읽느냐에 따라 책의
기호가 달라지고 유년기 때 읽은 책에 따라서 인생이 달라지기도 한다.
때문에 난 칼의 독서능력과 유익한 정도를 고려해서 매우 신중하게 책을
골랐다.

　칼에게 책 읽는 흥미를 키워주기 위해서 많은 방법을 생각했는데 가장
좋은 것은 이야기를 들려주는 것이었다. 아이에게 이야기를 들려주는 것
은 매우 중요하다. 어린아이들은 대게 좋아하는 이야기를 통해서 지식을
쌓고 책과 가까워지기 때문이다. 과장된 표정, 실감나는 목소리, 다양한
손짓을 동원해서 최대한 이야기를 생동감 있게 전하려고 노력했고, 다행
히도 아들은 내 이야기를 듣는 것을 매우 좋아했다. 매번 가장 흥미진진
한 부분에서 이야기를 돌연 중단해 칼의 궁금증을 증폭시키고 궁금하면
직접 책을 찾아서 읽으라고 격려했다.

　칼은 독서만큼 음악에도 흥미가 많았다.

　괴테는 말했다.

　"신이 준 미감을 잃지 않으려면 날마다 음악을 듣고 시를 읽으며 그림

을 감상해야 한다."

또 다른 누군가는 "노래를 부르면 마음이 즐거워져 뿔 난 아이도 웃게 만든다. 또한 노래를 즐겨 부르는 사람은 그렇지 않은 사람보다 더 오래 살므로 반드시 아이는 음악을 이해해야 한다."고 말했다.

물론 모든 아이들이 음악가가 될 필요는 없다. 하지만 음악을 이해하지 못하는 삶은 얼마나 불행한가? 적어도 음악을 감상할 줄 알아야 한다. 어떤 부모들은 음악가가 되고 싶지 않은 아이에게 음악을 가르치는 건 시간 낭비라고 말하는데 이것은 예술을 모르는 인생은 황무지와 같다는 걸 모르고 하는 소리다. 아이에게 행복하고 다채로운 삶을 선사하려면 조금이라도 음악을 가르쳐 문학에 대한 흥미 외에 음악에 대한 흥미도 키워줘야 한다.

음악을 이해하는 사람은 행복하다. 그래서 난 어릴 때부터 칼에게 음악관을 심어주기 위해서 일곱 색깔의 종을 사서 소리를 들려주고 엄마의 노래를 들려줬다.

칼이 A,B,C를 읽기 시작하자 게임을 통해서 음을 구별하도록 가르쳤다. 수수께끼는 아이들이 좋아하는 게임이다. 하지만 난 수수께끼보다 더 재미난 기타를 이용했다. 예를 들어 물건 찾기 게임을 할 때 아들이 내가 물건을 숨겨놓은 곳에 가까이 다가오면 "안 돼."라고 말하는 대신에 기타로 낮은음을 내고 멀어지면 높은음을 내는 등 오로지 음높이의 변화를 통해서 물건을 찾게 했다. 이 놀이는 칼의 청력을 훈련시키는 데 효과적이었다.

난 아이들이 리듬을 좋아한다는 점도 그냥 지나치지 않았다.

아들이 말을 못할 때 손바닥으로 장단을 맞춰가며 리듬감을 가르치고 그 뒤에는 작은 북을 사서 북을 두드리는 것을 가르쳤다. 뒷날에는 실로폰을 사서 피아노 치기 놀이를 했는데 내가 벽에 있는 악보를 가리키면 칼은 거기에 맞춰 실로폰을 두드렸다. 오래지 않아 칼은 기타로 간단한 선율도 연주할 수 있게 되었다. 쇠뿔도 단김에 빼라고 아들이 더 열심히 연습하도록 격려했고 결국 칼은 화음뿐만 아니라 음계와 아르페지오(화음을 이루는 각 음들을 한 번에 소리 내지 않고 차례대로 소리 내게 한 화음)도 연주할 수 있을 정도로 실력이 좋아졌다. 더 이상 내 실력으로 칼을 가르칠 수 없게 되자 전문적인 기타 선생님을 초빙했다.

음악은 감각의 것이라서 감각을 키워야 그것의 신비로움과 아름다움을 알 수 있다. 하지만 지금의 선생님들은 대부분 음악적인 기교만 가르쳐서 아이들이 피아노를 치건 바이올린 켜건 모두 기계처럼 생명력이 부족하다. 그런데 이 선생님은 달랐다. 그는 기타는 물론이거니와 바이올린도 수준급으로 연주하고 칼에게 가락악기와 화성악기의 차이와 각각의 특징 및 장단점을 설명했다. 이런 여유로운 분위기 속에서 칼은 기타와 바이올린을 배우고 나중에 피아노도 배웠다.

재미나게도 칼과 선생님은 늘 서로 기타와 바이올린을 바꿔가며 합주곡을 연주했다. 둘의 연주솜씨가 얼마나 뛰어난지 가만히 듣고 있으면 꼭 전문가들이 합주하는 것만 같았다. 한번은 둘이 바이올린과 기타로 파가니니의 곡을 연주해서 많은 사람들에게 호평과 박수갈채를 받은 적이 있다.

칼은 악기 연주를 배우는 동시에 선생님의 지도를 받으며 편곡하기도 했다. 비록 진정한 의미에서 작곡은 아니지만 어린 나이에 편곡을 한 것만으로도 대단한 일이었다.

난 지금까지도 칼이 작곡한 곡을 보관하고 있는데 그 곡은 늘 어린시절 칼의 귀여웠던 모습을 떠올리게 한다.

♣ 어떻게 흥미를 불러일으키고 문제를 제기하게 할까

칼이 다방면에 흥미를 갖고 활발하게 활동했음에도 불구하고 사람들 중에는 여전히 칼을 책상 앞에 앉아서 공부만 한 책벌레쯤으로 생각하는 사람들이 많다. 심지어 외국어나 좀 할 줄 알지 다른 것에 대해선 전혀 모른다고 생각하는 사람들도 있다.

그런데 이렇게 생각하면 오산이다. 칼을 잘 아는 사람들은 모두 알지만 칼이 책상 앞에 앉아있던 시간은 오히려 다른 또래 아이들보다 적다. 대부분의 시간을 신나게 놀고 운동하며 보내서 칼은 매우 건강하고 명랑했다. 그는 몇 개 국어를 구사할 줄 아는 것 외에도 식물학, 생물학, 물리학, 화학, 수학 등에 조예가 깊었다.

이쯤 되면 많은 부모들은 어떻게 했기에 아이가 저렇게 많은 학문을 익혔는지 궁금해질 것이다. 사실 방법은 간단하다. 비결은 아이의 흥미를 불러일으키고 문제를 제기하게 하면 된다.

칼이 네다섯 살 때 난 아침식사를 하기 전에 늘 칼과 함께 산책하며 대화를 나눴다. 내가 몇 가지 재미난 화제를 던지면 칼은 활발히 사고하며 상상의 나래를 펼쳤다. 칼은 상상 속에서 배를 타고 인도와 중국에 여행을 가기도 하고 나일 강을 거슬러 올라가기도 했으며 하얀 설원이 펼쳐진 북극에 탐험을 갔다가 다시 향기가 진동하는 실론 섬으로 떠나기도 했다. 때로는 몇 천 년을 거슬러 올라가 스파르타 사람들과 힘을 합쳐 트로이 군대를 물리치고, 오디세우스 호를 탔다가 망망대해에서 방향을 잃기도 했다. 알렉산더 대왕을 따라서 서쪽으로 원정을 떠날 때도 있었다. 이렇게 해서 칼은 산책하는 동안에 세계 여러 곳의 지리와 역사를 배웠다.

나무가 우거진 산길을 걷다 보면 수줍게 고개 내민 야생화 한 송이쯤은 보게 마련이다. 산책하다가 이런 꽃을 발견하면 아들을 불렀다. 칼이 호기심이 동해서 쪼르르 달려오면 그 꽃을 해부해서 특징과 작용에 대해서 설명했다.

"요건 꽃잎이고 요건 꽃술, 요건 꽃받침, 바람 불면 날아다니는 건 요기에 있는 화분이야. 칼, 화분이 꽃에게 얼마나 중요한지 아니? 이렇게 작아도 꽃에 화분이 없으면 열매가 안 열린단다."

가끔 풀숲에서 메뚜기가 뛰어나오면 잽싸게 잡아서 칼과 머리를 맞대고 메뚜기의 신체구조와 습성과 번식에 대해서 알아봤다. 이처럼 실물을 이용해서 가장 중요한 것을 가르쳤고 이것은 칼에게 학교에서 딱딱하게 배우는 동식물학보다 훨씬 효과적이었다.

자신감만 있으면 자연계 일체를 모두 교육 재료로 활용할 수 있다. 사실 자연계에는 아이들이 배울만한 것들이 매우 많다. 대자연은 사람에게 무한한 지식을 주는 세상에 둘도 없는 선생님이다. 하지만 많은 부모와 아이들이 자연이라는 선생님을 찾지 않아 안타까울 따름이다.

휴일 때마다 아들과 들판에 나가서 꽃과 풀과 자갈과 새둥지와 곤충생활을 관찰했다. 또한 이런 살아있는 교재를 이용해서 재미있는 이야기를 들려주는 한편 동물학, 식물학, 광물학, 물리학, 화학, 지질학, 천문학 등 과학 분야에 대해서도 광범위하게 설명해줬다. 칼은 좋아하는 식물의 표본을 산더미같이 만들기도 하고 모든 사물을 현미경으로 관찰하며 의미 심장한 기록을 남기기도 했다.

한번은 애벌레를 잡아준 적이 있는데 칼은 마치 못 볼 것이라도 본 양 뒷걸음질치며 무서워했다. 아름다운 나비도 모두 애벌레였던 시절이 있었다고 말하며 애벌레의 성장과정에 대해서 자세하게 설명해줬다. 그러자 칼은 더 이상 무서워하지 않고 무시와 조롱을 받던 애벌레가 나비가 된 뒤에 모든 동물들에게 존경 받고 부러움을 사게 된다는 내용의 동화 〈아름다움아, 어디서 왔니〉를 썼다. 칼은 동화를 완성한 뒤에 매우 진지하게 말했다.

"성공하기 전에는 냉대 받고 무시당하다가 성공하면 찬탄과 존중을 받는 것이 사람이나 동물이나 서로 다를 바가 없는 것 같아요."

칼이 이런 생각을 할 수 있었던 것은 자연에 관한 지식을 공부하고 인생에 대한 감성이 풍부했기 때문이다. 칼의 이런 면모가 대견하고 자랑스러웠다.

아이가 불량스러운 행동을 하는 것은 많은 부모들이 앓고 있는 고민거리 중의 하나다. 대체 어린아이들이 불량스러운 행동을 왜 할까? 난 이것을 아이들이 호기심을 풀만한 대상을 못 찾았기 때문이라고 생각한다. 아이들을 데리고 야외로 나가 보라. 나쁜 짓을 하며 쓸데없이 에너지를 낭비할 시간이 없다. 자고로 대자연과 어울리며 사는 사람은 마음이 바르고 어질었다. 대자연은 아이의 정서를 함양하고 체질을 강화시키며 의욕을 왕성하게 만든다. 도시의 아이들이 심약하고 괴팍한 것도 모두 대자연과 멀리 떨어져 지내기 때문이다.

난 칼이 정원을 꾸미고 꽃과 감자를 심게 하는 등 최대한 자연과 많이 어울리게 했다. 칼도 재미있는지 시키지 않아도 알아서 물을 주고 잡초를 뽑으며 자라는 모습을 지켜봤다. 자연은 아이에게 가장 좋은 교과서이다. 해마다 여름이면 칼을 데리고 산에 가서 놀기도 하고 자연의 아름다움을 노래한 시도 가르쳤다. 대지에 누워 신선한 공기를 마시며 시를 낭송하는 기분이란 이루 말로 표현할 수 없을 만큼 상쾌하다.

칼은 카나리아 두 마리도 키웠다. 그런데 이 카나리아들이 칼에게 어찌나 훈련을 잘 받았는지 바이올린 선율에 맞춰 노래를 부르는가 하면 사람 팔뚝에 앉아 춤을 추기도 했다. 칼이 기타를 치면 가만히 어깨에 앉아 있고 눈을 감으라고 하면 눈을 감았으며 책장을 넘기라고 하면 부리로 책장을 넘겼다.

이 밖에 칼은 먹이와 물을 주는 시간을 꼬박꼬박 지키며 고양이와 강아지를 키웠는데, 이로 인해 칼은 사랑하는 마음과 집중력을 갖게 되었다.

♣ 주입식 교육을 하지 않는다

　　난 주입식 교육을 극도로 반대하는 사람으로서 단 한 번도 강제로 아이를 가르친 적이 없다. 아이에게 지식을 주입하는 것은 나무의 뿌리는 가만둔 채 잎사귀에만 물을 주는 거라서 결국 나무를 고사시키고 마는 것과 같다. 주입식 교육환경에서는 감지능력이 제대로 발휘되지 않아 아이가 추상적인 공식만 대량으로 받아들이게 된다. 이것은 한 번에 애완동물에게 많은 먹이를 주고 싶은 나머지 애완동물의 입을 강제로 벌리고 맛난 먹이를 꾹꾹 쑤셔 넣는 것과 같다. 이렇게 되면 아이는 쓸모 있는 지식을 배우기는커녕 멍청하게 지식을 받아들이는 기계로 전락한다. 난 결코 아들을 이런 모습으로 키우고 싶지 않았다.

　　먼저 아이의 흥미를 불러일으킨 다음에 흥미를 토대로 적절한 교육을 실시했다. 아들을 체계적으로 가르치지도 않고 교과서대로 가르치지도 않았으며 사전에 무엇이 식물학, 동물학 등의 범주에 드는지 가르치지도 않았다. 체계적으로 미리 가르치는 것은 아이들의 공부습관과 안 맞았다. 산책할 때 아들이 흥미를 보이는 것이면 난 뭐든지 가르쳤다. 그 덕에 훗날 칼은 동물학과 식물학을 공부할 때 생소한 내용도 쉽게 이해할 수 있었다.

　　대개 여섯 살 난 아이들은 지도를 잘못 읽고 지리 공부를 하는 것도 싫어한다. 그래서 칼이 지리가 무엇인지 직접 피부로 느낄 수 있게 실감나는 방법을 선택했다.

마침 여유시간이 생겨 칼을 데리고 이웃 마을에 놀러가 함께 지형과 강이 흐르는 방향과 숲의 위치를 관찰했다. 우리는 이 모든 것을 파악하기 위해서 그 마을을 몇 바퀴나 돌았다. 놀면서 공부하는 것을 좋아하는 칼은 지친 기색 한번 내지 않았다. 칼은 저녁 때 집에 돌아와서 엄마에게 그날 관찰한 마을의 지리를 정확하게 묘사하고 보고 들은 내용을 들려줬다.

며칠간의 탐사를 통해서 이웃 마을의 기본적인 상황을 파악한 우리 부자는 종이와 연필을 들고 마을에서 가장 높은 탑에 올랐다. 그곳에 오르니 마을의 전경이 한눈에 들어왔다. 난 불시에 주변의 지명을 물어서 칼이 대답하지 못하면 가르쳐주고, 주변 환경을 완전히 이해한 뒤에 칼에게 간단히 지도를 그리게 했다. 준비 작업을 철저히 했기에 칼은 무리 없이 지도를 그렸다. 뒤이어 우리는 다시 평지로 내려와 방금 그린 기본 지도 위에 산책하면서 본 도로, 산림, 강, 언덕 등을 간략하게 그려 넣고, 서점에서 산 지도와 비교하며 다른 부분을 수정했다.

이렇게 해서 마침내 칼이 제작한 생애 최초의 지도가 완성되었다. 아내는 칼의 지도를 표구로 만들어서 자랑스럽게 거실에 걸어놓았다. 집에 놀러온 손님들은 칼의 지도를 보고 모두 놀랐다. 도저히 여섯 살짜리 꼬마가 그린 것이라고 믿겨지지 않을 만큼 정교했기 때문이다. 난 칼에게 좀 더 어려운 지도를 보는 법도 가르쳤다. 훗날 칼은 지도 제작을 취미로 삼고 여행을 가는 곳마다 지도를 만들었다.

칼에게 동물학, 식물학, 지리학의 기본적인 지식을 가르친 뒤에 다시 같은 방법으로 물리학, 화학, 수학을 가르쳤다. 또한 천문학에 대한 흥미를 키워주기 위해서 신화를 읽게 하고 천문대에 데려가서 망원경으로 직접 천체를 관찰하게 했다. 칼은 몇몇 천문학자들과도 친분을 쌓았는데 그들에게 칼이 천문학에 재능이 많다는 얘기를 듣고 백작에게 칼을 지도해달라고 부탁했다.

백작은 내가 잘 아는 사람도 아니고 가족끼리 서로 알고 지내는 사이도 아니었다. 내가 그를 처음 본 것은 그가 칼의 재능을 가늠하러 왔을 때로, 칼이 보통 사람보다 월등히 뛰어난 지능을 갖고 있는 것에 깜짝 놀라며 기뻐했다. 평생 학문을 하는 것에서 기쁨을 찾고 인재를 무엇보다도 아꼈던 백작은 칼을 집으로 데려가 직접 자신의 망원경으로 천문학을 가르치고, 고맙게도 집안에 있는 물리와 화학 방면의 실험기구를 마음껏 사용하고 책을 볼 수 있게 허락했다. 이렇게 해서 칼은 백작의 든든한 지원을 받으며 각종 지식을 쌓을 수 있었다.

어느 날 칼이 한껏 들떠서 집에 돌아왔다.

"아빠. 제가 오늘 뭘 봤는지 아세요? 유성우를 봤어요."

아이들은 유성, 혜성 등의 자연현상에 호기심과 환상이 많은데 칼도 예외는 아니었다. 칼이 기뻐하자 나도 덩달아 신이 났다.

"유성우를 직접 보다니, 정말 멋있었겠구나."

"당연하죠."

칼이 흥분해서 말했다.

"여태껏 본 광경 중에 최고였어요. 축제 때 본 불꽃처럼 생겼는데 아름다운 정도는 비교가 안 돼요."

이어서 칼은 천문망원경을 통해서 본 태양과 달과 다른 행성과 항성에 대해서도 자세하게 묘사했다. 칼은 우주의 신비로움에 매료된 듯했다.

"어쩌면 대자연은 이렇게 신비로울까요?"

"하나님의 걸작이잖니. 인류가 위대하다고 해도 대자연 앞에서는 보잘 것없는 존재란다. 인류의 모든 지식은 대자연에서 나왔어. 네게 자연에서 많이 배우라고 얘기하는 것도 다 이 때문이야."

"아빠 두고 보세요. 열심히 공부해서 꼭 더 많은 자연의 비밀을 캐내고 말 거예요."

칼은 어릴 때부터 이렇게 즐겁게 공부했다. 칼이 즐겁게 공부할 수 있게끔 자연을 오묘하게 창조한 하나님과 곁에서 공부를 도와준 많은 분들에게 한시도 감사의 마음을 잊은 적이 없다.

♣ 평등한 관계를 유지한다

사람들 중에는 어린아이들이 노는 것만 좋아한다고 생각하는 사람이 있는데 제대로 모르고 하는 소리다. 아이들은 서너 살 때부터 탐구심을 가지고 온갖 기괴한 질문들을 쏟아내기 시작한다. 드디어 주변 세계에 대해서 생각하기 시작한 것이다. 하지만 부모들은 어떤가? 아이들의 물음에 기뻐하기는커녕 귀찮아하며 되는 대로 대답하거나 은근슬쩍 얼버무리는 경우가 많다.

이것은 아이의 탐구력을 짓밟는 행동으로 잘못 중에서도 매우 큰 잘못이다. 지능이 발달하는 초기에 부모가 적절한 대답을 제공하지 않으면 아이의 탐구력은 금세 사라져버리고 만다. 부모들이야 이런 상황을 목격하고 싶지 않겠지만 일부는 자기 손으로 아이의 잠재력을 꺾어버리는 것이 사실이다. 그러고는 자기 잘못은 반성하지 않은 채 "왜 성적이 늘 이모양 이 꼴이야."라고 말하며 아이를 원망한다.

심지어 어떤 부모는 아이의 탐구심을 키울 생각은 않고 아이를 그야말로 아무것도 모르는 애 취급하며 호통치고 자신의 관점을 무조건 받아들이라고 강요하기도 한다.

내 사촌형 중에도 이런 사람이 있는데, 결국 그의 아이는 아빠의 무책임한 행동에 신체적 정신적으로 병들고 말았다.

물론 사촌형의 아이가 처음부터 병약했던 건 아니다. 다른 아이들처럼 건강하고 세상에 대한 호기심이 많아서 아빠에게 질문도 많이 했다. 하지만 그럴 때마다 사촌형은 귀찮은 나머지 "뭐가 그렇게 궁금한 게 많아. 가서 너 할 거 하고 놀아. 아빠 찾지 말고."라고 혼내며 아이를 쫓았다.

사촌형이 퉁명스럽게 쏘아붙여도 아이는 가끔 타고난 천성인 탐구심을 참지 못하고 물었다.

"아빠, 왜 태양과 달은 항상 동쪽에서 떠서 서쪽으로 져요?"

"원래 그렇게 움직이게 돼 있어. 그런데 이게 왜 궁금한 거니?"

"그냥 어떤 이유가 있을 것 같아서요."

"이유 같은 건 없어. 옛날부터 쭉 그래 왔으니까. 넌 참 별걸 다 궁금해하는구나."

"그래도 이유가 있을 것 같은데……"

"얘가 자꾸 왜 이래? 내가 그렇다면 그런 줄 알지 뭘 자꾸 물어!"

이렇게 대답하는데 어느 아이가 다시 부모에게 질문하겠는가? 이후

사촌형의 아이는 입을 꾹 다문 채 늘 의자에 혼자 앉아서 시간을 보냈다.

최면술로 부정적인 정서를 암시당한 사람은 눈앞에 사람과 사물이 있어도 제대로 보지 못하는데, 아이가 이런 최면술과 같은 교육을 받으면 부정적인 정서에 휩싸이게 된다. 내가 아들을 교육시킨 건 지혜의 문을 열고 들어가 사회 각계각층의 사람들을 예리하게 꿰뚫어보는 사람이 되게 하기 위해서였다. 인류는 결코 아담과 이브처럼 자신이 발가벗은 것도 모른 채 천국 같은 생활을 보내는 것에 만족해선 안 된다.

부모는 아이의 탐구심을 소중히 여기는 동시에 궁금증을 적극적으로 풀어주고 권위로 아이의 천성을 억누르지 말아야 한다.

부모는 아이를 규율로 속박해서도 안 되고 권위로 짓눌러서도 안 된다. 권위적인 압력은 아이의 변별력을 떨어뜨린다. 변별력이 떨어지면 독특한 견해를 창조할 수 없거니와 쉽게 병적으로 암시를 받게 돼 장시간 이런 환경에서 생활할 경우 각종 정신적인 결함을 앓게 된다. 따라서 아이의 분별력을 키우기 위해서 교육할 때건 행동지도를 할 때건 반박조차 허락하지 않는 권위로 아이를 억압하지 말아야 한다.

사람은 성인이 아니라서 누구나 허물이 있을 수 있다. 그래서인지 부모들도 종종 아이의 물음에 대답할 수 없을 때 체면을 살리기 위해서 확실하지 않은 정보를 확실한 양 말하거나 민망함을 숨기기 위해서 괜히 아이를 꾸짖는 잘못을 저지른다. 하지만 난 결코 이러지 않았다.

아들이 질문하면 난 제멋대로 대답해서 헷갈리게 하지 않고, 조목조목 따져가며 설명하고 칭찬해줬다. 뭐든지 첫 인상이 기억에 가장 강하게 남는데 행여 잘못된 답안이 아이의 뇌리에 박혀 평생 영향을 미치는 최악의 상황이 펼쳐지기라도 하면 어떡하나? 난 결코 칼에게 불합리하고 확실하지 않은 지식을 가르치지 않았다. 칼의 물음에 대답할 때 내가 고려하는 건 대답의 내용이 어려운가 안 어려운가가 아니라 칼이 알고 있는 지식과 사고력으로 충분히 이해할 수 있느냐 없느냐였다. 부모가 좀 편하고자 대충 대답하면 아이가 궁금증을 완전히 풀 때까지 계속 질문해서 결국 부모의 화를 돋우는 악순환이 일어난다.

아들보다 더 많은 지식을 알고 있어도 결코 권위적으로 굴지 않았다. 사실 칼의 물음에 몰라서 대답하지 못할 때도 있었다. 한번은 칼이 천문학에 관해서 묻기에 "아빠도 잘 모르겠네."라고 솔직히 말하고는 함께 책을 뒤적이고 도서관에 가서 자료를 찾아서 궁금증을 해결했다. 이럴 때마다 난 칼이 고마웠다.

"네가 안 물었으면 아빠도 평생 모르고 살 뻔했다. 칼, 앞으로도 궁금한 것이 있으면 참지 말고 질문해. 모르는 게 있을 때 이렇게 같이 공부하니까 얼마나 좋니."

이런 격려는 칼이 끊임없이 질문하게 만들었다.

칼이 좀 더 커서 지식이 더 풍부해졌을 때 난 칼의 물음에 직접적으로 대답하지 않고 문제를 해결하려면 어떻게 해야 할지 스스로 생각하게 했다. 이렇게 해서 해결책에 대한 생각이 서로 다르면 둘이 어느 부분을 다르게 해석했는지 원인을 비교, 분석하며 함께 문제를 풀었다. 가끔은 칼이 놀라운 의견을 제시해서 이렇게 말할 때도 있었다.

"네 생각도 일리가 있구나. 어쩌면 아빠가 틀린 걸 수도 있으니까 책에 뭐라고 나와 있는지 한번 찾아보자."

칼을 가르칠 때 난 시종일관 칼과 평등한 관계를 유지하고, 칼이 미신에 빠지지 않고 진리를 추구하는 정신을 갖게 하기 위해서 노력했다.

♣ 로젠블룸 교수의 수학 교수법

식물학이나 동물학, 지질학은 자연에서 현장학습을 할 수 있어서 아이의 흥미를 끌기가 쉽다. 하지만 수학은 스스로 생각해서 풀어야 하는 추상적인 학문인 만큼 아이들이 재미없어 하는데 칼은 이상하게도 수학을 가장 흥미로워했다.

물론 칼도 처음에는 수학을 싫어했다. 일찍부터 칼에게 숫자와 숫자 세는 법을 가르치고 시장 놀이를 하면서 돈 계산법을 가르쳤지만 곱셈을 가르치는 것은 여간 어려운 일이 아니었다. 무작정 구구단을 외우는 것이 싫었는지 칼이 난생 처음 배우기 싫다고 투정을 부렸다.

칼은 여섯 살의 나이에 이미 3개 국어를 구사하고 중학생 수준의 동물학, 식물학, 지리, 신화, 역사, 문학 지식을 쌓았는데 유독 수학만 약했다. 이쯤 되자 슬슬 칼이 학문을 '편식' 하면 어쩌나 걱정이 되었다. 이것은 내가 원하는 결과가 아니다. 칼이 다방면에 걸쳐 고르게 발전한 인재가 되어 진정한 행복을 누리게 하고 싶었다. 단편적인 사람은 진정한 행복을 느낄 수 없기 때문이다.

한동안 난 칼이 수학을 싫어하는 문제로 고민했다. 그렇다고 강제로 곱셈을 가르치진 않았다. 강압적으로 가르치면 교육적인 효과를 거두기는커녕 아이의 성격만 왜곡되기 때문이다.

이때 로젠블룸 교수와의 만남은 뜻밖의 행운이었다. 그라비츠 목사를 만나러 갔다가 우연히 알게 된 로젠블룸 교수는 목사의 친구이자 유명한 수학교수였다.

상황을 파악한 뒤에 교수는 한마디로 칼의 문제를 꼬집었다.

"아드님이 수학을 싫어하는 건 교육방법이 잘못되었기 때문이에요. 선생님은 언어학, 음악, 천문학, 역사를 좋아하기에 가르칠 때도 즐겁게 가르쳤고, 동물학, 식물학, 지리에도 조예가 깊어 칼이 흥미를 갖게 할 수 있었어요. 하지만 수학은 선생님이 싫어하는 학문이에요. 때문에 가르칠 때도 재미없게 가르쳤고 그 결과 칼도 수학을 싫어하게 된 겁니다."

이어서 그는 수학을 재미있게 공부할 수 있는 방법을 친절하게 알려 줬다.

교수는 가장 먼저 놀이 방법으로 아이에게 수학에 대한 흥미를 키우라고 조언했다. 그래서 우리는 그의 조언대로 콩과 단추를 종이상자에 넣고 각각 한 움큼씩 쥐어서 누가 더 많이 들었는지 세어보거나 포도처럼 씨가 든 과일을 먹을 때 안에 씨가 몇 개나 들어있나 맞추고, 하인이 키질로 콩 껍질을 까면 모양별로 껍질을 분류해서 숫자를 세며 놀았다. 우리는 주사위 놀이도 자주 했다. 방법은 두 개의 주사위를 던져서 나오는 숫자를 모두 더하는 것으로 점수를 종이에 기록해서 승부를 가렸다.

숫자놀이는 로젠블룸 교수의 조언에 따라서 15분을 초과하지 않았다. 머리를 쓰는 놀이라서 15분 이상 지속하면 피곤해질 수 있기 때문이다.

주사위 놀이를 이삼 주 한 뒤에 주사위의 개수를 서서히 여섯 개까지 늘렸다. 또한 콩과 단추도 각각 두 개를 한 묶음으로 해서 두세 묶음으로 배열하거나 세 개를 한 묶음으로 해서 서너 묶음씩 배열해서 구구단을 가르쳤다. 이렇게 해서 칼은 '2 × 2 = 4', '3 × 3 = 9'의 구구단의 원리를 쉽게 깨우쳤다. 물론 콩과 단추의 수를 늘려서 좀 더 복잡한 곱셈을 가르칠 수도 있다.

칼이 배운 것을 실생활에 활용하도록 '장사' 놀이도 했다. 칼은 자신의 '상점'을 열어 길이와 수량에 따라서 물건을 진열한 뒤에 실제와 똑같이 가격을 매기고 진짜 돈으로 계산했다. 우리 부부는 칼의 단골손님으로, 실생활처럼 물건을 사면 칼이 거스름돈을 거슬러줬다.

로젠블룸 교수가 조언해준 방법을 따름으로써 칼에게 금세 수학에 대한 흥미를 줄 수 있었다. 칼은 흐르는 물처럼 순조롭게 대수학과 기하학을 배웠고 흥미를 넘어서 진짜로 수학을 좋아하게 되었다.

♣ 열심히 공부해도 신경에 이상이 없다

고리타분한 교육가들은 내 교육방법이 아이들의 신경을 다치게 할 것이라고 폄하했다. 하지만 무수한 사례가 증명하듯이 흥미를 갖고 적극적으로 공부해도 아이의 건강에는 아무런 이상이 안 생긴다. 난 오히려 아이의 신경을 다치게 하는 것은 고리짝 같은 옛날의 교육방식이라고 생각한다.

사람들은 열심히 공부하면 신경이 다칠 거라고 생각하는데 이것만큼 어리석고 무지한 것은 없다.

책임지고 말하건대 흥미가 있으면 적극적으로 공부하게 되고, 적극적으로 열심히 공부해도 신경이 훼손되지 않는다. 하지만 강제적이고 무미건조한 현행교육이 아이들의 신경을 다치게 한다. 주입식 교육은 교육하기 좋은 시기를 놓쳐 탐구심이 사라진 뒤에 황급하게 아이의 머릿속에 잡다한 것들을 강제로 넣는 꼴이다. 그래서 이런 교육은 아이의 신경을 훼손하고 아이가 공부를 싫어하게 만든다.

내가 어떻게 아이의 흥미를 키워줬는지 이해한 뒤에 주입식 교육이 아이들에게 어떤 가슴 아픈 결과를 주고, 아이들의 신경을 훼손하는 교육이 어떤 것인지 알아보자.

초등학교 교사인 칼비노는 내 교육이념을 강력히 반대한 사람 중의 한 명이다. 칼이 태어나기 전에 그는 내 교육이념을 헛소리라고 비웃었다. 워낙 둘의 교육관이 천양지차였기에 난 그를 설득하려는 노력도 하지 않았다. 비록 역사가 소중한 유산을 많이 물려줬지만 반드시 과거를 따라야 하는 것은 아니다. 독립적인 사상과 창조 정신이 없으면 모든 노력이 물거품이 되고 만다.

자, 그럼 교사인 칼비노는 어떻게 아이를 가르치는지 살펴보자. 그는 어떡해서든 아들을 꼭 인재로 만들고 싶었다. 어느 날 그가 굉장히 우쭐대며 아들의 공부방을 보여줬다. 칼비노 아들의 방은 그야말로 눈이 커지고 입이 떡 벌어질만한 모습이었다.

"어때요? 비테 씨, 제 아들이 매우 열심히 공부하죠?"

칼비노가 득의양양하게 말했다. 확실히 칼비노의 아들은 열심히 공부했다. 하지만 가여운 그 아이는 새장 속의 새처럼 책이 빼곡히 쌓인 책상 앞에 앉아 있었다. 그는 채 여섯 살도 안 됐는데 하루에 열 시간씩 공부한다고 했다. 칼비노는 날마다 아들에게 역사, 지리, 물리, 생물을 공부시키고 독일어와 각종 외국어도 가르쳤다. 원래 아이에게 다방면의 지식을 가르치는 것은 좋은 일이다. 하지만 칼비노는 이것을 강제로 시키는 것이 문제였다. 그는 또 내게 잘난 척하며 말했다.

"제 아들은 철든 다음부터 거의 공부방 밖을 나간 적이 없어요."

그가 굳이 말하지 않았어도 아이의 창백한 얼굴과 힘없는 눈빛에서 아이가 얼마나 집안에만 틀어박혀 있었는지 알 수 있었다.

그의 아들에게 공부한 내용에 관해서 몇 가지 물었다. 그러자 그의 아들은 내 기대에 훨씬 못 미치는 대답을 내놓았는데, 대답에 논리가 없어 내용이 뒤죽박죽이었다.

한눈에 봐도 이 아이는 어느 부분의 신경이 훼손된 아이임이 분명했다. 사실 칼이 대학에 간 뒤에도 이 아이의 지능은 크게 발달하지 않았다. 결국 칼비노가 헛수고를 한 것이다.

칼비노의 아들에게 공부는 임무이자 책임이고, 노력은 고통이자 스트레스였다. 하지만 칼에게 있어 공부는 재미있는 놀이라서 열심히 해도 지치지 않고 기운이 솟았다. 때문에 두 아이의 결과가 크게 차이난 것은 당연했다.

우리는 두 아이들을 통해서 열심히 하는 정도가 아니라 흥미의 여부가 신경의 훼손을 결정한다는 것을 알 수 있다.

서너 살 때부터 광범위한 흥미를 키운 아이는 적극적으로 공부할뿐더러 공부의 결과도 좋고 몸도 튼튼해서 어떤 신경 이상도 일어나지 않는다.

유아기 때 기초를 튼튼하게 다지면 열 살 정도가 됐을 때 대학생에 뒤지지 않는 능력을 가질 수 있다. 이것은 내가 직접 경험한 사실로 결코 남들을 놀라게 하기 위해서 지어낸 이야기가 아니다.

현행교육은 교사와 학생이 교육에 지출하는 비용에 비해 효과가 턱없이 낮아 8년간 학교를 다녀도 제대로 읽지도 쓰지도 못한다. 하지만 열 살 정도에 대학교 졸업생 수준의 능력을 가진다면 매우 합리적이지 않은가? 난 비용은 둘째 치고 아이들의 잠재력이 헛되게 버려지는 것이 안타깝다.

프랜시스 골턴은 말했다.

"현대인과 고대 그리스인의 능력을 비교하는 것은 아프리카 원주민과 우리를 비교하는 것과 같다."

아직도 현대인이 고대 그리스인보다 못하다고 생각하는 학자들이 많은데, 현대인이 고대 그리스인보다 더 나은지의 여부는 우리 자신에게 달려있다. 따라서 적절한 교육을 실시하면 현대인이 고대 그리스인들보다 더 월등해질 수 있다.

난 칼을 가르칠 때 '백문이불여일견'의 원칙을 고수했다. 난 칼에게 책 속의 지식을 가르쳐주는 것 외에 모든 기회를 이용해서 칼의 지식을 더 풍부하게 만들었는데, 건축물을 보면 안에 무엇이 있는지 말해주고, 고성을 보면 고성의 역사와 관련 이야기를 들려줬다.

책에 파묻혀 사는 사람은 안목이 좁고 생각이 단순해서 결코 창조적인 학자가 될 수 없다. 또한 실생활에 뛰어들지 않으면 책 속의 지식도 제대로 파악하지 못한다. 책벌레는 결코 위인이 될 수 없다.

어느 날 칼이 갈릴레이의 '두 개의 철 구슬 실험'에 관해서 물었다.

"아빠, 무게가 다른 두 개의 구슬이 정말로 동시에 땅에 떨어져요? 하나는 무겁고 하나는 가벼우면 당연히 무거운 게 먼저 떨어지지 않아요?"

독일에서 교육을 받은 사람이라면 모두 한번쯤 이 유명한 이야기를 들어봤을 텐데 실제로 문제를 제기한 사람은 그리 많지 않을 것이다. 아이들은 책에 나오는 것을 곧이곧대로 믿는 경향이 있다. 물론 책에 나오는 이야기와 물리 현상은 대부분 진실하고 옳다. 하지만 사고의 과정 없이 100% 믿는 것은 게으르고 맹목적이다.

칼은 스스로 생각하는 능력이 뛰어난 아이로, 교과서를 맹신하지 않고 뭐든지 직접 체험해야 직성이 풀렸다. 칼이 '두 개의 철 구슬 실험'을 직접 체험하게 하기 위해서 크기가 서로 다른 두 개의 철 구슬을 구입한 뒤에 칼과 함께 학교 옥상에 올라가서 실험을 진행했다.

몇몇 사람들은 굳이 실험까지 할 필요가 있냐며 내가 아들을 지나치게 아낀다고 수군댔지만 어쨌든 난 칼과 실험을 성공적으로 끝마쳤다. 칼은 실험현상이 매우 신기했는지 직접 갈릴레이의 원리를 확실히 밝히기로 결심하고 한동안 지루하고 어려운 물리학에 푹 빠져 살았다.

어떤 의미에서 보면 학습을 향한 칼의 열정은 몸소 사물을 접하고 체험하는 과정에서 서서히 자라난 것 같다.

난 칼이 더 많은 사람과 사물을 접하게 하기 위해서 세살 때부터 친구를 만나거나 물건을 사러 갈 때 또는 음악회장이나 극장에 갈 때 항상 칼을 데리고 갔다. 훌륭한 학자들이 사교 경험이 부족한 탓에 중요한 자리에서 실수를 연발하는 것을 많이 봐왔기 때문이다. 칼은 어릴 때부터 각계각층의 사람들과 친분을 쌓으며 사교성을 키운 덕에 중요한 모임이나 귀족, 왕족 심지어 국왕이 있는 자리에서도 의젓하게 행동하며 좋은 인상을 남길 수 있었다.

사물을 많이 접하는 것도 시야를 넓히고 지식을 쌓는 데 도움이 된다. 시간이 나면 늘 칼을 데리고 박물관, 미술관, 동물원, 공장, 광산, 병원, 보육원에 갔다. 칼은 늘 관련 서적을 많이 읽고 날 따라나섰기에 가는 곳마다 정보와 지식을 쉽게 받아들였다. 이때 칼은 활발히 사고하며 끊임없이 문제를 제기하고 난 아는 범위 내에서 최대한 많은 것을 가르쳐주기 위해서 노력했는데 이 교육방법은 매우 효과적이고 자연스러웠다.

하지만 견학은 교육의 한 부분에 불과하므로 난 집에 돌아온 뒤에 칼이 보고 들은 것을 엄마에게 자세하게 설명하게 했다. 때문에 칼은 견학할 때마다 더 많은 것을 기억하기 위해서 유심히 관찰하고 나나 가이드의 설명을 열심히 들었다.

칼은 네 살 때부터 나와 함께 각 지역을 여행하기 시작해 여섯 살 때 독일의 거의 모든 대도시를 유람했다. 덕분에 칼은 일곱 살 때 이미 할레(독일의 지명)에서 가장 견식이 풍부한 사람이 되어 사람들은 지리나 역사 방면의 지식이 필요할 때 또는 외지의 재미있는 일에 대해서 알고 싶을 때 모두 칼을 찾아왔다. 그러자 칼은 기행문을 써서 여행 중에 보고 들은 것과 감상을 사람들이 재미있게 읽게 했다.

어떤 사람은 아이를 데리고 여행하는 것은 돈 낭비라며 차라리 그 돈으로 책을 사주는 것이 낫다고 말하기도 하고, 또 어떤 사람은 내가 돈을 이렇게 펑펑 쓰지 않았으면 칼을 대학에 보낼 수 있었을 거라고 말하기도 했다. 난 수입이 적은 가난한 목사인지라 여행을 가기 위해서 온 가족이 절약해야 했고 여행 중에도 가장 허접스러운 여관에 묵었다. 하지만 난 이것이 모두 가치 있다고 생각해서 결코 후회하지 않았다.

칼의 학구열과 진리를 추구하는 정신을 만족시키는 데 체력과 돈을 아끼지 않았다. 심지어 칼에게 마술의 비밀을 가르쳐주기 위해서 직접 마술사를 초빙한 적도 있다. 칼은 내륙에서 성장한지라 바다에 관한 책을 좋아했는데, 마젤란, 콜럼버스 등 항해사의 전기와 마르코 폴로의 《동방견문록》을 읽고 바다를 무척 보고 싶어 하기에 직접 칼을 데리고 지중해 해안에 갔다. 처음 바다를 본 칼은 매우 기뻐했다. 칼은 조개, 해파리, 불가사리, 해초를 잡고 모래성을 쌓으며 즐겁게 놀고 내가 들려주는 해산물과 해저생물에 대한 설명을 들으며 신비로운 해저 세계에 빠져들기도 했다. 해변은 아이에게 지리개념을 심어줄 수 있는 최적의 장소로 난 지구본을 가져가서 칼에게 세계지리를 가르쳤다. 눈앞에 펼쳐진 지중해가 지구의 어디쯤에 있고 지중해를 건너면 태평양과 대서양에 맞닿아 있는 아프리카에 도착하며, 태평양을 넘으면 마르코 폴로처럼 중국에, 대서양을 넘으면 콜럼버스처럼 아메리카에 도착한다고 설명했다.

내 경험에 의하면 책을 만 권 읽는 것보다 천릿길을 돌아다니며 직접 보는 것이 나았다. 현실세계는 언제나 책보다 더 풍부하고 생동감 있는 지식을 가르쳐준다.

♣ 놀면서 아이의 능력을 키운다

놀이는 아이의 흥미를 키우기도 하지만 지능을 계발하기도 한다. 우리 부자는 주로 지능을 이용하는 놀이를 했는데 칼의 집중력, 관찰력, 기억력, 상상력, 조정력은 모두 놀이에서 나왔다.

난 '무엇이 틀렸을까', '이 동물은 어떤 먹이를 먹을까' 등의 놀이를 통해서 칼에게 보다 인상 깊은 지식을 남겼다.

또한 '이 동물은 어떤 소리를 낼까', '같은 색 물건 고르기', '비슷한 말, 반대말 고르기' 등의 언어 놀이를 통해서 칼의 발음을 훈련시키는가 하면 어휘량을 풍부하게 만들고, '무엇이 없어졌나', '무엇이 많아졌나' 놀이를 통해서 칼에게 예민한 관찰력을 키워줬다.

식탁이나 쟁반 위의 물건을 최대한 기억하게 한 뒤에 칼이 눈감고 있을 때 몰래 물건을 감추거나 더 놓아서 어떤 변화가 생겼는지 알아맞히는 게임도 했는데, 칼이 못 맞혔을 때 내가 변한 것이 아무것도 없었다고 말하면 칼은 내가 게임 규칙을 안 지키고 자신을 속였다며 화를 냈다.

이럴 때마다 난 "이건 관찰력을 훈련하는 게임인데 네가 정확한 판단을 내리지 못했다는 건 아직 관찰력이 부족하단 뜻이야."라고 말해서 칼이 깨끗이 패배를 인정하게 했다.

그러면 칼은 "한번 좌절하면 그만큼 지혜로워진다"는 중국의 속담처럼 사물의 겉모양과 숫자를 기억하기 위해서 더 노력했다.

그 결과 칼의 관찰력과 사물의 수량을 기억하는 능력은 남들의 추종을 불허할 정도로 향상되었다. 심지어 무리지어 날아가는 새를 봐도 한눈에 정확하게 총 몇 마리인지 알아맞혔다. 결과적으로 이 방법은 칼이 집중력, 기억력, 관찰력을 키우는 데 큰 도움이 되었다.

우리는 지능을 이용하는 게임을 할 때 결과를 급하게 바라지 않고 되도록 칼의 입장에서 생각하려고 노력했다. 칼이 할 수 없는 게임을 하면 오히려 역효과만 나기 때문이다.

하지만 칼이 기대 이상의 능력을 보이면 난도를 높여서 칼이 더 많이 분발하게 하고, 반대로 따라오는 속도가 느리면 좀 더 애정을 갖고 칼이 흥미를 갖게 해 성공을 맛보는 즐거움 속에서 자신 있게 발전하게 했다.

부모는 아이의 나이와 실질적인 수준을 고려해서 너무 쉽거나 어렵지 않게 놀이의 난이도를 합리적으로 조절해야 한다. 그렇지 않으면 원하던 효과를 거둘 수 없다. 난 최대한 간단하고 알기 쉬우며 보거나 들을 수 있는 구체적인 놀이를 선택해서 칼이 직접 체험하며 모종의 것을 발견하게 했다. 그래서 칼이 네다섯 살 땐 구체적이고 실질적이며 역동적인 방법을 이용하고, 대여섯 살 땐 칼이 완성할 수 있는 범위 내에서 놀이의 난도를 높였다. 단 어떤 경우에도 일부러 이상한 문제를 내서 칼을 곤란하게 만들지 않았다.

놀이를 하기 전에는 간단하고 실감나게 놀이에 대해서 설명하고 가끔 필요에 따라서 함께 역할극을 하며 더 재미있게 놀았다.

관찰력은 아이의 지능과 심리발달에 매우 중요한 의미가 있고 직접적으로 아이의 지능 발달에 영향을 미친다. 따라서 난 칼의 관찰력을 신속히게 키우기 위해서 수시로 효과적인 놀이방법으로 칼을 훈련시켰다.

칼의 관찰력을 효과적으로 발달시키기 위해서 난 늘 칼이 여러 활동에 참여해 외부세계를 접하며 감성적으로 풍부한 경험을 쌓게 하고, 보고 듣고 말하고 맛보고 만드는 놀이방법을 통해서 관찰하는 습관을 키웠으며 언어훈련을 강화해서 관찰대상을 언어로 분석하게 했다.

놀이로 아이의 집중력을 높일 수도 있다. 다양하고 재미있는 활동은 아이를 집중하게 하고 재미없고 지루한 활동은 아이를 산만하게 만든다. 놀이는 아이에게 매우 중요한데 오락성을 높이면 아이가 피곤해하지도 않고 재미있게 공부한다. 따라서 난 최대한 놀이를 재미있게 구성해서 아이가 놀이를 통한 학습에 집중하게 했다.

집중력은 감각, 지각, 기억, 사고, 상상 등에 따라서 나타나는 심리적인 특징으로, 집중력의 여부가 아이의 발전 정도를 결정하기도 한다. 상상해 보라. 마음이 콩밭에 가 있는 산만한 아이가 어떤 좋은 결과를 맺을 수 있겠는가?

놀이는 아이의 기억력도 높인다. 아이는 기억을 통해서 과거의 경험을 보관하는데, 기억력은 아이의 성격, 감성, 의지 등의 심리 발달에 중요한 의미를 갖고, 기억의 속도, 정확성, 지속성, 준비성, 융통성의 차이에 따라서 사람들마다 차이가 난다.

난 고심 끝에 아이의 기억력을 높일 수 있는 방법을 찾아서 눈에 띄는 효과를 거뒀다. 칼이 할 놀이를 정성껏 준비했는데 구체적이고 직접적이며 생동감 있는 이미지로 칼이 과거에 경험했던 사물을 쉽게 떠올리게 하고 이 과정을 여러 번 반복해서 사물을 정확하고 완벽하게 기억하게 했다. 또한 아이의 대뇌와 밀접한 관계가 있는 이미지와 언어로 행동과 사물을 묘사해서 기억을 불러일으키기도 했다.

관찰력 외에도 놀이를 통해서 칼의 집중력, 기억력, 상상력, 창의력을 키웠다. 칼은 놀이를 하는 동안에 자신이 체험한 세계를 적극적으로 모방하고 창조하며 기존에 있던 지식을 더욱 확고히 했다. 아이의 창의력과 문제 해결력은 놀이 과정에서 가장 많이 단련되고 다른 사람들과 어울려 놀이를 완성하며 협동력도 배운다.

아이들은 세상에 대한 호기심이 많아서 각종 놀이를 하는 것을 좋아한다. 그래서 눈이 오면 눈사람을 만들고 비가 오면 도랑을 만들며 진흙과 자갈로 신비의 성을 쌓기도 하고 눈으로 닮은 듯 안 닮은 벽이나 호랑이도 만들며 손발이 어는지도 모르고 신나게 뛰어논다.

집짓기는 어릴 때 칼이 좋아하던 놀이 중의 하나로, 칼은 집짓기 놀이를 통해서 앞뒤, 상하, 좌우, 중간, 옆 등의 공간개념과 높고 낮음, 길고 짧음, 두껍고 얇음, 무겁고 가벼움, 크고 작음 등의 개념을 배우고 계획적이고 즐겁게 설계하는 법을 배웠다. 이 놀이는 성취감과 재미를 모두 맛볼 수 있는 좋은 놀이다.

집짓기 놀이를 하면 아이의 손발이 모두 필요한 만큼 근육과 손동작을 단련하고 잠재력을 발휘할 수 있다. 또한 먼저 머리로 구상한 뒤에 손으로 짓는 것이기에 이미지 사고능력을 계발할 수도 있다.

칼이 모형과 그림으로 지을 집을 최대한 구체적으로 상상하게 하고, 건축에 필요한 기본 지식과 방법을 설명하는 동시에 어떻게 나무를 평평하고 길게 다듬는지 또 건물의 힘을 어떻게 골고루 분산시키는지 가르치는 등 칼의 '일'을 적극적으로 지지하고 도왔다. 이것은 놀이가 순조롭게 진행되는 데 도움이 되거니와 이미지 사고능력을 키우는 데도 도움이 된다. 칼은 내 기대를 저버리지 않고 열심히 자신의 잠재력을 발휘했다.

아이들의 모든 능력은 어릴 때 키워야 한다. 어떤 사람들은 창의력은 어른이 된 뒤에 생긴다고 말하는데 이것은 매우 황당한 생각이다. 놀이를 이해하는 순간 이미 창조는 시작된다.

어떻게 분별력을 키울까

아이에게 세상의 진면목을 알려주는 것은 매우 잔인한 일이다. 하지만 아이의 미래를 위해서 세상의 진짜 모습을 보여주는 것은 중요하고 또 반드시 필요하다.

♣ 주변의 모든 것을 바르게 보도록 유도한다

　　요즘 사람들은 교육기구나 학부형에 상관없이 지식을 가르치는 것을 교육의 최우선 임무로 생각하고 아이들에게 각종 지식을 가르친다. 그리고 그래야 대성한다고 생각한다. 이 얼마나 편협한 생각인가!

　난 아이가 특별한 능력은 배우지 않은 채 지식만 배우는 것은 소용이 없다고 생각한다. 여기서 말하는 특별한 능력은 분별력이다. 날카로운 분별력이 없는 아이는 열심히 공부하고 책을 많이 읽는다한들 한낱 지식 저장기에 불과하다. 다시 말해서 이런 아이는 지식을 풍부하게 쌓아도 소용이 없다.

　오랜 친구 중에 유명한 역사교수가 있다. 하지만 난 그가 진정으로 역사를 이해한다고 보지 않는다. 그는 단지 역사적인 사실과 사건이 발생한 연도를 암기했을 뿐 역사를 판단하고 되돌아볼 줄 모른다. 그러니 이런 허울뿐인 전문가와 지식이 무슨 의미가 있는가?

비록 나도 칼이 어릴 때부터 역사지식을 포함한 각종 지식을 가르쳤지만 항상 분별력과 분석력을 키우는 것을 급선무로 생각했다. 분별력과 분석력이 없으면 커서 제대로 된 성취를 할 수 없다는 걸 잘 알았기 때문이다.

칼이 대여섯 살 때 주교가 우리 교구를 방문했다. 하나님의 자식으로서 난 공무를 마친 뒤에 그를 집으로 초대했다. 나보다 주교의 직위가 더 높아서인지 아니면 그의 말과 행동이 더 예의 있어서인지 어린 칼은 그를 처음부터 좋아했고 존경하는 말투로 이것저것 물었다. 물론 주교도 칼을 친절하게 대했다.

저녁식사를 마친 뒤에 난 하인에게 주교가 묵을 방을 마련하라고 하고 직접 안내하며 조심스럽게 물었다.

"주교님, 좀 누추하지만 깨끗하고 편안한 방입니다. 침대 시트도 방금 갈았고요. 오늘 밤 이곳에서 주무셔도 될까요?"

주교는 방이 너무 낡고 좁아서인지 인상을 찌푸렸다가 애써 태연한 척하며 말했다.

"멋진 방이군요. 하지만 성내의 시청사에 머무는 게 낫겠어요."

그러고는 밖으로 걸어갔다. 이때 칼이 주교를 불러 세웠다.

"주교님, 가지 마세요. 우리는 주교님이 오셔서 기쁘단 말이에요."

주교가 칼에게 미소 지었다.

"애야, 정말 고맙구나. 하지만 난 가야 한단다."

주교가 떠난 뒤에 내가 말했다.

"하룻밤 자고 가기에 우리 집이 너무 누추했나보다."

"목사는 그런 것에 신경 쓰지 않는다고 아빠가 그러셨잖아요."

칼이 반문했다. 난 칼의 머리를 쓰다듬으며 말했다.

"칼, 모든 목사가 아빠 같진 않단다. 우린 같은 하나님의 자식이지만 믿음은 다른 것 같구나."

칼은 잘 이해가 안 되는 눈치였다. 그래서 다시 말했다.

"세상에는 다양한 사람들이 있어. 좋은 사람도 있고 나쁜 사람도 있지. 그런데 누가 좋고 나쁜 사람인지 구별하는 건 쉽지 않아. 단적으로 아빠 직업을 봐봐. 세상에는 많은 목사가 있지만 정말로 하나님 말씀을 실천하는 사람은 그리 많지 않단다."

"아빠, 이제 알겠어요. 아빠는 진정한 목사고 주교님은 아니에요. 그렇죠?"

난 부인하지 않고 그저 웃기만 했다. 또한 칼의 어린 마음에 이미 사물을 구분할 줄 아는 능력의 씨가 뿌려졌다는 걸 알 수 있었다.

♣ 태양이 있으면 늘 그늘진 곳이 있게 마련이다

맹목적인 낙관주의자는 순진하게도 사회를 아름답다고 믿는다. 굶어죽지 않을 정도면 주말에 아이를 데리고 들판에 나가 야참도 먹고 일광욕도 하며 동화 같은 아름다운 생활을 누릴 수 있다. 하지만 현실에는 엄연히 회피할 수 없는 문제가 존재한다. 쇼펜하우어는 말했다.

"진정으로 세상의 고통과 비극을 목격하면 누구나 실망하게 된다."

비록 그는 염세주의로 온갖 비난을 받았지만 그가 위대한 철학자인 것은 틀림없는 사실이다. 어쩌면 내가 염세주의를 퍼뜨려서 아이들의 마음에 그늘을 만든다고 생각할지도 모른다. 하지만 난 염세주의자가 아니다. 또한 아이들에게 아름다운 태양 아래는 늘 어두운 그늘이 진다는 사실을 알리는 것은 아이들의 심리를 어둡게 만들기 위해서가 아니라 용감하게 세상의 추함을 바로 보게 하기 위해서다.

햇살이 너무 좋은 어느 날, 아내와 칼이 옆 마을의 뉴먼 강변에서 점심을 먹자고 했다. 뉴먼 강은 물이 깨끗해서 바닥이 훤히 보이는 작은 강으로, 해마다 봄이 되면 마치 약속이라도 한 듯이 모두 이 강변에 모여 물놀이를 하는 것이 관례다.

평소 교구 일로 바빴던 난 칼을 데리고 뉴먼 강에 간 적이 드물었기에 아내로부터 이 말을 듣고 무척 기뻐했다. 좀 더 소풍 분위기를 내기 위해서 우리는 우드리라 가족과 함께 가기로 약속했다.

30분 뒤에 우리는 뉴먼 강에 도착했다. 그곳에는 이미 많은 사람들이 와서 불을 피우고 밥을 짓고 있었다. 간단한 준비를 한 뒤에 우리는 임시로 식탁을 만들고 자리에 앉았다. 그날의 메인 요리가 감자를 곁들인 스테이크라고 하자 칼이 매우 기뻐했다. 가장 좋아하는 음식이기 때문이다.

이때 어떤 뚱뚱한 중년 남성이 걸어와서 상냥하게 인사를 했다. 예의 바른 칼은 웃으며 다가온 이 손님에게 자리를 내줬다. 이 사람의 이름은 미스테일러로 그곳의 악명 높은 '명인'이라고 했다. 칼이 자리를 양보하자 그는 웃으며 고맙다고 말하고는 자리에 냉큼 앉았다. 이때 우드리라가 소리쳤다.

"썩 가지 못해? 이런 못난 놈 같으니라고."

우드리라의 호령에 그곳에 앉아있던 모든 사람들이 쳐다보고 칼은 그 자리에 얼어붙고 말았다.

"그냥 한번 앉아본 건데 뭐 그리 화를 내슈."

미스테일러는 문전박대를 당하며 떠나면서도 웃음을 잃지 않았다. 그가 다른 무리로 떠나자 칼은 화가 났는지 우드리라를 한참이고 쳐다봤다. 난 웃으며 말했다.

"칼, 우드리라 아저씨가 나쁘다고 생각하고 있지?"

"네. 아저씨는 어떻게 손님을 그렇게 대하세요?"

그러자 우드리라가 말했다.

"손님? 저 인간이 손님이라고? 내가 세상에서 제일 싫어하는 사람이 바로 저런 놈이다."

뒤이어 난 그가 일할 수 있는데도 일하지 않고 놀고먹으며 산지사방에 돈을 꾸고는 갚지 않았던 일을 말해줬다. 칼은 반신반의했다.

"전혀 그런 사람 같지 않던데요? 최소한 누구보다는 좋은 사람 같았어요."

그러고는 우드리라를 힐끔 쳐다봤다. 칼의 생각을 눈치챈 우드리라가 말했다.

"칼, 네가 아직 세상을 잘 몰라서 그래. 날 그렇게 무섭게 쳐다보지 마라. 난 나쁜 사람이 아니니까."

칼이 대꾸를 하진 않았지만 여전히 수긍하는 눈치가 아니었다. 그래서 내가 차근차근 말했다.

"칼, 세상은 네가 생각하는 것처럼 그렇게 좋지만은 않아. 예쁘고 친절하지만 나쁜 사람인 경우도 있고 겉보기에 난폭하고 무섭지만 좋은 사람인 경우도 있어. 사람은 복잡한 동물이란다. 때문에 잘 구분하는 법을 배워야 해."

"세상에는 좋은 사람들이 더 많다고 아빠가 그러셨잖아요."

"그랬지. 하지만 태양이 있으면 늘 그늘진 곳이 있다는 걸 알아야 해."

칼은 말없이 고개를 숙이고 음식을 먹다가 잠시 후에 갑자기 입을 열었다.

"이제 알겠어요. 오늘은 햇볕이 좋지만 아까 그 사람처럼 그늘이 졌어요."

"맞아. 그러니 그런 사람은 네가 도와줄 가치가 없단다."

대다수의 사람들은 남을 돕는 것을 일종의 미덕이라고 생각한다. 하지만 도와도 되는 사람과 안 되는 사람이 있는데 이것을 구분하기는 쉽지 않다. 인자하고 공정한 하나님은 누구에게 인정을 베풀어도 되는지 모두 알고 있다. 하지만 대다수의 사람들은 무엇이 진정한 인자함이고 선인지 잘 분별하지 못한다. 그래서 어떤 사람들은 자신을 희생해서 남을 도왔다가 되레 사기를 당하거나 복수를 당하는 경우도 있다. 왜 그럴까? 이유는 간단하다. 분별력이 없어서 그 사람을 도울 가치가 있는지 잘 판단하지 못했기 때문이다. 좀 심하게 말해서 이들이 좋은 마음을 가진 건 바보 같은 일이었다.

칼은 착해서 어릴 때부터 다른 사람을 보살필 줄 알고, 내 일과 엄마가 자신을 키우기 위해서 얼마나 노력하는지 이해했다. 또한 자신이 할 줄 아는 일은 스스로 해서 여자 하인들의 일손을 덜어주는 등 하인들도 챙겼다.

칼은 내가 준 용돈을 모아서 필요할 때 사고 싶은 학용품을 샀는데 평소 절약이 몸에 뱄던 터라 몇 달이면 꽤 많은 돈을 모았다. 어느 날 보니 용돈을 준 지 얼마 안 되었는데 칼의 용돈이 턱없이 부족했다.

칼이 갑자기 돈을 많이 쓴 데에는 분명히 이유가 있을 것이라 생각해서 칼에게 물었다.

"칼, 요새 새 학용품을 샀니?"

"아니요."

난 누구보다도 칼을 잘 아는데 칼은 가끔 여느 아이들처럼 장난치는 일은 있어도 결코 거짓말은 하지 않는다. 비록 칼이 어찌된 일인지 구체적으로 밝히지 않았지만 칼도 자신의 재산을 자유롭게 행사할 권리가 있다고 생각해서 더 이상 추궁하지 않았다. 그런데 내가 일의 자초지종을 알아야 한다고 생각했는지 저녁식사 후에 칼이 하나하나 얘기를 꺼내기 시작했다.

알고 보니 칼은 용돈을 코랜드라는 남자아이에게 빌려줬다. 코랜드는 농부의 아들로서 칼보다 세 살 위인 형이고, 집안이 가난해서 늘 생활비 때문에 고민이 많다고 한다. 그래서 칼은 좋은 뜻에서 자신의 용돈으로 어려운 처지에 놓인 코랜드를 도우려고 했다. 하지만 일은 생각처럼 그렇게 간단하지 않았다. 내가 아는 바로 코랜드의 아버지는 술주정뱅이고 게으른데 가정환경의 영향을 받아 코랜드도 발전할 생각은 하지 않고 매일 놀기만 한다. 코랜드는 빌린 돈으로 동생들을 챙기고 학용품을 사서 쓰기는커녕 칼에게 돈을 따면 두 배로 갚아주겠다고 말하고는 도박장에 갔다. 하지만 칼은 내 말을 믿지 않고 계속 코랜드를 위해서 변명했다.

"코랜드가 도박장에 간 건 가족을 위해서예요. 분명히 저한테 돈을 따면 동생들한테 학용품과 책을 사준다고 맹세했단 말이에요. 도박장에 가는 건 나쁘지만 코랜드로서는 어쩔 수 없는 선택이에요."

난 칼의 잘못된 생각을 고치기 위해서 부연 설명을 했다.

"코랜드는 네가 빌려준 돈으로 도박을 하러 갔어. 도박이 나쁜 거란 건 너도 잘 알잖아. 코랜드가 네게 돈을 갚을 거라곤 꿈도 꾸지 마. 왜냐, 절대로 돈을 딸 수가 없거든. 도박에 빠진 사람은 구할 약도 없단다. 그런 사람은 도와줄 가치가 없어."

"하지만 다른 사람을 도와야 한다고 했잖아요."

"물론 그랬지. 하지만 꼭 돈을 줘야하는 건 아니야. 특히 도와줄 가치가 없는 사람들은 더더욱 돈을 줘선 안 돼. 남을 도울 수 있는 방법은 다양하단다. 모든 사람들이 친절할 것 같지만 어떤 사람들은 네게 목적을 가지고 접근하기도 해. 때문에 좋은 사람들과 의도를 가지고 접근하는 사람들을 구분할 줄 알아야 해. 그럼 그런 사람은 어떻게 구분하느냐고? 그건 어른이 되면 자연히 알게 될 거야."

당시 칼은 내 말을 완전히 이해하지 못했지만 다시는 코랜드에게 돈을 빌려주지 않았다. 칼은 몇 년 뒤에 더 많은 사회경험을 쌓은 뒤에야 내 말을 완전히 이해했다. 훗날 칼은 대학에서 보낸 편지에 내게 "남에게 돈을 빌려서도 안 되고 빌려줘서도 안 된다."는 것이 자신의 처세 원칙이라고 말했다.

내가 이렇게 하는 것이 아이의 순수한 마음을 해치는 거라고 생각하는 사람도 있겠지만 난 아이가 어릴 때부터 사리를 이해하고 자신을 스스로 보호해서 결코 선의의 바보가 되지 않게 해야 한다고 생각한다.

♣ 허구의 환상에 빠지지 않게 한다

아이의 순수한 마음을 보호하는 것도 중요하지만 아이가 최대한 빨리 세상의 진면목을 이해하고 진정한 '선(善)'을 추구하게 지도하는 것도 중요하다. 하지만 아이에게 진정한 '선'이 무엇인지 또 '악'이 무엇인지 말해주는 부모는 그리 많지 않다.

악이 뭔지 모르면 선도 행할 수 없다.

많은 사람들은 아이가 사회의 어두운 면을 직면하게 하지 않고 못 본 척하게 한다. 그런데 이건 속임수이지 않은가. 사회의 어두운 면은 아이가 상상하는 허구의 아름다운 세계에서 사람을 마비시키고 어리석게 만들며 속임수를 쓴다. 세상에 이보다 더 잔인한 일이 있는가.

아이들은 미소 짓고 친절한 사람을 좋아한다. 하지만 사기꾼이나 유괴

범은 모두 그런 얼굴을 하고 있지 않은가? 그런데 겉보기에 좋아 보이는 사람도 실제로는 나쁜 사람일 수도 있고, 무섭게 생겼는데 의외로 좋은 사람일 수 있다는 걸 아이들은 잘 모른다. 때문에 아이에게 세상의 진상을 이해시키는 것은 부모와 교사의 막중한 책임이다.

어느 날 칼과 함께 시내에서 생활용품을 사고 집에 돌아오려는데 칼이 몇몇 젊은이들에게 눈길이 뺏긴 채 말했다.

"아빠, 저 형들 너무 멋있어요."

"어?"

난 그들을 돌아본 뒤에 칼에게 물었다.

"저 형들이 왜 멋있다는 거야?"

"깨끗하고 멋있는 옷을 입은 데다 모자까지 쓴 멋있는 신사잖아요."

칼은 젊은이들의 차림새에 감탄했다. 아이들은 단순해서 이렇게 겉모습만 보고도 쉽게 매료된다. 칼도 당시 그 젊은이들의 멋진 옷차림만 보고 그들을 좋아했다. 하지만 내가 아는 바로 그들은 신사는커녕 교양 없는 시장 잡배들이었다.

이런 상황에서 대부분의 부모는 그들이 왜 멋진 신사가 아닌지 대충 설명하거나 아니면 아예 아무 일도 없었던 것처럼 그냥 아이를 데리고 자리를 뜬다.

하지만 난 칼이 반드시 그 젊은이들의 진상을 알 필요가 있다고 느꼈다. 물론 이것은 그들이 어떤 사람인지 알려주기 위해서가 아니라 좋은 사람과 일을 잘 구별하는 법을 가르치기 위해서였다.

"칼, 저 형들이 진짜 멋진 신사인지 한번 따라가 볼까?"

난 칼에게 그들을 따라가는 기색을 보이지 말라는 뜻에서 한쪽 눈을 찔끔 감아보였다. 잠시 후 그들이 감췄던 여우 꼬리가 마침내 서서히 정체를 드러냈다. '신사들'은 장사꾼들이 파는 사과나 비누 등을 슬쩍슬쩍 훔치며 태연하게 거리를 돌아다녔다. 그러자 칼이 작은 목소리로 말했다.

"아빠, 저 형들이 물건을 훔쳤어요."

"이제 저 형들의 진면목을 알겠지?"

"옷 입은 걸 보면 돈이 많을 것 같은데 왜 이런 떳떳하지 못한 짓을 할까요?"

칼이 이해할 수 없다는 표정을 지었다.

"이제 왜 아빠가 늘 좋은 사람과 일을 구분할 줄 알아야 한다고 말하는지 알겠지? 기억해. 눈에 보이는 게 다가 아니야. 반드시 머리로 네가 본 모든 것을 판단해야 해."

칼은 마음이 상했는지 머리를 가로저으며 말했다.

"사람은 왜 이렇게 복잡해요?"

아이에게 세상의 진면목을 알려주는 것이 매우 잔인한 일이란 걸 안다. 하지만 아이의 미래를 위해서 세상의 진짜 모습을 보여주는 것은 중요하고 또 반드시 필요하다.

Chapter

6

지혜를
가르친다

부모들은 아이에게 착하게 살고 진리를 추구하라고 가르치는데 이를 위해선 지혜와 활발한 두뇌활동이 필요하다. 이 점을 보완하면 아이는 더 많은 장점을 갖게 된다.

♣ 사람을 쉽게 믿지 않게 가르친다

난 아이를 성실하고 규칙을 잘 따르는 사람으로 키우는 싶은 맘이 별로 없다. 물론 이렇게 교육하면 아이는 본분을 다하고 사회규칙을 잘 따르는 사람이 된다.

하지만 난 성실한 것보다 똑똑한 것이 더 중요하다고 생각한다. 성실하고 규칙을 잘 따르라고 교육한다고 해서 반드시 아이가 사회에서 자기 일을 잘 처리하는 것도 아니고 사회 규범과 조화를 이루며 행동하는 것도 아니다.

어떤 부모는 심신의 건강에 이롭다는 이유로 아이가 세상을 아름답기만 한 곳으로 믿게 하는데 사실 세상이 아름답기만 하길 바라는 것은 그야말로 꿈일 뿐이다. 아이들은 어릴 때 부모가 씌운 아름다운 면사포 덕에 주변의 모든 것들을 아름답게만 본다. 하지만 이런 탓에 아이는 분별력을 잃고 어리석고 무능해져 사회생활에 실패하고 만다.

한번은 다른 교구에 출장을 다녀왔는데 나와 떨어져 지낸 적이 거의 없었던 칼은 내가 그리웠던지 마차가 집 앞에 도착하기 무섭게 한걸음에 뛰어와 내 품에 안기려고 했다. 하지만 난 평소처럼 칼을 안아주지 않고 일부러 옆으로 피했다. 그 바람에 칼은 크게 넘어지고 말았다. 자리에서 일어난 칼은 울지 않고 날 의심의 눈초리를 쳐다봤다. 겨우 다섯 살밖에 안 된 칼은 자신을 끔찍이도 사랑하는 아빠가 왜 이렇게 하는지 전혀 이해하지 못했다. 아내는 나의 무정한 태도에 화를 냈다.

"칼이 당신을 얼마나 기다렸는데 안아주지도 않고 애를 넘어뜨려요?"

난 대답하는 대신에 미소를 지었다. 그러자 칼이 날 무섭게 쏘아보고 방으로 뛰어 들어갔다.

"칼!"

내가 칼을 불렀다.

"기다려."

칼은 내 말을 들으려는 심산인지 나를 등진 채 자리에 멈춰 섰다.

"칼, 미안해. 아빠가 네게 한 가지 중요한 사실을 가르치려고 일부러 장난 좀 쳤어."

"뭔데요?"

"쉽게 사람을 믿지 말라는 거야. 설령 아빠라고 해도 말이지."

칼은 여전히 골이 난 채로 날 바라봤다.

"물론 아빠는 믿을만한 사람이니까 걱정하지 않아도 돼. 하지만 어른이 되었을 때 평소 네게 잘 해줬던 사람이 언제나 네게 잘해줄 거라고 생각하진 마. 그렇지 않으면 방금 전처럼 큰 코 다칠 수 있어."

다섯 살짜리 꼬마에게 어려운 말일 수도 있지만 이것은 칼이 반드시 알아야 할 사항이었다.

훗날 칼은 이 일화로부터 교훈을 얻고 어느 분야에서건 똑똑하고 훌륭하게 행동했다.

♣ 아이의 미래에 도움이 되는 지혜

리드인치는 마흔 살의 아저씨로, 학식이 풍부하고 예술에 정통했으며 말과 행동에 교양이 넘쳐흐른다. 그는 성격이 활발한 데다 남에게 존경받는 취미도 가지고 있는데, 그 취미는 어린아이들에게 이야기를 해주며 스스로 문제를 해결하도록 돕는 것이다.

리드인치는 늘 남들과 다른 관점의 재미있는 이야기를 몰고 다녔다. 어느 날 그가 우리 집에 놀러오자 칼이 매우 기뻐했다. 저녁식사 후에 칼은 이웃집 아이들까지 불러 모아 크리스마스에 산타할아버지가 선물 줄 때를 기다리듯 리드인치가 이야기보따리를 풀어놓길 기다렸다.

잠시 후 리드인치가 입을 열었다. 그는 동서고금을 막론하고 다양한 분야의 신비하고 재미있는 이야기를 들려주는 것도 모자라 마지막에는 예술에 대해서도 잠시 언급했다. 그가 얼마나 이야기를 재미있게 하던지 호기심 많은 아이들은 물론이거니와 나도 매우 재미있게 들었다. 하지만 말이 많으면 실수가 잦다고, 그는 음악에 대해서 말하다가 한 가지 작은 실수를 저질렀다. 그가 말했다.

"독일에 위대한 음악가가 얼마나 많은지 아니? 바흐, 모차르트, 베토벤, 파가니니 모두 독일인이란다."

상식이 조금 있는 사람은 파가니니가 이탈리아 사람이라는 것쯤은 모두 안다. 난 그가 아는 것이 많아서 잠시 헷갈렸을 것이라 생각하고 그의 실수를 지적하지 않고 그냥 넘어갔다. 하지만 아직 남을 배려하는 마음이 조금 부족한 칼은 바로 그의 실수를 지적했다.

"아저씨. 파가니니는 독일 사람이 아니에요."

그러고는 소리 내어 크게 웃었다. 리드인치는 당황했는지 갑자기 얼굴색을 바꿨다. 난 재빨리 칼에게 얌전히 있으라고 눈짓을 보냈다. 안타깝게도 칼은 내가 보낸 신호를 알아차리지 못하고 계속해서 말했다.

"파가니니가 위대한 음악가인 건 사실이지만 그는 이탈리아인이에요. 이건 그의 음악을 잘 모르는 사람들도 다 아는 사실이에요."

칼의 직접적인 말에 어쩔 줄 몰라 하던 리드인치는 결국 자리에서 일어나 칼을 노려보며 말했다.

"흥! 너희들 앞에서 쉬지 않고 말하다니, 참으로 어리석었구나."

그는 뒤도 돌아보지 않고 그대로 문을 열고 나갔다. 난 그를 만류하려다 소용이 없을 것 같아 그만뒀다. 그는 학식이 풍부한 것 외에 성격이 괴팍한 것으로도 유명했기 때문이다. 칼이 내게 물었다.

"아빠, 제가 잘못 말했어요?"

"아니, 하지만 방법이 적절치 않았어. 네가 많은 사람들 앞에서 틀렸다고 말하는 바람에 아저씨 입장이 곤란해졌잖아. 아저씨 얼굴 빨개지는 거 못 봤니?"

"그럼 아저씨가 틀렸는데 어떡해요. 일부러 망신을 줄 생각은 없었어요. 단지 사실을 말하려고 했던 건데."

"아저씨는 자존심이 센 분이잖아. 아마 사람들 앞에서 톡톡히 망신을 당했다고 생각할 거야."

그러자 칼이 억울해했다.

"아저씨 체면을 살리려면 가만히 있어야 하는데, 이건 진리를 추구하는 게 아니잖아요."

"방법에 주의했어야지. 아저씨가 이야기를 모두 마친 뒤에 따로 말씀드렸으면 아마 화내지 않고 네게 틀린 부분을 지적해줘서 고맙다고 말했을지도 몰라."

"왜요?"

"그야 네가 진리도 추구하고 아저씨 체면도 살려줬으니까. 앞으로는 진리를 추구하더라도 방법에 좀 더 신경 쓰도록 해."

많은 부모들은 아이에게 착하게 살고 진리를 추구하라고 가르치는데 이를 위해선 지혜와 활발한 두뇌활동이 필요하다. 이 점을 보완하면 아이는 더 많은 장점을 갖게 된다.

"고마운 감정을 표현하라!"

난 가난한 목사지만 자질구레한 것에 얽매이지 않는다. 가끔은 이런 대세를 따르지 않는 성격 탓에 가난한 것만 같아 기분이 씁쓸할 때도 있다. 사람들은 누구나 부자가 되어 풍요로운 생활을 누리고 싶어 하지만 여러 가지 이유로 자신의 생활을 개선할 수 있는 기회를 놓친다. 난 스스로 노력해서 사람들에게 존경을 받았지만 가정형편은 내 뜻대로 되지 않았다.

일이 잘 되냐 안 되냐는 그 일을 하는 사람의 손에 달려 있다. 그런데 왜 부모들은 아이가 아름다운 것을 더 많이 소유하지 않게 할까? 난 칼이 태어났을 때 최대한 평생 후회되고 아쉬운 점 없이 살게 하기로 결심했다. 그러면 어떤 사람은 이렇게 말할 것이다.

"하나님의 아들로서 지금 가진 것에 만족하지 않습니까?"

물론 난 만족한다. 하지만 칼은 더 많이 가져야 한다. 어느 땐 대세를 따르지 않는 것이 가치가 있지만 어느 땐 사회생활을 하는 데 걸림돌이 될 수도 있다. 난 이 점을 뼈저리게 느꼈다. 젊을 때 난 앞서 말한 것처럼 사소한 것에 얽매이지 않고 세상물정에 신경 쓰지 않았다. 단지 내가 잘하면 사람들에게 존경 받고 성공할 수 있다고 믿었다.

하지만 현실은 그렇지 않았다. 열여덟아홉 살 때 어느 백작이 내 재능을 높이 사고 내게 다방면으로 도움을 줬다. 백작의 후원이 고마웠지만 마음속에만 간직한 채 한 번도 겉으로 표현하지 않았다. 굳이 고마운 마음을 말로 표현하지 않아도 된다고 생각했기 때문이다. 백작을 찾아가 도움을 청할 때도 선물을 사가기는커녕 간단한 감사 표시도 하지 않았다. 훗날 난 이로 인해 비싼 대가를 치러야 했다.

처음에는 백작도 나의 태도에 개의치 않았다. 점점 시간이 지날수록 백작은 기분 나빠하며 나와 거리를 두다가 결국에는 날 도와주지도 않고 만나주지도 않았다. 백작의 후원이 끊긴 뒤에 난 크나큰 손실을 봤다. 하

지만 가장 큰 손실은 내 재능을 감상하고 날 보살펴주던 친구를 잃은 것
이었다. 부전자전인지 칼도 어릴 때 나처럼 자질구레한 것에 신경 쓰지
않았다. 하지만 이미 큰 손실을 겪어본 나는 반드시 칼의 이런 점을 고치
기로 결심했다. 여러 번 강조했지만 가장 효과적인 교육은 아이의 부족
한 점을 보충하는 것이다.

프란츠는 메르제부르크 공립중학교 교장으로, 칼의 재능을 알아보고
신분이 높은 사람들에게 적극 추천해서 칼이 발전하는데 발판을 마련해
줬다. 프란츠 교장이 칼에게 관심을 가져주는 것에 매우 감사했다. 하지
만 워낙 평소에 사교모임에 자주 나가지 않았던 터라 한 번도 직접 얼굴
을 보며 고맙다는 인사를 하지 못했다.

그러던 어느 날 메르제부르크에 있는 교회에 수리를 도우러 갔다가 이
왕 그곳까지 간 김에 칼을 데리고 프란츠 교장에게 인사를 하러 가기로
했다. 그날 난 칼에게 물었다.

"프란츠 교장 선생님께 어떤 선물을 가져가면 좋을까?"

"선물이요? 선물이 왜 필요해요?"

선물이라는 말에 칼은 놀라는 표정을 지었다.

"그야 존경심과 고마운 마음을 전하기 위해서지."

"아빠, 그렇게 하는 건 너무 형식적이지 않아요? 고마움은 그냥 마음
에 묻어두는 게 가장 좋아요."

"어째서?"

칼이 당당하게 말했다.

"책에서 봤는데 큰일을 하려는 사람은 사소한 것에 얽매이지 말아야

한대요. 그러니 선물을 할 필요가 없어요."

물론 칼의 말은 일리가 있었다. 또한 남에게 도움을 청하지 말고 스스로 하라고 가르친 책의 말도 틀리지 않았다. 하지만 책 속의 지식은 가끔 현실과 거리가 있을 때가 많으므로 난 칼에게 책 밖의 일 특히 처세에 관한 일을 가르쳐야 했다. 백작과의 일을 예로 들며 칼에게 무엇을 얻고 잃었는지 분석하여 자세하게 설명했다. 그러자 칼이 흥분해서 말했다.

"뭐 그런 소심한 사람이 있어요. 아빠 재능을 아꼈으면 그러지 말았어야죠."

어린아이가 이해하지 못하는 것이 당연했기에 난 계속해서 훈계했다.

"백작은 소심한 사람이 아니라 좋은 사람이야. 그리고 탓하려면 백작이 아니라 제때 감사의 표시를 안 한 아빠를 탓해야지. 백작이 개의치 않더라도 가족의 눈치라는 게 있잖아. 사람의 마음은 복잡하단다. 때문에 네가 이럴 때 잘 처신하지 않으면 나중에 어려움을 겪을 수도 있어."

칼이 완전히 이해하는 것 같지 않았지만 어쨌든 우리는 선물을 마련했고 프란츠 교장은 매우 기뻐했다.

"칼이 재능만 출중한 줄 알았더니 세심하기도 하구나. 칼, 넌 나중에 크면 반드시 성공할 거야."

집에 돌아오는 길에 칼이 물었다.

"프란츠 선생님은 왜 그렇게 좋아했을까요? 선물이 맘에 들어서일까요?"

많은 부모들은 아이의 순수한 마음을 보호하기 위해서 사회생활을 할 때 필요한 사람과 일을 대하는 법을 가르치지 않는다. 하지만 내가 봤을 땐 사회교육도 다른 방면의 교육만큼 똑같이 중요하다.

♣ 어떻게 이익을 쟁취할까

아이도 언젠가 어른이 되는데 사회에 나가 입지를 굳히려면 똑똑한 두뇌와 지혜를 가져야 한다. 때문에 난 칼이 어른이 됐을 때 필요할 소양을 키우는 데 노력했다.

어느 날 저녁식사 후에 칼이 신나서 말했다.

"아빠, 제가 요 며칠 동안 아주 기특한 일을 했어요."

대체 무슨 일을 했기에 이렇게 칼이 자랑할까? 알고 보니 칼은 농부인 칼리레인스가 보리를 수확하는 것을 도왔다. 남을 돕는 것은 착한 일로, 하나님도 기쁘게 남을 도우라고 가르치셨다. 하지만 난 칼에게 보리를 수확하는 것을 도우라고 격려하진 않았다. 분명히 칼이 칼리레인스의 교활한 꾐에 넘어간 것이 틀림없었다.

칼리레인스의 수확을 도운 아이는 칼뿐이 아니었다. 그날 내가 직접 목격한 아이만도 대여섯 명이나 된다. 칼리레인스의 아들은 수확하는 아이들 옆에서 놀고 칼리레인스 본인은 팔자 좋게 보리 짚더미 아래 그늘에 누워 낮잠을 잔 것을 보고 매우 화가 났다.

칼이 말하기 며칠 전에 칼리레인스가 칼과 아이들을 찾아와 사람들에게 칭찬 받을 수 있는 일을 하고 싶은 생각이 없냐고 물었다고 한다. 아이들은 보리를 수확하는 것이 재미있을 것 같기도 하고 어른에게 칭찬을 들을 수 있는 좋은 기회인 것 같아 흔쾌히 대답했다. 아이들은 자신들이 칼리레인스가 교묘히 놓아둔 덫에 걸린 줄 꿈에도 몰랐다. 난 칼리레인스를 찾아가 직접 따지는 대신에 칼에게 칼리레인스의 수법이 얼마나 비열했는지 알려주고, 자신의 권익을 어떻게 보호해야 하는지 가르쳤다. 하나님은 공정해서 사악한 마음을 가진 자를 그냥 보고만 있지 않는다. 이튿날 칼이 내가 가르쳐준 방법대로 할 때 하나님도 칼을 도왔다. 칼과 아이들은 전날처럼 열심히 일했다. 그런데 점심쯤 되자 갑자기 먹구름이 몰려오더니 폭우가 쏟아졌다.

당시 칼리레인스는 성안에 팔 보리를 마차에 싣는 중이었는데 갑자기 날씨가 변하자 마음이 다급해졌다. 햇볕에 말린 보리가 비에 젖으면 다시 말려서 팔아야 되므로 손해가 막심하기 때문이다. 그는 아이들을 불러서 도와달라고 부탁했다. 하지만 이번에는 그의 얄팍한 수가 통하지 않았다. 아이들은 말을 듣기는커녕 들고 있던 농기구도 내려놓고 쌀쌀맞게 칼리레인스를 쳐다봤다.

"너희들 왜 그러니? 일 안하고 뭐해?"

칼이 앞으로 나와 어른처럼 말했다.

"저희가 요 며칠 일한 일당을 주시면 도와드릴게요."

"뭐라고?"

그는 당황했다.

"일당을 달라고? 그게 말이 되는 소리냐? 남을 돕는 건 미덕이란 말이야."

"네, 맞아요. 하지만 아저씨 같은 사람은 도와줄 필요가 없어요."

칼은 친구들에게 손을 내저으며 말했다.

"아저씨가 일당을 주실 생각이 없나봐. 그만 돌아가자."

칼리레인스는 내리는 비 때문에 어쩔 수 없이 아이들에게 일당을 주겠다고 약속했다.

내가 이렇게 가르친 것에 사람들은 아이에게 너무 일찍부터 돈타령하는 법을 가르친 게 아니냐고 말할지도 모른다. 겉으로 보기에 그럴 수 있다. 하지만 이것은 사실 똑똑하게 자신을 보호하는 것이다.

아이들은 이 방법을 배워서 자신의 권익을 스스로 보호할 수 있어야 한다.

♣ 아이를 격려하고, 아이가 남을 격려하게 가르친다

남에게 인정받고 칭찬 받는 것은 어떤 일을 하는 데 원동력이 되기도 한다. 난 칼을 키울 때 더 열심히 공부하고 행동하도록 늘 칭찬했다. 또한 칼에게 더 많은 사람들에게 도움을 받을 수 있게 남을 칭찬하고 격려하라고 가르쳤다.

앨런 웰츠는 칼의 친구로, 칼보다 나이가 조금 더 많다. 하지만 바보가 아님에도 불구하고 충분한 가정교육을 받지 못해서 다방면에서 칼보다 부족한 점이 많았다.

한번은 칼이 나무토막으로 큰 성을 쌓으려는데 혼자서 할 수 없자 앨런 웰츠에게 도와달라고 부탁했다. 뭐든지 제대로 하는 게 없는 앨런 웰츠는 돕기는커녕 칼이 잘 쌓아놓은 부분을 무너뜨리며 일거리만 늘려놓았다. 칼은 앨런 웰츠가 잠시 딴 생각을 하다가 또다시 기둥을 무너뜨리자 참고 있던 화를 터트렸다.

"왜 이렇게 바보 같아. 내가 방금 세운 기둥을 네가 무너뜨렸잖아."

마음이 상한 앨런 웰츠는 더 이상 칼을 돕지 않았고, 그 바람에 칼은 당일 계획했던 만큼 성을 쌓지 못했다. 식사시간에 난 칼에게 다른 사람을 질책하면 서서히 도움을 줄 사람을 잃게 된다고 말했다.

"앨런 웰츠가 행동이 민첩하지 않아도 널 도우려고 했으니까 마땅히 격려했어야지."

"격려한다고 뭐가 나아지겠어요?"

"앨런 웰츠가 자꾸 실수하는 건 자신감도 없는 데다 네가 화를 냈기 때문이야. 서로 화해하고 기회를 봐서 앨런 웰츠를 격려해라. 그러면 분명히 잘할 거야."

"설마 그럴 리가요."

칼은 별로 안 믿는 눈치였다.

"진짜야. 네가 처음부터 똑똑했는지 아니? 다 엄마 아빠가 칭찬하고 격려해줘서 이렇게 똑똑해진 거야."

내가 웃으며 말하자 칼은 앨런 웰츠와 화해하고 자주 격려하겠다고 말했다.

이튿날 칼은 전날의 일을 사과하고 다시는 화내지 않겠다고 앨런 웰츠에게 약속했다. 칼은 앨런 웰츠가 쌓은 부분이 맘에 든다고 그를 칭찬했다. 그러자 내 예상대로 앨런 웰츠는 더 이상 실수하지 않고 민첩하게 손을 움직였다. 앨런 웰츠가 집에 돌아간 뒤에 칼은 말했다.

"격려의 말로 사람이 바뀌리라고는 상상하지 못했어요. 칭찬한 뒤에 앨런 웰츠가 정말 잘했어요."

난 웃으며 말했다.

"이제 격려와 칭찬의 힘을 믿겠니? 칼, 사람은 누구나 남에게 좋은 말을 듣고 싶어 해. 가끔은 칭찬을 듣기 위해서 죽자 사자 일하기도 하지. 그러니 너도 앞으로 친구들을 칭찬하고 격려하며 존중해줘. 그러면 친구들이 기꺼이 널 도울 거야. 말 한마디로 너도 좋고 남도 좋고 모두 좋아지잖니."

그날 이후 칼은 더 이상 남을 탓하지 않고 진심으로 모든 사람들을 존경했다. 그 덕에 칼은 사람들에게 존경과 도움을 얻을 수 있었다.

아들을 멀티형 인재로
키우고 싶었다

난 단지 칼을 다방면에서 고르게 발전한 사람으로 키우고 싶었다. 그래서 심혈을 기울이
고 최선을 다하며 칼이 건전하고 명랑하며 행복하게 자라도록 힘썼다.

가정은 아이가 자라는 요람이다

난 아들을 자주 안아주지 않고 마음대로 기어 다니게 했다. 부모는 아이의 재능을 개발하는 교사여야지 수호신이 되어선 안 된다. 그래서 난 칼이 걷다가 넘어졌을 때 바로 달려가서 부축하지 않고 스스로 일어나게 했다. 칼은 이런 작은 일에서 영원히 부모의 도움을 얻을 수 없다는 걸 깨닫고 스스로 하는 법을 배웠다.

아이가 신동인지 아닌지는 중요하지 않다.

칼이 모든 면에서 놀라운 성과를 거두자 사람들은 내가 훌륭한 학자나 신동으로 만들려는 목적을 가지고 아이를 키운다고 수군댔다. 심지어 어떤 사람은 자신의 허영심을 만족시키기 위해서 칼을 교육시킨다고 날 비난했다.

난 이런 무료한 논쟁에 휘말리는 것이 괴로웠다. 사람들은 날 오해하는 것도 모자라 교육의 목표까지도 오해했다.

난 단지 칼을 다방면에서 고르게 발전한 사람으로 키우고 싶었다. 그래서 칼이 건전하고 명랑하며 행복하게 자라도록 심혈을 기울이고 최선을 다했고, 그리스어나 라틴어나 수학 등 어느 한 학문에 치우친 공부를 하면 방법을 구상해서 칼이 다양하게 공부하게 했다.

사람들은 내가 칼의 지능개발에만 매달렸다고 오해하는데 사실 난 지능교육보다 도덕교육을 더 중시했다. 칼을 버릇없이 재능만 출중한 아이로 만들고 싶지 않았기 때문이다. 칼이 신동이고 아니고는 중요하지 않았다. 내가 바라는 건 칼이 다방면에서 거의 완벽에 가까울 정도로 고르게 발전하는 것이었다.

가정은 아이가 자라는 요람으로, 가족의 말과 행동은 아이에게 지대한 영향을 주고 아이가 발전할 방향을 결정한다.

책만 많이 읽고 입으로만 떠드는 사람에게 좋은 재능은 아무런 의미가 없다고 생각해서 칼의 인성교육에도 신경 썼다. 때문에 칼은 어릴 때부터 성현의 책을 읽으며 겸손함과 성실함을 배우고 기독교의 교리에 어긋나지 않게 행동했다.

내 친구들이나 이웃 사람들이 칼을 지나치게 감싸며 예뻐하지 않게 하고 칼이 잘못하면 바로 고치게 했다. 자식을 가르치지 않는 것은 부모의 잘못이다. 칼의 인격을 보호하는 범위 내에서 합리적으로 칼의 행동을 단속하며 모든 것을 마음대로 해선 안 된다고 가르쳤다. 또한 사람들에게 예의 있게 행동해야 칭찬받을 수 있다는 것도 가르쳤다.

난 어릴 때부터 칼에게 독립성을 키우기 위해서 남을 존중하고 자신의 행동에 책임지게 했다. 물론 나도 부모로서 칼의 생활에 책임을 졌다.

칼에게 많은 지식을 가르쳤지만 칼이 생기 없이 사람들도 안 만나가며 책을 보게 하진 않았다. 아는 것이 많다고 해도 사회에 적응하지 못하면 자신과 타인에게 전혀 도움이 안 되지 않는가?

우리 부부는 칼을 정성껏 키웠지만 결코 버르장머리 없는 행동을 받아 주지 않았다. 부모가 진심으로 아이를 아낀다면 아이에게 독립성을 키워 줘야 한다. 과보호와 넘치는 사랑은 앞으로 아이를 고생하게 만드는 죄악이다.

인내심과 자제력과 수양이 부족한 아이는 결코 존경받는 사람이 될 수 없다. 난 칼이 속상해서 울어도 지나치게 위로하고 동정하지 않았다. 그 결과 칼은 어떤 고통이 있더라도 스스로 이겨내야 한다는 점을 배우고 강인한 성격을 갖게 되었다. 강인함은 최고의 미덕이다.

내가 유명해지기 위해서 칼을 신동으로 만들었다고 말하는 사람들이 있는데 이것은 편견이다. 난 결코 칼을 신동으로 만들 생각이 없었다. 이렇게 말하는 것은 그야말로 나에 대한 모욕이다.

신동은 온실 속의 화초가 아닌가? 난 건전하고 정상적인 아이를 바랐지 어느 방면에 뛰어난 능력을 가진 신동을 원하지 않았다. 엄밀히 말해서 아이를 신동으로 키우려는 것은 남을 해치는 것이자 신의 영역을 넘보는 것이 아닌가?

♣ 동정심을 키워 준다

　　　　　　　난 취미와 상식이 없는 사람을 싫어한
다. 우리 부부는 칼이 취미생활을 즐기고 상식과 상상력이 풍부하며 성
품이 고상하고 좋고 싫음이 분명한 성격을 갖게 하기 위해서 부단히 노
력했다.

　타인을 어떻게 사랑해야 하고 동정심이 무엇인지 또 인생에서 가장 아
름다운 것이 무엇인지 열심히 가르쳤다. 동정심이 있는 아이는 멋대로
행패를 부리지 않고 남을 돕거나 함께 고통을 나누며 사회에 유익한 일
을 한다. 그래서 사회와 어른에게 사랑 받고 나중에 사회에 나가 일할 때
도 더 많은 기회를 얻으며 가족과 친구들과도 좋은 관계를 유지한다. 사
랑은 하나님이 인류에게 준 가장 위대한 힘이라고 말하며 사랑의 매력을
알려줬다. 타인을 받아들이고 동정하면 무한한 보답이 돌아온다. 사람은
누구나 타인의 도움을 받으므로 마땅히 타인에게 관심을 갖고 타인을 사
랑할 준비를 해야 한다.

　어느 날 저녁에 평소처럼 칼의 물음에 하나하나씩 대답하며 칼의 작은
손을 잡고 산책했다. 그런데 우리 곁을 지나간 떠돌이가 칼의 주의를 끌
줄은 몰랐다.

　"아빠, 저 사람은 왜 떠돌아다녀요? 저 사람에게는 뭐가 필요해요?"

　난 칼이 생각할 시간을 주기 위해서 바로 대답하지 않았다. 그런데
누가 알았을까. 칼은 평소처럼 혼자 생각하지 않고 떠돌이에게 직접 물
었다.

"아저씨는 왜 떠돌아다녀요? 아저씨는 뭐가 필요하세요?"

"빵."

떠돌이는 웃었다. 여섯 살짜리 꼬마에게 이런 질문을 받기는 처음이었나 보다. 떠돌이가 발걸음을 재촉했다.

"아저씨, 잠깐만 여기서 기다리세요!"

칼은 말을 마치기 무섭게 쏜살같이 집으로 달려갔다.

"선생님 아들입니까?"

떠돌이가 인사하며 내게 물었다.

"제 아들 녀석이에요."

"정말 귀엽네요. 아드님은 정말 운이 좋군요."

우리는 한참이나 이야기를 나눴다. 그는 고향에 대한 그리움과 유랑생활에 대해서 말하며 신세를 한탄했다. 잠시 후 칼이 빵을 두 개 들고 숨을 헐떡거리며 뛰어왔다. 칼이 내 눈치를 보기에 난 줘도 괜찮다는 뜻에서 고개를 끄덕였다.

"아저씨, 이건 저희 가족이 아저씨께 드리는 거예요."

칼은 빵을 떠돌이에게 건넸다. 칼의 태도와 동작에서 진심이 느껴졌다. 떠돌이가 떠난 뒤에 난 칼에게 어떻게 빵을 줄 생각을 했느냐고 물었다.

"아빠가 착한 일을 많이 해야 천국에 간다고 하셨잖아요. 전 엄마 아빠가 떠돌이에게 빵을 주는 걸 허락하실 줄 알았어요."

아이는 인지능력이 발달하면서 자연스레 동정심을 배우고 서서히 타인에게 관심을 가지며 그들의 고통을 이해하기 시작한다. 어떤 아이들은 불행한 가정생활을 하고 조기교육을 못 받은 탓에 남을 보살필 줄도 모르고 잔인하게 행동하며 사람을 차갑게 대한다. 따라서 타인에 대한 배려와 관심을 가르치는 데 가정교육과 부모의 말과 행동이 매우 중요하다.

난 일상생활에서 몸소 모범을 보이며 진정한 사랑과 선행을 가르쳤지 간단히 몇 마디로 도덕규범을 설명하지 않았다. 그렇게 하면 별로 효과가 없기 때문이다.

칼이 어릴 때부터 고상한 사람이 지식이 많은 사람보다 더 존경받는다고 가르쳤다. 사람의 가장 큰 행복 중의 하나는 고상한 성품을 갖는 것이다. 고상한 사람은 타인의 생각과 감정을 이해하고 스스로 어려움을 극복하며 타인의 고통을 함께 나눌 줄 안다.

아이가 커서 사랑과 동정심과 책임감을 갖게 하려면 어릴 때부터 사랑과 동정심과 책임감을 가르쳐야 한다. 난 칼에게 어릴 때부터 이런 것들을 가르쳤다. 칼이 자신에게 엄격하도록 요구하고 내 요구조건에 모두 부합하는 훌륭한 사내대장부가 되길 바랐다.

집에서 우리 부자는 평등한 관계에 있어서 칼이 어리다고 무시하지도 않았고 버릇없는 행동을 다 받아주지도 않았다.

칼이 네 살 때부터 자기 일을 스스로 하게 했는데 칼은 이것을 훌륭히 해냈을 뿐더러 식탁을 닦고 그릇을 치우는 등 간단한 집안일을 하며 엄마를 도왔다. 자라면서 집안에서 칼이 할 수 있는 일들이 점점 늘어났다. 가사를 돕는 것도 남을 돕는 하나의 방법이기에 난 칼의 모습에 흡족해했다.

난 칼에게 남을 돕는 것은 사랑을 표현하는 것으로, 사랑은 마음속 깊은 곳에 자리한 선량함에서 나온다고 말했다. 선량함은 무한한 힘을 가진 가장 막강한 무기다.

칼은 겸손하고 사랑스러우며 온화하고 사람들과 싸우지 않았다. 이것은 자연을 대할 때도 마찬가지여서 들꽃 한 송이도 함부로 꺾지 않고 동물을 학대하지도 않았다. 그래서 사람들은 칼을 천사처럼 순수한 아이라고 칭찬했다.

난 칼이 고상한 품성을 가진 것이 자랑스럽고 기쁘다.

♣ 성격이 곧 능력이 된다

어떤 의미에서 보면 성격은 능력이요, 성공을 결정하는 중요한 열쇠다. 솔직하고 명랑한 사람은 친구들 사이에서 인기가 좋고 교제의 범위가 넓어 보다 많은 인생의 길을 접할 수 있다. 하지만 우울하고 늘 혼자 다니는 사람은 친구의 폭이 좁고 사람들과 어울리려고 하지 않아 폐쇄적인 삶을 살게 된다.

칼의 지능교육에 심혈을 기울인 것 외에 좋은 성격을 만들기 위해서도 노력했는데 일상생활의 작은 부분도 놓치지 않고 꾸준히 각종 능력과 미덕을 키우게 했다.

사람들을 조금만 유심히 관찰하면 명랑한 사람은 사람들에게 호감을 주고 괴팍한 사람은 사람들과 잘 어울리지 못하는 것을 발견할 수 있다. 그렇다면 성격의 차이는 왜 생길까?

성격은 타고나는 것이 아니라 후천적으로 형성되는 것이라고 생각한다. 유년기 때의 생활습관과 가정환경과 부모의 태도는 모두 아이의 성격에 영향을 준다.

난 필요할 때 제때 칼을 돕기 위해서 칼의 자존심이 상하지 않게 조심스레 칼의 내면의 세계를 이해하고 성장과정을 유심히 관찰했다. 칼에게 불쾌한 일이 있으면 마음고생하지 않도록 마음속에 쌓인 일을 모두 말해서 풀게 했다. 난 칼이 언제나 명랑하고 즐겁게 지내길 바랐다.

어느 날 집에 돌아왔는데 칼이 정원에 멍하니 앉아있기에 평소 명랑한 칼이 왜 우울한 모양을 하고 앉아 있는지 다가가서 물었다. 칼은 날 한번 올려다보더니 다시 한숨을 내쉬며 고개를 푹 숙였다.

"무슨 일인데 이렇게 기분이 안 좋아?"

칼은 침묵을 지켰다.

"칼, 아빠는 세상에서 널 제일 사랑해. 어려운 일이 있을 때도 아빠가 늘 도와줬잖아. 무슨 일이 있었는지 아빠에게 털어놓으면 안 돼?"

칼이 입을 꾹 다문 것으로 봐서 분명히 사소한 일이 아니었다.

"칼, 아빠의 가장 큰 바람은 네가 늘 즐겁게 생활하는 거야. 네 마음만 즐거우면 세상에 넘지 못할 난관은 없어."

난 계속해서 칼을 설득했다.

"아빠, 난 사내대장부가 아닌 것 같아요."

마침내 칼이 말문을 열었다.

"왜 그렇게 생각해?"

"건터 형이라고 농부의 아들인 형이 있는데 저보고 연약하다고 놀렸어요. 웃옷을 벗고 근육을 자랑하면서 그런 게 있어야 진짜 사내대장부래요. 전 아니고요."

칼은 자라면서 병 한 번 앓은 적이 없는 건강한 아이지만 그렇다고 힘이 매우 센 것은 아니었다. 별로 대수로운 일은 아니지만 칼은 이 일로 인해 자존심이 많이 상했던 것 같다. 칼이 왜 우울하게 앉아있었는지 이유를 알게 된 나는 칼에게 진짜 사내대장부가 어떤 것인지 말했다.

"근육이 있다고 다 사내대장부가 아니야. 진정한 사내대장부는 지혜, 의지, 고난과 좌절을 피하지 않는 용기가 있어야 해.

지금 네가 알고 있는 많은 지식과 원리는 나중에 모두 지혜가 될 거야. 게다가 아빠가 보기에 넌 비록 근육은 없지만 용감하고 건강해. 건터 형은 날마다 일을 많이 하고 너보다 형이기 때문에 힘이 더 센 것뿐이야. 너도 꾸준히 운동하면 몇 년 뒤에는 건터 형보다 몸이 더 좋아질 수 있어.

또 건터 형이 그렇게 말한 건 아주 예의 없는 행동인데 뭣 하러 그런 말에 신경 쓰니? 사내대장부에게 가장 중요한 건 독립적인 사고능력이야. 이게 있으면 남의 관점 따위에 쉽게 휘둘리지 않는단다."

내 말에 칼은 뭔가를 깨달았는지 더 이상 우울해하지 않고 예전의 자신감을 되찾았다.

다른 부모들은 이 상황에서 어떻게 대처했을까? 만약에 제때 아이에게 이치를 설명해서 잘못된 관점을 고치지 않으면 상처가 응어리져서 아이가 같은 일로 두고두고 상처받는다. 이것은 아이의 성격에 직접적으로 영향을 미쳐 원래 명랑하던 아이도 침울하고 어두운 성격으로 만들어 놓는다.

난 다양한 방법을 동원해서 칼이 즐겁고 명랑하게 생활하게 했다.

아이의 성격은 대다수의 경우 아이가 종합적으로 발전하고 좋은 성과를 내는 데 결정적인 역할을 한다.

♣ 아들을 학자로 키우고 싶은 맘은 없었다

학자는 어떤 사람인가? 그들은 전문적인 지식을 보여주기 위해서 때와 장소와 대상에 상관없이 자신의 전문성을 자랑한다. 하지만 자기 분야 밖의 지식에 대해서는 문외한이고 별로 관심도 안 가진다. 상식이 부족한 탓에 그들이 시사문제를 바라보는 관점은 종종 사람들에게 놀림거리가 된다.

난 이런 학자들을 싫어해서 칼을 학자로 키우고 싶지 않았다. 학자는 모든 열정을 전문 분야에 쏟아도 크게 성공할 가능성이 낮다. 책을 써도 사람들이 이해하지 못하게 어려운 문장을 써서 사람들을 골치 아프게 만든다. 스스로 지식이 풍부하고 취미가 다양해서 사람들과 잘 어울리고 인기도 좋다고 말하지만 그들이 쓴 글을 보면 문자 놀이에 불과한 궁색한 문장을 길게 늘여놓기만 해서 본인 외에는 아무도 못 알아본다.

어느 대학의 교수는 평소 학생들에게 이렇게 말했다.

"너희는 그리스어와 라틴어만 공부하면 돼. 과학과 모국어는 배우기 쉽거든."

이것은 학자의 세계에 만연하고 있는 편견을 단적으로 보여주는 말이다. 그러니 어떻게 아들을 학자로 만들고 싶겠는가? 내가 칼에게 분별력, 탐구욕, 미술, 문학 등에 대한 감상력을 키워준 건 칼이 이런 부류의 사람이 안 되게 하기 위해서였다.

난 칼을 완벽한 아이로 키우기 위해서 꾸준히 노력했다. 하지만 어쨌든 칼은 어린아이가 아닌가. 이 때문인지 칼은 가끔 내게 실망스러운 모습을 보였다.

칼은 여러 분야에서 두각을 보인 뒤에 많은 사람들에게 칭찬을 들었다. 이때 어린아이의 마음에 어떤 생각이 들었을지 쉽게 짐작할 수 있을 것이다. 당시 칼은 자아감이 뛰어나다 못해 넘쳐서 스스로 신동이고 학자라고 생각했다. 그래서인지 점점 말투도 이상해지고 글투도 이해할 수 없게 어려워졌다.

그런데도 칼의 글을 훌륭하다고 칭찬하는 사람들이 있었다. 바로 지식 과시욕에 빠진 학자들이다. 이렇게 해서 칼은 학자의 명함을 얻었지만 더 이상 예전처럼 귀엽지 않고 가끔 밉상일 때도 있었다.

그러자 슬슬 칼이 걱정되기 시작했다.

어느 날 칼이 친구들 앞에서 잔뜩 폼을 잡고 말하기에 말이 끝날 때까지 기다렸다가 물었다.

"칼, 왜 더 말하지 않니?"

칼은 놀라서 날 쳐다보더니 이내 못들은 척했다.

방금 칼이 마쳤던 '연설'은 그야말로 엉망진창이었다. 자신의 관점을 제대로 표현하지 못했을 뿐더러 겉멋만 들어서 내용과 상관없는 명언까지 들먹이며 간단한 원리를 알아듣기 어렵고 복잡하게 말했다.

칼이 대답하지 않기에 아이들에게 물었다.

"얘들아, 칼이 한 말 모두 이해했니?"

아이들의 대답은 칼을 부끄럽게 만들었다.

"아니요. 무슨 말을 했는지 하나도 못 알아들었어요."

"처음에는 이해했는데 뒤로 갈수록 무슨 말인지 이해가 안 됐어요."

"칼, 대체 무슨 소리야?"

……

잠시 후 난 칼에게 말했다.

"간단한 방식으로 사람들이 이해하게 하는 것이 지식이지 다른 사람들이 못 알아듣게 어렵게 말하는 건 네가 바보라는 걸 설명하는 것밖에 안 돼."

비록 칼이 이런 우스꽝스러운 잘못을 저지르긴 했지만 어쨌든 칼은 똑똑한 아이였다. 이후 칼은 자랑하기 좋아하는 학자가 되지 않기 위해서 수시로 이 일에서 얻은 교훈을 떠올리며 스스로 반성했다.

교육은 완벽한 사람을 배양하기 위한 것으로, 이것은 모든 부모와 교육자의 책임이다. 완벽한 사람은 마음이 넓고 헌신하려는 정신과 자애로운 마음이 있으며 모순과 부족한 점을 발견해서 이것을 책임지고 해결한다.

칼이 어릴 때 난 진실과 거짓, 선과 악을 구분하는 방법을 신경 써서 가르쳤다. 이런 능력이 없으면 지식은 아무런 소용이 없다.

아이들에게 분별력을 키워주지 않는 학교는 쓸모없는 사람들의 집합소요, 지식을 내다파는 소매점에 불과하다. 또한 교사는 이 소매점의 점원으로 교육학, 언어학, 박물학 등의 지식을 팔지만 그 안에서 창의력이라고는 찾아볼 수 없다.

난 늘 칼에게 창의력이 없으면 언어를 많이 습득하고 책을 많이 읽어도 가치가 없다고 말했다.

많은 학교의 관리자들은 엄격한 규율을 만들어서 이 규율에 따르는 학생들을 대량으로 만들어낸다. 이렇게 해서 탄생한 학생은 모두 평범해서 눈을 씻고 봐도 특징을 찾을 수 없고 교사와 똑같이 자기만의 사상과 창의력이 없다. 천편일률적인 사람은 아무리 숫자가 많아도 늑대를 따라가지 못하는 양에 불과하다.

칼을 가르칠 때 가장 먼저 고려한 것은 선천적인 개성을 발달시키고 독특한 견해와 창의력을 키우는 것이었다. 이런 능력이 있어야 개성이 뚜렷해서 새로운 관점과 사상을 가지고 세계에 공헌한다.

스스로 교육 전문가라고 자부하는 내 몇몇 친구들은 갖가지 무서운 규칙을 만들어서 아이들을 관리하는데 이런 규칙은 아이의 자유로운 발전을 막을 뿐이다.

복잡한 규율은 재능이 뛰어난 아이를 수용하지 못한다. 재능이 많은 아이는 보통 이런 환경에서 규율을 어겨서 비판 받고 남들과 다르다는 이유로 고통 받는다.

아이를 어떤 인간형으로 키워야 할까? 교묘한 말재주를 가진 점원으로 키워야 할까, 사상이 없는 실력 있는 예술가로 키워야 할까? 그런데 이렇게 되면 세상에 진정한 과학자, 철학가, 예술가가 사라지지 않을까?

우리는 아테네 시대에 그리스 문명이 번영할 수 있었던 건 자유로운 교육 덕택이었고 비잔틴 시대에 그리스 문명이 꽃피지 못한 건 엄격한 규율 때문이었다는 걸 기억해야 한다.

나의 가장 큰 바람은 칼이 책만 읽는 학자나 놀라운 신동이 되는 것이 아니라 세상 사람들에게 이익을 주는 사람이 되는 것이다. 난 무엇보다도 칼이 완벽한 사람이 되길 바랐다.

아이를 우습게
보지 말라

부모는 아이가 용감하게 잘못을 저지르고 실패하게 해야 한다. 아이는 어른처럼 잘못을
저지를 수 있는 능력도 있고 잘못을 고칠 수 있는 능력도 있다. 과감히 잘못을 저지르고 잘
못을 고치는 것은 모두 똑같이 값지다.

♣ 아름다운 본성과 자성을 갖게 한다

난 칼이 두 살 때부터 자신에게 엄격하
게 대하게 했다. 아빠로서 칼에게 무엇은 해도 되고 하면 안 되는지 가르
칠 책임과 의무가 있다. 어른의 말과 행동이 아이에게 미치는 영향은 매
우 커서 어릴 때 마냥 풀어주면 나중에 규칙을 만들어서 고치려고 해도
어렵다.

칼이 일곱 살 때 칼을 데리고 다른 교구의 E 목사 집에서 며칠 묵은 적
이 있다. 이튿날 아침에 칼은 식사를 하다가 실수로 우유를 쏟았다. 규칙
에 따르면 칼은 벌을 받아야 하기 때문에 물과 빵만 먹어야 했다. 그런데
칼을 매우 좋아하는 E 목사네 가족은 특별히 좋은 우유와 맛있는 과자를
다시 내와 우유를 좋아하는 칼을 유혹했다.

우유를 쏟은 것 때문에 얼굴이 빨개진 칼은 우유와 과자 앞에서 잠시 머뭇거렸지만 끝내 아무것도 입에 대지 않았다. 난 끝까지 못 본 체했다. E 목사네 가족은 칼을 안심시키며 말했다.

"괜찮으니까 어서 마셔. 과자도 같이 먹고."

하지만 칼은 먹지 않고 곤란해하며 말했다.

"우유를 쏟았기 때문에 마시면 안 돼요."

난 모른 체하고 계속 식사했다. 칼이 끝까지 우유를 마시지 않자 칼을 끔찍이 아끼는 E 목사는 분명히 나 때문에 안 마시는 거라며 날 원망했다. 칼을 잠시 내보내고 E 목사네 가족에게 사실을 해명했다. 그러자 E 목사가 날 질책했다.

"작은 실수 좀 했다고 일곱 살짜리에게 가장 좋아하는 우유도 못 마시게 하다니, 너무 엄격한 것 아닌가?"

"그렇지 않아요."

난 다시 해명했다.

"칼은 제가 무서워서 안 마시는 게 아니라 스스로 알아서, 그러니까 내면이 시켜서 안 마시는 거예요."

내가 입이 아프게 말했지만 목사는 믿지 않았다. 난 내 말을 증명해 보이기로 했다.

"그럼 이렇게 합시다."

자리에서 일어나면서 말했다.

"이 자리에서 직접 실험해 봐요. 제가 나가 있을 테니까 칼을 불러서 우유를 먹여보세요."

말을 마치고 난 부엌을 나왔다. 잠시 후 그들은 칼을 불러서 친절하게 우유와 과자를 권했다. 하지만 소용이 없기는 마찬가지였다. 그러자 그들은 새로 우유와 과자를 내왔다.

"마셔. 아빠한테 비밀로 할 테니까."

하지만 칼은 끝까지 마시지 않고 이 말만 반복했다.

"아빠가 안 보셔도 하나님이 보고 계시기 때문에 마시면 안 돼요."

E 목사가 말했다.

"조금 있다가 산책할 건데 아무것도 안 먹으면 배고플 거야."

"괜찮아요."

칼이 대답했다. 어쩔 수 없이 그들은 날 불러들였다. 칼은 엉엉 울며 무슨 일이 있었는지 내게 설명했다. 칼의 얘기를 다 들은 뒤에 내가 말했다.

"칼, 양심에 대한 벌은 충분히 받았으니까 이제 우유 마셔도 돼. 조금 있다가 산책할 건데 배고프지 않게 조금 먹어두렴. 네가 다 먹은 뒤에 출발하자."

칼은 그제야 우유를 마셨다. E 목사와 가족들은 일곱 살짜리 꼬마가 어떻게 이런 자제력을 가졌는지 의아해했다.

내가 칼에게 너무 엄하게 대한다고 말한 사람은 E 목사가 처음이 아니었다. 나도 어떤 면에서 칼에게 너무 엄격하게 군 것을 인정한다. 하지만 칼은 어릴 때부터 엄격한 교육을 받으며 엄격한 생활습관을 가졌기 때문에 이것에 불편해하거나 고통스러워하지 않았다.

아들은 아빠의 거울이다. 아빠는 아이를 계몽하는 교사이자 학습 대상이다. 때문에 아이에게 엄격함을 요구하기 전에 본인이 먼저 자신에게 엄격해져야 한다.

　내가 칼에게 엄격하게 대한 것은 무의식중에 칼에게 스스로 지켜야 할 규칙이 되었다. 난 늘 칼에게 "하나님과 네 자신 외에 널 바꿀 수 있는 사람은 없다."고 말했다.

　칼은 어릴 때 이미 거짓말하지 않기와 같은 규칙이 몸에 배었다. 이것은 내가 벌을 줘서가 아니라 스스로 거짓말하는 것이 옳지 않다는 걸 알았기 때문이다.

　칼이 자신에게 엄격할 수 있었던 건 내면의 힘이 컸기 때문이다. 이것은 칼이 아름답고 고상한 품성과 자성을 갖길 바랐던 내 바람 그대로였다.

　칼이 어릴 때부터 아름다운 마음을 갖게 하는 건 내 책임이었다. 칼이 어린 시절에 부모에게 제대로 교육 받지 않아 삶의 방향을 잃게 하고 싶지 않았다.

♣ 어려도 알 건 다 안다

　　　　　아이를 성실하고 정직한 사람으로 키우려면 어릴 때부터 엄격하게 교육해야 한다.

　많은 아이들은 어릴 때부터 고의건 고의가 아니건 거짓말을 하는데, 대부분은 잘못했을 때 부모에게 혼나지 않기 위한 선의의 거짓말을 한다. 따라서 부모는 아이의 내면을 세심하게 이해하고 왜 거짓말을 하는지 원인을 파악한 뒤에 합리적으로 지도해야 한다.

아이들은 어려서 아무것도 모를 거라고 생각하지 말라. 어려도 알 건 다 안다.

칼이 세 살 때 식탁에 물을 쏟은 적이 있다. 당시에 난 다른 교구에 있었고 아내는 방에 있었다. 아내가 다시 부엌에 돌아왔을 때 칼의 물 컵은 비어있었다.

"칼, 네가 쏟았니?"

칼은 자신의 소행이 아니라고 고개를 저으며 강하게 부인했다.

아내는 칼의 귀여운 모습에 물을 쏟은 것을 혼내지 않았다.

저녁에 돌아왔을 때 아내가 이 얘기를 꺼냈다. 난 곰곰이 생각한 결과 당시에 자리에 없었지만 칼과 얘기할 필요가 있다고 느꼈다.

"칼, 오늘 물 쏟았다며?"

난 모른 체하고 물었다.

칼은 계속 부인했다.

"칼, 네가 물을 쏟았건 안 쏟았건 사실을 말했으면 좋겠어. 비록 엄마는 못 봤지만 하나님은 모두 보셨거든. 엄마 아빠는 거짓말하는 아이는 싫어."

난 엄숙한 표정을 지었다.

잠시 후 칼이 고개를 숙인 채 죄를 인정했다. 하지만 칼이 잘못을 솔직히 인정했기에 더 이상 꾸짖지 않았다.

많은 부모들은 아이가 사소한 거짓말을 하는 것을 대수롭지 않게 여기다 못해 재미있어 한다. 난 이런 상황이 걱정스럽다. 거짓말은 모든 죄악의 근원이다. 이미 형성된 습관을 쉽게 바꿀 수 있다는 생각은 잠꼬대나 마찬가지다.

난 칼이 어릴 때 누누이 거짓말은 나쁜 것이라서 벌을 받게 된다고 가르쳤다. 거짓말은 사람들과의 좋은 관계를 무너뜨리고 서로 불신하게 만든다. 거짓말을 하는 것은 상대방을 존중하지 않는다는 뜻이다. 따라서 이런 사람과 기분 좋게 어울리는 것은 거의 불가능하다.

칼을 잘 아는 사람들은 모두 칼이 성실하다고 말한다. 실제로 식탁에 물을 쏟고는 안 쏟았다고 부인한 것이 칼이 한 유일한 거짓말이었다. 이후 칼은 무슨 잘못을 하건 모두 인정하고 절대로 거짓말을 하지 않았다.

♣ 솔선수범하고 아이를 존중한다

칼이 채 세 살도 안 되었을 때 어느 날 칼이 방금 식사를 마치고 또 과자를 먹겠다고 고집을 부렸다. 난 과식이 아이의 건강을 해칠 수 있기에 과자를 주지 않았다. 그러자 칼이 성질을 부리며 바닥에 드러누워 엉엉 울었다. 보다 못한 아내는 마음이 약해져 칼에게 과자를 줬다.

"울지 마. 칼, 일어나서 과자 먹자."

칼은 울음으로써 과자를 얻는 데 성공했다.

그 당시 난 아무 말도 안했지만 칼이 부모의 권력에 도전해서 성공했다는 것을 알았다.

그날 밤 난 아내와 이 일에 대해서 얘기하며 내 생각을 전했다.

난 부모가 아이의 성격에 끌려 다녀선 안 된다고 생각한다. 그나마 칼이 어려서 버릇을 고칠 수 있으니 다행이지 열네다섯 살 때도 이렇게 기분을 맞춰줘야 한다면 보나마나 위아래 구분 없이 제멋대로 구는 어른이 될 게 뻔하다.

울어서 원하는 것을 얻으면 아이는 앞으로도 무엇을 얻으려고 할 때 눈물을 무기 삼아 이용한다. 그러다 좀 더 자라면 울고 불며 떼쓰는 것도 모자라 엄마에게 버릇없이 굴며 원하는 것을 손에 넣는다.

아이와 부모의 조기 관계는 장차 아이의 대인관계에 영향을 미친다.

울어도 소용없다는 것을 칼에게 가르치기 위해서 우리 부부는 그 뒤로 칼이 울고 불며 떼써도 장난감이건 과자건 절대 주지 않았다.

칼이 인성과 학식을 겸비했다고 소문이 퍼진 뒤에 이웃사촌이 어떻게 아이를 교육시켜야 하는지 내게 조언을 구하러 왔다. 그는 울상이 되어 말했다.

"아이가 어릴 때 부모를 존경하라고 가르치지 않아서 집안이 엉망이야. 당시에 아내가 아직 어리니까 더 크면 교육시키자고 한 것이 이렇게 될 줄 누가 알았겠어. 애가 크더니 성격이 더 괴팍해지고 이기적으로 변한 데다 고집도 세서 툭하면 우리에게 화를 내. 그 아이에겐 가족도 부모도 아무것도 아닌가봐. 이제는 아이가 뭘 잘못해도 무서워서 어떻게 해야 할지 모르겠어. 이제 겨우 열세 살인데 완전 고삐 풀린 망아지 같아서 더 이상 우리 부부가 어떻게 할 수 없네."

과연 그에게 어떤 말을 해줘야 할까? 존중은 쌍방통행이어야 한다. 따라서 아이가 부모를 존경하게 하려면 부모가 먼저 아이를 존중하고, 아이가 어릴 때부터 타인을 존중하라고 가르쳐야 한다. 아이가 하는 대로 내버려두는 것은 아이를 존중하는 것이 아니다. 아이가 좋은 품성을 갖게 하려면 부모가 말과 행동으로 모범을 보여야 한다. 아이를 교육시키기 전에 부모는 무엇이 옳고 그른지 확실히 구분하고 어떤 방식으로 아이의 잘못을 처리해야 하는지 알아야 한다.

난 칼이 실수로 넘어져서 물을 쏟거나 내 물건을 망가트리면 혼내거나 벌을 주지 않고 덜렁대지 말고 조심히 행동하라고 일렀다. 일부러 말썽을 부리거나 내게 도전한 것이 아니기에 혼낼 필요가 없기 때문이다. 하지만 내 주의를 끌거나 떼를 쓰기 위해서 일부러 소란을 피우면 반드시 따끔하게 혼내고 벌을 줬다.

다행히도 칼은 자주 말썽을 피우지 않았다. 어릴 때부터 칼을 존중하며 자연스럽게 타인을 존중하라고 가르친 덕이 컸다.

♣ 어릴 때 교육시키지 않으면 늦는다

많은 사람들이 잘못 생각하는 것 중에 하나가 책임감은 어른이나 가져야 한다는 것이다.

많은 부모들은 아이가 어리다는 이유로 자주 교류하지 않고 아이에게 책임감을 가르치지 않는다. 아이들이 좀 더 크면 부모의 말을 관철시키기가 더 어려워진다. 이때가 되면 아이들이 악습에 길들여져 뒤늦게 부모가 후회해도 소용이 없다.

책임감과 가치관이 없는 아이는 사회 속에서 자신의 의미를 찾지 못하고 망연자실하다가 창조의 원동력을 잃고 결국 가벼운 물질세계에 휩쓸리고 만다.

칼을 교육시킬 때 난 처음부터 끝까지 칼이 자신의 의미와 타인에 대한 영향력을 인식하게 해서 자신의 소속과 가치를 깨닫고 책임감과 자긍심을 갖게 했다. 책임감과 자긍심을 느끼는 범위는 나이가 들면서 점점 넓어지는데, 가정에서 미리 배우지 않으면 어떻게 사회와 인류에 대한 책임감과 사명감을 갖겠는가?

칼이 집안에서 의미 있는 역할을 맡게 해 자신의 중요성을 인식하는 동시에 약점을 극복하고 각종 능력과 자신감을 갖게 했다. 우리 부부는 의식적으로 칼에게 청소나 화초에 물주기와 같은 집안일을 시키고 칼과 평등한 위치에서 교류했으며 칼의 말을 경청하고 칼이 받아들일 수 있는 범위 내에서 인생의 희로애락을 나눴다. 우리는 이런 식으로 칼의 책임감을 키웠다.

어떤 사람들은 어른의 일을 아이에게 말하면 안 되고 한가하게 말할 시간도 없다며 아이의 심리활동을 무시한다. 하지만 이것은 아이들이 얼마나 강한 이해력과 예리한 관찰력을 가진지 모르고 하는 소리다.

아이들은 늘 "엄마 무슨 일 있어요? 왜 이렇게 기분이 안 좋아요?"라고 물으며 부모에 대한 관심을 표현했는데, 이럴 경우 대부분의 엄마들은 "아무것도 아니야." 또는 "얘기해도 넌 몰라."라고 말하며 아이가 집안일에 관여하지 못하게 한다. 하지만 이렇게 하면 아이는 '난 집안일에 신경 쓰지 않아도 돼. 그냥 잘못만 저지르지 않으면 편하게 살 수 있어'

라고 생각하고 그 결과 책임감을 잃고 만다.

어느 날 열일곱 살 된 소년이 날 찾아왔다. 소년은 술주정뱅이 아버지가 툭하면 어머니와 여동생들을 때리기에 때리지 말라고 대들었다가 "어느 안전이라고 대들어? 그럴 기운 있으면 돈 벌어서 네 어미랑 동생들이나 먹여 살려!"라는 소리를 들었다고 했다. 당시 소년은 머리를 한대 얻어맞은 듯 충격이 컸다고 한다. 지금껏 단 한 번도 부모와 여동생들을 위해서 고민한 적 없이 늘 집에서 밥만 먹고 나와 친구들과 어울려 다녔기 때문이다. 소년은 자신이 어릴 때 부모가 어떻게 하라고 가르쳤으면 지금쯤 부모와 여동생들을 잘 보살폈을 거라고 말했다. 아마도 가족들을 나 몰라라 한 채 놀려 다녔던 것에 죄의식을 느끼는 듯했다.

아이들의 본성은 착하다. 단지 교육을 받지 않아 좋은 시절을 헛되게 보낼 뿐이다.

소년은 자주 날 찾아와 고민을 털어놓았고, 난 최선을 다해서 소년의 공부를 돕고 사람 됨됨이를 가르쳤다. 훗날 소년은 결혼해서 단란한 가정을 이루고 아버지가 술을 끊게 했으며 두 여동생을 학교에 보내 어머니를 기쁘게 해드렸다. 다 쓰러져가던 가정을 자신의 손으로 일으킨 것이다.

아침에 다르고 저녁에 다른 식의 교육은 아이를 고통스럽게 만든다. 때문에 난 해도 되는 것과 해서는 안 되는 것을 일관되게 가르치며 칼이 헷갈려하지 않고 좋은 습관을 가지게 했다.

하지만 주변의 많은 부모들은 아이들이 무엇을 따라야 할지 헷갈리게 수시로 말을 비꿨는데, 이런 일이 자주 발생하면 부모는 위신을 잃고 아이들에게 경솔하고 진지하지 못하다는 인상을 남기게 된다.

칼이 세 살 때 난 세세한 부분까지 놓치지 않고 칼이 좋은 생활습관을 키울 수 있도록 노력했다. 심지어 밥 먹을 때도 음식을 남기지 못하게 했는데, 칼이 과일이나 과자를 먹고 싶어 할 때 밥을 다 먹지 않으면 절대로 주지 않았다. 칼은 이런 훈련을 통해서 점차 물건을 아껴 쓰는 습관을 가지게 되었다.

칼에게 평소 성실하고 약속을 잘 지키는 등 좋은 품성을 가르치는 동시에 분수를 알고 행동하게 했다. 부모의 말과 행동이 일치하고 상과 벌을 분명하게 구분해야 아이를 잘 교육시킬 수 있다. 아이에게 성실함을 가르치려면 부모 스스로 남을 속이거나 위협하지 말고 아이와의 약속도 잘 지켜야 한다.

어느 날 산책하다가 우연히 본 건데, 스미스 부인이 자신의 치마를 더럽혔다는 이유로 딸에게 화내며 욕을 했다. 그러자 어린 딸은 울음을 터트렸고 실컷 나무라던 부인은 아이의 울음을 멈추기 위해서 과자를 줬다. 내가 물었다.

"스미스 부인, 왜 아이에게 욕을 하셨어요?"

"한두 번도 아니고 매번 제 치마를 더럽히잖아요."

"그럼 과자는 왜 주셨어요? 또 더럽히라는 격려의 뜻인가요, 아니면 욕을 한 게 미안해서인가요?"

부인은 대답하지 못했다.

아마 스미스 부인의 딸은 왜 자신이 욕을 먹고 또 욕먹은 뒤에는 엄마가 왜 과자를 주는지 혼란스러울 것이다. 이렇게 해서는 아이가 잘잘못을 확실하게 구분하지 못하기 때문에 부모가 꾸짖어도 성장에 아무런 도움이 되지 않는다.

상과 벌이 아이에게 중요한 영향을 주는 만큼 칼에게 상과 벌을 남발하지 않았다. 그래서 칼은 상을 받으면 더없이 즐거워하며 한 단계 발전하기 위해서 노력하고 창조했다.

칼에게 독서와 학습은 칼이 성장하는 데 도움을 주고 집안일은 가족 모두의 책임이라고 말한 뒤에 칼이 공부를 열심히 하고 집안일을 잘 도우면 꼭 물질적인 상을 주거나 칼이 가고 싶어 하는 곳에 데려갔다.

난 함부로 칼을 벌주지 않았다. 설령 벌을 주더라도 칼이 왜 벌을 받는지 이해시킨 다음에 줬다. 그렇지 않으면 교육적인 효과가 떨어진다. 단 벌을 주기 전에는 먼저 경고를 줘서 잘못을 만회할 수 있는 기회를 주고 그래도 다시 잘못했을 경우 가차 없이 벌을 줬다. 이렇게 자신의 행동이 어떤 결과를 낳는지 알게 하면 아이는 다시는 멋대로 행동하지 않고 좋은 습관을 가진다.

난 칼에게 말했다.

"아침에 제 시간에 일어나. 안 그러면 밥을 안 먹겠다는 뜻으로 받아들이고 우리끼리만 먹겠어. 스스로 자신의 행동에 책임져야지, 안 그래?"

그런데 어느 날 칼이 늦잠을 자고 말았다. 우리는 식사를 마치고 식탁을 치우며 칼의 식사분도 같이 치워버렸다.

칼이 뭔가 변명하려는 듯 날 쳐다보기에 내가 먼저 말했다.

"조금만 일찍 일어나지. 네게 우유와 빵을 남겨두고 싶지만 아침에 늦게 일어나면 안 주겠다고 이미 약속했잖아. 억울하거든 네 자신을 탓해."

그깟 아침 한 끼는 중요하지 않았다. 중요한 것은 칼이 약속의 중요성을 깨닫게 하는 것이었다.

♣ 스스로 자기 일을 하게 한다

세상에 갓 태어난 어린 생명은 무엇을 어떻게 해야 하는지 아무것도 모른다. 이런 상황에서 아기들은 과감히 시도하고 배우며 점차 세상에 적응해 간다. 난 칼이 지금은 어리고 약해도 언젠가는 세상에 우뚝 설 날이 올 것이라고 굳게 믿었다. 난 모든 사랑을 다해서 칼이 이 세상에 적응하게 돕고 모르는 것을 가르쳤다. 비록 칼이 어리고 약하지만 결코 칼의 능력을 의심하지 않았다. 난 다른 사람들처럼 아이가 어느 정도 자라야 학문을 배울 수 있다고 생각하지 않았다. 때문에 사람들의 시선에 개의치 않고 어릴 때부터 칼에게 자신감을 심어줬다.

칼은 세 살 때 누가 시키지 않아도 알아서 엄마가 식탁을 정리하는 것을 도왔다. 우리 집에 놀러오는 손님들은 칼이 그릇을 나를 때마다 "조심해, 칼! 그러다 깨뜨리겠어."라고 말했다. 그러면 난 이렇게 말했다.

"걱정 마세요. 칼은 그릇을 아주 잘 날라요."

물론 칼에게 그릇을 못 나르게 하면 그릇이 깨질 일은 없다. 하지만 이렇게 하면 칼이 자신감을 잃어서 어떤 능력을 키우는 데 부정적인 영향을 미칠 수 있다. 칼이 막 옷 입는 법을 배울 때 늘 옷을 거꾸로 입어도 우리 부부는 칼이 스스로 바보라고 생각하지 않게 놀리지 않고 인내심을 가지고 옷을 제대로 입을 때까지 가르쳤다.

난 칼이 스스로 방을 치우게 격려했는데, 처음에 깔끔하게 정리정돈하지 못해도 잘 했다고 칭찬했다. 당시에 칼이 얼마나 깔끔하게 정리했느냐는 중요하지 않고 스스로 했다는 것에 큰 의미가 있었다. 칼이 직접 손발을 움직이며 탐구하게 해야 쓸모 있는 인재가 될 수 있다고 믿었다.

아이가 잘못했거나 일을 서툴게 했을 때 부모는 말과 행동으로 아이의 실패를 꼬집는 대신에 인내심을 가지고 지도해야 한다. 이것은 단지 경험과 기술이 부족한 탓이지 결코 아이가 바보이거나 하기 싫어서가 아니다. 부모는 아이가 용감하게 잘못을 저지르고 실패한 것에 대해 스스로 판단할 수 있게 유도해야 한다. 아이는 어른처럼 잘못을 저지를 수 있는 능력도 있고 잘못을 고칠 수 있는 능력도 있다. 과감히 잘못을 저지르고 잘못을 고치는 것은 모두 똑같이 값지다.

아이는 잘못을 하고 다시 잘못을 고치는 과정에서 자신감과 독립정신을 가진다. 때문에 난 칼이 할 수 있는 일이면 스스로 하고 문제가 생기면 혼자 방법을 생각해서 해결하게 했다.

난 일찍부터 의식적으로 칼이 생활규칙에 익숙해지게 해 스스로 시간을 활용해서 공부하고 취미생활을 하게 했다. 이것은 규율로써 칼을 통제하고자 한 것이 아니라 자기 재능을 발휘하며 자아를 발전시키기 위해서였다.

Chapter

9

어떤 교육이 아이를 안 다치게 할까

아이는 어려서 모르는 것도 많고 실수를 자주 하기 때문에 부모가 엄격하게 교육시켜야 한다. 하지만 철이 안 들었다고 무시해선 안 되고 어른 대하듯 똑같이 존중해야 한다.

♣ 엄격하게 구는 데는 다 이유가 있다

내 성격은 온화한 편이다. 하지만 칼을 가르칠 때만큼은 매우 엄했다. 마냥 부드럽게 대하면 아이의 버릇이 나빠지기 때문이다.

난 엄격하게 구는데도 철학이 있어 결코 칼에게 강압적으로 명령하지 않았다. 아이를 강압적으로 대하는 건 비겁한 사람이나 하는 짓이다.

아이를 교육시킬 때 엄격한 것과 강압적인 것을 구분하기는 쉽지 않다. 강압적이거나 가혹하게 교육시키면 아이가 상처 받는다. 하지만 이치를 설명해서 설득하면 아이가 무리 없이 받아들인다. 칼을 존중하고 칼의 자존심을 상하지 않게 하는 범위 내에서 칼이 이해할 수 있게끔 이치를 설명했다.

난 여러 사람 앞에서 아이의 잘못을 들추는 것에 반대한다. 그래서 난 칼이 잘못하더라도 '아빠가 진심으로 날 아끼는구나' 라고 느낄 수 있게 사람들 앞에서 면박을 주거나 벌을 주지 않았다.

칼에게 어떤 일을 시킬 때도 왜 해야 하는지에 대해 설명해서 내가 강압적으로 시키는 게 아니라 원래 할 일을 하는 것이라고 가르쳤다.

만약에 놀다가 부주의로 이웃의 화초나 잔디를 망가트리면 잘 모르는 이웃이라도 반드시 먼저 사과하게 했다.

어느 날 저녁에 칼은 밖에서 고대 기사 흉내를 내며 신나게 놀았다. 칼은 긴 막대기를 검 삼아 들고 홀로 상상의 도적들과 전쟁을 벌였다. 칼의 찌르고 베는 '검술' 이 얼마나 대단한지 진짜 영웅을 보는 것 같았다. 칼이 이렇게 활발하게 노는 것이 좋았다. 상상력을 계발하고 건강을 지키는 데 크게 도움이 되기 때문이다. 앞서 말했지만 난 침울한 생활을 싫어하고 칼을 잘난 체하는 학자로 만들고 싶지 않았다.

이때 갑자기 "앗!"하는 소리가 들렸다. 칼이 격전을 벌이다가 옆집 정원의 꽃을 베고만 것이다. 땅에 떨어진 꽃잎과 나뭇가지가 바람에 날렸다. 난 모른 체하고 칼이 어떻게 뒷일을 처리하는지 지켜봤다.

칼은 옆집 대문을 살피더니 아무도 나오지 않자 잽싸게 뒤돌아서 도망치려고 했다. 난 칼을 불러세웠다.

"칼!"

칼은 숨을 곳이 없다는 걸 알고 천천히 내게 걸어왔다.

"네가 뭘 잘못했는지 아니?"

"네."

칼은 기어들어가는 목소리로 대답했다.

"그럼 어떻게 해야 할까?"

"모르겠어요."

칼은 고개를 숙이고 말했다.

"칼, 옆집에 가서 죄송하다고 말씀드려."

"일부러 그런 게 아닌 데도요?"

칼은 사과의 의미를 잘 모르는지 계속해서 변명을 늘어놓았다.

"칼, 일부러 잘못을 저지르는 사람은 없어. 하지만 일단 잘못했으면 네가 한 행동에 책임을 져야지. 비록 옆집에서 네가 꽃을 벤 것을 모르지만 어쨌든 넌 남의 꽃밭을 훼손한 죄에서 자유로울 수 없어. 가서 사과하고 와. 넌 고대 기사잖아. 기사는 용감한 사람이란다."

"알겠어요, 아빠."

칼은 진짜 기사처럼 옆집에 가서 사과했다.

이튿날 난 그 이웃을 만났는데 그는 전날의 꽃 사건에 대해서는 일언반구도 않고 "비테 목사님, 아드님이 정말 예의가 바르더군요"라고 말하며 칼을 칭찬했다.

칼을 호되게 꾸짖는 대신에 기사에 빗대어 사과하도록 용기를 줬고, 사과는 부끄러운 일이 아니고 잘못을 했으면 고의건 고의가 아니건 간에 반드시 자신의 행동에 책임져야 한다고 가르쳤다. 만약에 그 자리에서 내가 큰 소리로 칼을 꾸짖었으면 이웃에 방해를 주고 칼의 자존심을 상하게 하는 등 사태가 더 커졌을 것이다.

많은 부모들은 엄격한 교육을 강압적인 교육과 혼돈한 나머지 무의식중에 폭군이 되어 아이를 부모의 명령에 벌벌 떠는 겁쟁이로 만들어버린다. 무섭게 굴면 아이가 말을 들을 것이라고 생각해서다. 하지만 이렇게 하면 아이는 자신을 바르게 인식하지 못하고 부모를 포함한 모든 사람들을 원망하게 된다.

전에 이런 이야기를 들은 적이 있다.

양을 좋아하는 아이가 있었다. 아이는 늘 혼자 양을 끌고 언덕에 올라 함께 놀며 어린 양들이 풀을 뜯어먹는 모습을 흐뭇하게 지켜봤다. 이 아이는 자신의 가장 친한 친구인 어린 양에게 재미있는 이야기를 들려주고 함께 언덕에서 햇빛을 쐬며 노는 것에 행복해했다.

어느 날 아이는 언덕에서 햇빛을 쐬다가 잠깐 잠이 들었다. 아이는 꿈속에서도 어린 양과 함께 있었다. 하지만 잠에서 깨어났을 때 어린 양은 보이지 않았다. 아이는 아직 멀리 도망가지는 않았을 거라고 생각해 사방을 돌아다니며 양을 찾았지만 끝내 찾지 못했다. 아이는 가장 사랑하는 친구를 다시는 영원히 못 보게 될까봐 털썩 주저앉아 엉엉 울었다.

날이 어두워지자 아이는 아빠와 함께 찾기 위해서 집에 돌아와 양이 없어졌다고 말했다. 하지만 아이에게 돌아온 것은 함께 찾아보자는 아빠의 말이 아니라 주먹이었다. 아이의 아빠는 양이 사라졌다는 말에 자초지종도 안 들어보고 아이를 때리기 시작했다.

"한 마리밖에 없는 양을 잃어버리다니, 양을 찾기 전에는 집에 돌아올 생각도 하지 마."

아이의 아빠는 아이를 문밖으로 쫓아냈다.

아이는 맞아서 멍든 얼굴보다 마음이 더 아팠다.

아이는 어둠을 헤치고 산지사방을 뛰어다니며 양을 찾았지만 그럴수록 도저히 아빠의 행동이 이해되지 않았다. 도대체 자기가 무슨 맞을 짓을 했는가?

"양을 잃어버려서 가장 슬픈 건 나야. 그리고 양을 찾을 때까지 집에 돌아오지도 말라니, 내가 양보다 못한 거야?"

잠시 후 아이는 그리 멀지 않은 곳에서 조그마한 흰 물체를 발견했다. 가까이 가서 보니 낮에 잃어버렸던 양이 한가히 풀을 뜯어먹고 있었다.

아이는 전처럼 뛰어가서 양을 안아주지 않고 커다란 돌을 손에 쥐었다.

"너 때문에 아빠가 날 때렸어."

아이는 울면서 돌을 양에게 던져버렸다.

이튿날 양은 죽은 채로 발견되었다. 그리고 그 아이는 영원히 집에 돌아가지 않았다.

상상해보라. 자신이 가장 아끼던 친구를 죽일 때 아이의 마음이 얼마나 아팠을까?

이처럼 부모의 폭력과 강압적인 태도는 아이의 마음에 어두운 그늘을 만들고 착한 아이의 얼굴에 악마의 탈을 씌운다.

♣ 아이의 이성을 속이지 않고 판단력을 흐리지 않게 한다

사람들은 내게 자녀교육에서 가장 중요한 것은 무엇이냐고 많이 묻는다. 자녀교육은 매우 복잡한 과정으로 어디 한군데 빠지는 분야가 없다. 자녀교육에서 가장 중요한 것은 아이의 이성을 기만하지 않고 올바른 판단을 내리게 돕는 것이라고 생각한다.

부모들 중에는 가끔 어떤 사정으로 인해서 아이에게 자신의 틀린 관점과 생각을 받아들이라고 강요하는데 이렇게 해서는 아이가 올바른 판단력을 가지기 어렵다.

아이를 키우다보면 종종 난처한 상황이 생기게 마련인데 이럴 땐 현명하게 상황을 정리하는 부모의 지혜가 필요하다.

난 칼이 다른 사람에게 경솔한 말을 하면 그 자리에서 혼내는 대신에 상대방에게 "우리 아이가 시골에서 자라서 그러니 이해해주세요"라고 사과해서 칼이 자신이 부적절한 말을 했다는 것을 깨닫게 했다. 그러면 잠시 뒤에 칼은 내게 자신이 무엇을 잘못했다고 물었고 난 이때를 놓치지 않고 무엇이 올바른 것인지 가르쳤다.

"방금 네가 한 말은 멋있었어. 또 아빠도 너와 같은 생각이야. 하지만 다른 사람 앞에서 그렇게 말하면 못써. 네가 말할 때 피터 아저씨 얼굴이 얼마나 빨개졌었는지 아니? 아저씨가 널 좋아하고 내 체면을 봐서 참으신 거지 분명히 화가 많이 나셨을 거야. 앞으로 그 일에 대해선 말하지 말자."

난 이렇게 잘잘못을 따지는 것이 아이가 올바른 판단을 내리는 데 도움이 된다고 믿었다. 그런데 만에 하나 내가 그 자리에서 칼을 혼냈으면 어떻게 됐을까? 칼은 분명히 억울해했을 것이다.

"하지만 제 말이 사실이잖아요."

그러면 난 또 이렇게 말했을 것이다.

"사실은 사실이야. 하지만 피터 아저씨는 조그만 게 뭘 안다고 떠드냐고 생각할 거야. 또 사실이라도 그걸 굳이 말해야 했니? 다른 사람들도 모두 알지만 다들 쉬쉬하고 있잖아. 너 혼자만 알고 있었다고 생각했다면 그건 큰 오산이야. 그리고 넌 단점이 없어서 사람들이 가만히 있는 줄 알아? 모두가 말을 안 하는 건 네 체면을 생각해서야. 너도 다른 사람의 단점을 발견했을 땐 이렇게 해야 해. 당사자 앞에서 그 사람의 단점을 지적하는 건 좋지 않아."

그래도 칼은 이해하지 못하고 또 물을 것이다.

"그럼 거짓말을 하라는 거예요?"

난 계속해서 설명해야 할 것이다.

"누가 거짓말을 하랬니? 거짓말은 자꾸 하면 거짓말쟁이가 되기 때문에 하면 안 돼. 그냥 그 일에 대해선 침묵을 지키란 말이야. 사람들이 수군거리는 내용을 말해버리면 큰 싸움이 일어날 수 있어. 이건 우리가 원하는 상황이 아니잖아?"

하지만 난 이렇게 길게 말할 필요가 없었다. 칼은 내 몇 마디에 바로 잘못을 깨닫고 다시는 피터 얘기를 꺼내지 않았다.

난 이렇게 칼을 교육했다. 이런 교육은 강압적이지도 않고 아이의 이

성을 기만하지도 않으며 올바른 판단을 내리는 것을 도울 수 있어 매우 합리적이다. 어떤 의미에서 보면 이것은 '성인화' 교육으로, 칼의 언어 잠재력을 개발하는 데 도움이 된다. 내가 간단히 말해도 칼이 잘 이해했던 것은 어휘량이 풍부했기 때문이다. 보통 아이들은 어휘량이 적어서 이런 교육을 잘 소화하지 못했다.

부모들은 아이가 공공장소에서 잘못을 저지르면 예의 없이 군 것에 화를 내고 때리면서 자신의 교육방식에 대해서는 반성하지 않는다.

앙투아네트 부인 아들의 이름은 내 아들과 같은 칼로, 칼은 내 아들 칼보다 두 살이 많고 영리하다. 하지만 자기보다 어린 아이들을 괴롭히고 남의 단점을 밝히기 좋아하는 나쁜 습관이 있다.

어느 날 길을 가다가 우연히 앙투아네트 부인의 가족을 만났다. 반가운 마음에 인사를 하며 칼의 머리를 쓰다듬었다.

"비테 목사님. 얼굴이 창백한 게 꼭 귀신같아요."

칼은 조금도 망설이지 않고 말했다.

사실 칼의 말은 거짓이 아니었다. 감기로 며칠을 앓았더니 얼굴이 창백해졌다. 하지만 내 아들 칼이었다면 절대 그렇게 말하지 않았을 것이다. 예의에 어긋나기 때문이다. 게다가 칼이 사용한 단어도 썩 듣기 좋은 단어는 아니었다. 칼에게 화를 내지 않았지만 어떻게 대꾸해야 할지 몰랐다.

그러자 앙투아네트 부인이 화를 냈다.

"어른한테 그게 무슨 말버릇이야!"

앙투아네트 부인은 이것도 모자라 칼에게 꿀밤을 한 대 날렸다.

난 괜찮다고 말했다. 하지만 칼은 여기서 멈추지 않고 부인에게 대들었다.

"틀린 말도 아닌데 왜 때려요! 왜!"

앙투아네트 부인은 창피했는지 칼을 거의 끌고 가다시피 하며 자리를 떠났다.

난 오늘밤 앙투아네트 부인의 집에 불어 닥칠 폭풍우를 생각하며 한숨을 내쉬었다.

앙투아네트 부인의 아들이 말을 함부로 한다는 건 마을에서도 유명했다. 하지만 이번에는 적당한 말로 자신의 생각을 표현하지 못했을 뿐이지 고의로 그런 것 같지는 않았다. 만약에 칼이 "비테 목사님, 얼굴이 평소 같지 않으세요. 어디 편찮으세요?"라고 물었으면 얼마나 좋았을까? 내용은 같아도 전자는 악의에 찬 조롱같이 들리지만 후자는 진실한 관심을 느낄 수 있다.

앙투아네트 부인의 방법도 잘못되긴 마찬가지다. 부인은 아이를 혼내더라도 모두가 수용할 수 있는 방법을 택해야 했다. 하지만 아이를 때리고 면박을 주는 것으로 봐서 평소 자녀교육을 제대로 못한 것 같다.

이 일은 아이가 풍부한 어휘량과 확실한 변별력을 가지는 것이 얼마나 중요한지 잘 보여준다. 앙투아네트 부인이 이 점을 깨닫길 바란다. 그렇지 않으면 내 아들과 이름이 똑같은 부인의 아들의 인생은 그리 아름답지 않을 것이다.

♣ 올바른 방법으로 꾸짖는다

내 교육방법을 완전히 이해한 사람은 칼이 자신감과 학문에 대한 흥미를 갖게 하기 위해서 자주 칭찬하고 격려한다는 것을 발견했을 것이다. 하지만 여느 부모들처럼 나도 칼을 꾸짖을 때가 있다.

난 어릴 때부터 칼이 잘못을 저지르면 가차 없이 꾸짖되 올바른 방법으로 꾸짖어서 칼이 진심으로 뉘우치게 했다. 칼을 교육시키면서 칼의 행동을 유심히 관찰하고 최대한 이해하려고 노력했다. 또한 혼내더라도 먼저 옳고 그름부터 따졌다.

칼은 뭐든지 배우기 좋아했지만 가끔 공부하기 싫다고 투정을 부릴 때가 있었다. 그러면 난 칼이 열심히 공부하지 않는다고 꾸짖지 않고 '칼이 왜 이럴까, 혹시 어려운 문제가 생겼거나 언짢은 일이 있는 건 아닌가' 라고 생각하며 적당히 때를 기다렸다가 인내심을 가지고 칼과 대화했다.

한번은 칼이 반나절이 지나도록 책 한 페이지 넘기지 않고 멍하니 앉아있기에 휴식시간에 물었다.

"뭐든지 집중해서 할 때 최고의 효과를 거둘 수 있어. 맘을 딴 곳에 둔 채 공부하고 일하면 몇 시간을 공부해도 소용이 없단다."

칼은 날 물끄러미 바라보며 물었다.

"제가 딴생각하는 게 보였어요?"

"그래. 넌 글자를 배울 때부터 지금까지 뭐든지 배우기 좋아했는데 오늘은 좀 다른 것 같아. 갑자기 공부하기 싫어졌니?"

"아니요. 그건 아니지만……"

칼은 한참을 망설이다 말했다.

"전 공부하는 게 재미있어요. 모르던 지식을 하나씩 배우면 행복하거든요."

"그런데 오늘은 왜 딴생각만 하는 거니?"

"그게…… 그러니까……"

"대체 왜 그래? 괜찮으니까 아빠에게 말해봐."

칼에게 어떤 문제가 있는 것이 확실했다.

"오늘 갑자기 '이 많은 지식을 배워서 뭐하나' 라는 생각이 들었어요. 목수 일을 배우면 가구와 집을 지을 수 있고 대장장이 일을 배우면 농기구를 만들 수 있지만 언어와 시는 배워서 어디다 써요?"

난 칼이 이렇게 말한 것이 기뻤다. 칼이 문제를 깊게 생각하기 시작했다는 뜻이기 때문이다. 이것은 칼을 교육시킬 수 있는 좋은 기회였다.

"칼, 네가 이런 생각을 해서 아빠는 너무 기뻐. 이건 네가 생각한다는 뜻이니까."

난 먼저 칼을 긍정한 뒤에 칼의 의문점을 풀어줬다.

"칼, 아는 건 힘이야. 네가 열심히 공부하지 않았어봐. 나무로 집을 짓는 걸 어떻게 알겠니? 또 수학을 공부하지 않으면 집을 짓는 데 몇 개의 나무가 필요하고, 가장 이상적으로 설계하려면 어떻게 해야 하는지 모르잖아. 미술도 그래. 네가 미술을 공부하지 않으면 어떻게 해야 집을 예쁘게 짓는지 알 수 없어. 이 모든 걸 배우지 않고 나무만 쳐다보고 있으면 집이 완성될 것 같아? 아마 쳐다보다가 자기도 나무가 되고 말걸?"

난 최대한 재미있게 설명하려고 노력했고 칼은 내 말에 피식 웃었다.

"대장장이가 되려면 물리에 관한 지식이 있어야 해. 만약에 대장장이가 철을 벌겋게 달구고 난 뒤에 다시 망치로 두드려서 모양을 만들어야 한다는 걸 모르면 아마 마음이 급해서 어금니로 철을 물어뜯을지도 몰라. 그럼 어떻게 되겠니?"

난 어금니로 철을 물어뜯는 시늉을 했다.

"어금니가 부러져요."

칼은 깔깔 웃었다.

"문학, 미술, 음악, 철학은 인류 지혜의 결정체이자 세상에서 가장 아름다운 것들이야. 또 언어는 인류만 가질 수 있는 거란다. 아빠가 네게 여러 가지 언어를 가르친 건 널 외교관이나 번역가로 만들기 위해서가 아니라 많은 국가와 지역의 문화를 이해시키기 위해서야. 넌 단테를 좋아하는데 이탈리아어를 모르면 단테의 문학을 이해할 수 있겠니? 문학은 본토 언어로 읽어야 참 묘미를 느낄 수 있어. 더욱이 넌 공부할 때 즐겁고 행복하다고 했잖아. 세상에서 즐겁고 행복한 것보다 더 좋은 게 있을까?"

여기까지 들은 칼의 얼굴에 희색이 돌았다. 실제로 칼이 학문을 공부해서 성과를 거둘 수 있었던 것은 왕성한 탐구욕과 학습할 때 느끼는 행복감 덕이 컸다.

부모는 인내심을 가지고 아이의 의혹을 풀어야 한다. 겉으로 보이는 아이의 행동을 대수롭지 않게 여기면 문제를 해결할 수 없거니와 일만 더 복잡해진다. 칼이 공부에 집중하지 않았을 때 내가 인내심을 가지고 돕지 않고 혼냈으면 어떻게 됐을까?

칼이 온종일 책만 펴놓고 다른 생각을 하는 것을 발견했다.

"뭐하는 짓이야?"

말을 마치기 무섭게 칼의 따귀를 한 대 올렸다.

"책보고 있잖아요."

칼이 놀란 나머지 거짓말을 했다.

"어디서 거짓말이야."

내가 소리지르며 말했다.

"공부할 때 집중해야 하는 거 몰라?"

"……"

칼은 꿀 먹은 벙어리가 되었다.

"왜 말이 없어?"

"제가 무슨 생각을 하고 있었냐면……"

칼은 자신의 생각을 제대로 말하지 못했다.

"무슨 생각했는지 빨리 말 못해? 공부하는 애가 딴생각을 해서 어쩌겠다는 거야."

"이런 걸 공부하면 뭐가 좋을지 생각하고 있었어요."

마침내 칼이 용기 내서 자신의 생각을 밝히기 시작했다.

"목수는 집을 짓고 대장장이는 농기구를 만들 수 있는데 언어와 문자로는 무엇을 할 수 있는지 모르겠어요."

"한심한 놈 같으니라고."

난 다시 따귀를 한 대 올려붙인다.

"잘될 생각은 하지 않고 힘쓰는 사람이나 되려고 하다니, 내가 널 잘못 가르쳤구나."

"하지만 전······"

"또 뭐! 그냥 공부하면 되는 거지 뭐 그리 생각이 많아."

이렇게 아이를 대하는 부모는 지옥에나 가야 한다. 다행히도 난 이러지 않았다. 이렇게 하면 아이를 교육시킬 수 있는 좋은 기회를 잃을뿐더러 아이의 자존심을 상하게 하고, 아이에게 나쁜 인상을 남겨 아이가 자신을 위해서가 아니라 부모에게 잘 보이기 위해서 공부하게 된다.

이런 교육은 순식간에 아이의 학구열을 식혀버려 아이를 인재로 키울수 없다. 또한 사람을 이기적이고 폭력적이며 위선적이고 연약하게 만들어버리기 때문에 근본적으로 교육이라고 말할 수도 없다.

♣ 아이의 자존심을 지켜준다

난 칼을 엄격하게 대했지만 한 번도 어린아이 취급한 적이 없다. 어떤 부모는 엄격하게 교육한다는 핑계로 아이에게 가혹하게 대하고 자존심을 상하게 해 아이를 무능한 겁쟁이로 만들어버린다. 이런 부모는 엄격한 교육이 좋긴 하지만 어떤 경우에도 아이의 자존심을 상하게 해선 안 된다는 사실을 알아야 한다.

내가 아는 사람 중에 자식 교육을 위해서라면 뭐든지 아끼지 않는 아버지가 있다. 그는 언제나 아이에게 최고의 옷을 입히고 음식을 먹으며 책과 실험기구 모두 최고의 것을 사줬다. 하지만 그가 간과한 것이 딱 하나 있었으니, 바로 아이의 자존심이다.

그는 아이의 마음을 전혀 이해하려 들지 않고 뭐든지 아이를 대신해서 결정했다. 그는 아이를 믿지도 않을뿐더러 아이가 자신감을 갖도록 격려하지도 않고 "이것도 안 된다, 저것도 안 된다"하며 아무것도 못하게 했다. 심지어 나쁜 사람처럼 아이를 감시하기도 했다. 그 결과 아이는 점점 자신감을 잃고 스스로 무능한 죄인이라고 생각하게 됐으며 나중에는 자존심마저 잃고 말았다.

아이의 자존심은 매우 중요하다. 따라서 난 칼을 엄격하게 가르치되 어떤 상황에서도 의식적으로 아이의 자존심을 지켰다.

칼이 어릴 때 난 일상생활에서건 학업을 지도할 때건 언제나 칼을 어른처럼 대했다. 식사할 때도 세속의 규율대로 칼의 행동을 억압하지 않고 음식 맛이나 그날의 일과 등에 대해서 자유롭게 대화를 나눴다. 난 신사 숙녀처럼 격식을 갖추고 우아하게 식사하는 것에 반대하다 못해 싫어한다. 맛있는 음식을 즐기는 것은 인생의 큰 즐거움 중의 하나인데 왜 그 시간마저 보이지 않는 밧줄로 자신을 결박하려고 할까?

우리 가족의 식사시간은 이른바 '규율' 따위와 거리가 멀어 언제나 즐거웠다. 물론 식사시간이 지나치게 활기차면 그릇을 엎는 성가신 일이 발생하지만 그래도 식사 분위기가 무덤처럼 조용한 것보다 낫다.

어떤 부모는 식사할 때 아이에게 벌을 주는 것처럼 대화를 일체 금지한 채 허리를 꼿꼿이 세우게 하는가 하면 아이의 단점을 쭉 나열하며 사기를 떨어뜨린다. 이렇게 되면 아이는 식사하는 즐거움은 고사하고 식욕도 사라지고 쓸모없는 존재라는 열등감에 시달려 스스로 남보다 못 났다고 생각하게 된다. 물론 내세울 자존심도 없어진다.

또 어떤 부모는 아이가 말을 잘 듣게 하기 위해서 스스로 무서운 국왕으로 군림하며 아이를 하인처럼 대한다. 평등한 관계는 가정 어느 곳에서도 찾아볼 수 없고 결국 아이는 성공과는 거리가 매우 먼 겁쟁이나 실패자가 되고 만다. 하지만 우리 집에서 칼은 내 친구이자 엄마와 하인들의 친구로서 서로 존중하며 평등하게 지냈다.

아이들의 문제는 대부분 논리적이지 않을 때가 많으므로 부모는 지식으로 무장해서 아이를 비웃기보다 인내심을 가지고 모든 문제에 대답해야 한다. 비웃으면 아이가 질문하기를 꺼린다. 질문은 아이들이 지식을 학습하는 방법이다. 따라서 부모는 어떻게 대답해야 할지 모를 때 남에게 묻거나 스스로 연구해서라도 아이들의 물음에 대답해야 한다.

어릴 때 학대를 많이 받은 아이는 수치심을 모르고 잔인해져 심하게는 사람을 사람으로 보지 않는다. 실제로 이렇게 자란 아이 중에 커서 범죄자가 된 사람이 많다. 난 칼을 학대하기는커녕 희롱도 하지 않고 늘 칼의 모든 면을 진지하게 대했다.

난 칼을 포함하여 어떤 사람도 속인 적이 없다. 속임수는 죄악으로 결코 하나님이 허락하지 않기 때문이다.

어느 날 한 아이의 아버지가 득의양양해서 말했다.

"내 아들은 커서 분명히 훌륭한 정치가가 될 거예요. 어제 제 엄마가 해준 음식을 먹고 남은 찌꺼기를 고양이에게 줬거든요."

난 이 말을 듣고 할 말을 잃고 말았다. 확신컨대 그의 아들은 그에게서 사람을 속이는 행위를 배웠을 것이다.

많은 부모들이 저지르는 실수 중의 하나가 아이가 해야 할 결정을 도맡아 하는 것이다. 이렇게 되면 아이가 자신감을 잃게 된다. 우리 부부는 칼을 활동적이고 남을 돕는 아이로 만들기 위해서 어릴 때부터 스스로 단추를 잠그고 옷을 입으며 신발을 신게 했다.

어떤 부모는 아이를 지나치게 보호하느라 넘어질까 봐 맘대로 놀지도 못하게 하고 머리 아플까봐 책도 많이 못 읽게 한다. 과연 이런 아이가 커서 뭘 할 수 있을까?

아이가 말을 안 들으면 부모들은 종종 귀신 이야기로 겁을 주는데, 자주 이런 식으로 겁을 주면 부모의 말을 전적으로 믿는 어린아이들이 정신착란에 빠질 수 있다. 따라서 아이를 용감하게 키우려면 부모가 바르게 지도해야 한다.

칼에게 신화를 들려줄 때 이야기는 사람이 만든 가짜라고 알려줬다. 또한 주로 영웅 이야기를 해서 칼이 용기와 강인함과 인생의 이치를 배우게 했다.

가정은 아이의 낙원이지 아이를 마음대로 할 수 있는 곳이 아니다. 아이는 사랑과 즐거움이 넘치는 가정에서 자라야 한다. 이상적인 가정 분위기는 아이에게 자신감을 안겨주지만 부당한 가정교육은 사람으로서 가장 중요한 자존심마저 앗아간다.

Chapter

10

어떤 친구와
무엇을 하고 놀까

사람들은 아이가 친구 없이 혼자 놀면 제멋대로 굴고 이기적으로 변할 것이라고 생각한다.
하지만 이것은 착각에 불과하다. 오히려 나쁜 친구는 아이를 교활하고 위선적이며 거짓말
을 일삼게 만들고, 질투심, 원한, 자만, 싸움과 같은 나쁜 습관에 물들게 한다.

♣ 놀이는 단순히 노는 것이 아니다

말만 번지르르하게 잘하고 자제력이
부족해 제멋대로 구는 사람은 대부분 어린 시절에 제대로 된 가정교육을
못 받은 경우가 많다.

가정교육을 제대로 못 받고 멋대로 행동하는 아이는 무차별적으로 친
구를 사귀어 나쁜 습관에 물들기 쉽다. 난 이런 아이들이 길가에 모여 도
박을 하거나 욕을 하며 패싸움을 하는 것을 자주 봤다. 이 아이들은 돌이
나 돌처럼 단단한 사물로 맞은편 아이들을 때려서 피를 흘리고 다치게
했을뿐더러 장애까지 남기기도 했다. 이런 장면을 목격할 때마다 '원래
좋은 교육만 받았더라도 교양 있게 지식을 쌓았을 텐데' 라는 생각이 들
어 마음이 아팠다. 몇 번이고 이들을 달래고 싸움을 말렸지만 소용이 없

었다.

시력을 잃었거나 코를 다쳤거나 손가락이 베이고 발을 절뚝이는 아이들 중에는 놀다가 다친 아이들이 많다.

칼도 늘 같이 어울려 다니는 아이들이 있었는데 훗날 이 아이들이 매우 난폭하다는 걸 발견하고 같이 못 놀게 했다. 이 아이들의 심성이 착하더라도 부모에게 제대로 된 가정교육을 받지 않아 어리석은 짓을 할 수도 있기 때문이다.

이 무리에는 앤디라는 대장이 있었다. 앤디는 힘이 센 데다 똑똑하고 권위적이며 늘 자기보다 어린 아이들을 데리고 전쟁놀이를 했다. 또한 영웅 기질이 있어 자신의 '부대'를 잘 관리했다. 하지만 어느 날 앤디는 '적'에게 무너지고 말았다.

그날 앤디는 '부대'를 공격팀과 수비팀으로 나눠 전쟁놀이를 했는데 앤디는 대여섯 명의 부하와 같이 성을 수비했다. 마차에 오른 앤디는 나무 막대기를 칼 삼아 하늘 높이 들어올린 채 한 발은 바퀴를 밟고 다른 한 손은 허리에 얹고서 "공격하라!"고 외쳤다.

칼도 이 전쟁에 참여했다. 적군이 돌과 나뭇가지로 맹렬히 공격하면 앤디가 단칼에 막아냈다. 비록 앤디와 부하들이 협심해서 성을 지켰지만 적군의 맹공을 당해내기에는 역부족이었다.

적군의 장군은 앤디가 방심한 틈을 타 말의 뒷다리를 걷어차 마차를 움직였다. 그 순간 마차에 서있던 앤디는 "아!" 소리를 내며 땅에 떨어졌다.

이때 난 멀리서 온 손님과 자녀교육에 대해서 얘기를 나누고 있었는데 칼이 헐레벌떡 뛰어나 문가에 서서 소리쳤다.

"아빠, 큰일 났어요."

칼의 다급한 표정에서 난 뭔가 심각한 일이 일어났음을 직감했다. 우리는 칼을 따라서 현장에 갔다. 얼마나 끔찍했는지 지금까지도 그 광경이 잊혀지지 않는다. 앤디는 피범벅이 된 다리를 부여잡고 고통스럽게 소리 질렀다. 알고 보니 앤디가 떨어질 때 마침 땅에 떨어져있던 낫의 손잡이의 끝을 밟았는데 이것이 그대로 튀어 올라 앤디의 다리에 꽂힌 것이다. 현장에 있던 아이들은 모두 놀라서 벌벌 떨기만 할 뿐 아무도 나서서 낫을 뽑지 못했다.

"앤디는 영웅이에요."

나중에 칼이 말했다.

"정말 그렇게 생각해?"

"당연하죠. 성을 지키다가 부상을 입었잖아요."

칼의 두 눈은 앤디에 대한 존경심으로 가득 찼다.

"그렇지 않아. 앤디처럼 하는 건 결코 영웅이 아니야. 말의 뒷다리를 걷어찬 아이는 더 말할 것도 없고."

"아빠가 사람은 용감해야 한다고 하셨잖아요. 그런데 왜 앤디는 안 용감하다는 거예요?"

마땅히 해야 할 것과 하지 말아야 할 것을 구분하지 못하다니, 아이는 얼마나 천진난만한가!

"칼, 그 당시에 넌 뭘 하고 있었지?"

"전쟁놀이를 하고 있었어요."

"맞아. 그건 전쟁이 아니라 단순히 놀이에 불과해."

난 그 기회를 빌려 칼에게 무엇이 허구고 진실인지, 또 무엇이 옳고 그른지 확실하게 알려줬다.

"칼, 너희가 영웅을 좋아한다는 거 잘 알아. 하지만 영웅은 무모하고 아무렇지도 않게 사람을 때리고 죽이지 않는단다."

난 칼의 머리를 쓰다듬으며 계속해서 설명했다.

"너희는 좋은 친구 사이인데 왜 놀면서 진짜로 때리니? 이러면 친구가 진짜 적이 될 수가 있어. 어쩌면 앤디는 말의 뒷다리를 걷어찬 친구를 평생 잊지 않고 복수할지도 몰라. 원한을 품는 건 나쁜 거란다. 아빠는 네가 친구들과 서로 원수가 되지 않았으면 좋겠어."

"하지만 앤디는 진짜 용감해요."

칼은 여전히 내 말을 이해하지 못했다.

"앤디가 용감하고 똑똑하다는 거 알아. 하지만 늘 그렇게 때리고 죽이는 놀이만 하다가는 오늘은 낮에 다리를 찔리는 것에서 그쳤지만 내일은 돌에 눈을 맞아서 시력을 잃고 모레는 다리가 부러질지도 몰라. 과연 이렇게 크면 뭐가 되겠니? 진짜 장군이 되려면 자신을 보호할 줄 알아야 해. 다리에 장애가 있는 사람이 부대를 지휘할 순 없잖아.

칼, 놀이는 그저 놀이일 뿐이지 진짜 칼과 총을 가지고 해선 안 돼. 진짜 영웅은 전쟁터에서만 용감하게 적과 싸운단다."

"알았어요, 아빠."

아이들은 무지로 인해서 놀다가 종종 다치는데 부모가 신경 써서 교육하지 않으면 감당하기 힘든 상황이 생길 수도 있다.

난 늘 칼에게 싸우지 말라고 당부했다. 싸우는 것의 결과는 놀다가 다치는 것보다 더 심각해서 몸만 다치는 것이 아니라 영혼도 다치게 된다. 마음에 원한이 쌓인 아이는 부모를 학대할 가능성이 높고 사람들을 적대시하며 고립된 생활을 하게 된다.

가정교육을 못 받은 아이들은 대부분 시시비비도 잘 못 가리고 온종일 싸우거나 도박을 하며 허송세월을 보낸다. 이들은 책을 읽을 줄도 모르고 세상에 문학과 예술과 같은 아름다운 것들이 있는지도 모른다. 과연 이런 아이들에게 아름다운 미래가 펼쳐질 수 있을까?

이 아이들이 아름다워야 할 유년시절을 불행하게 보내는 건 모두 부모가 바르게 지도하지 않았기 때문이다.

아이의 성격과 재능을 선천적이라고 믿는 사람들은 이렇게 원망한다.

"내 아이는 크게 되기 글렀어. 어찌나 배우기 싫어하는지 가르쳐도 소용이 없어."

하지만 이렇게 생각하기 전에 부모 자신부터 반성해야 한다! 부모가 자식을 안 믿는데 아이가 어떻게 발전할 수 있는가? 모든 잘못은 부모에게 있지 아이에게는 잘못이 없다.

난 이런 이유들로 칼이 친구를 엄격하게 선택하게 하고 되도록 도덕적인 아이들과 어울려 토론하고 공부하게 했다.

칼은 늘 친구들과 함께 시를 낭송하고 역할극을 했으며 가끔 어떤 주제를 놓고 논쟁을 벌였다. 이때마다 난 아이들을 방해하지 않았고, 아이들이 건전하게 노는 것에 안심하고 기뻐했다.

♣ 아들과 친구 사이의 모순

　　　　　　　난 아이가 혼자 논다고 해서 우울해진
다거나 괴팍해진다고 생각하진 않지만 아내와 논의 끝에 칼이 두 명의
여자아이와 놀게 했다. 그런데 누가 알았을까? 두 아이들과 논 다음부터
칼이 거짓말을 하고 무조건 자기 말만 옳다고 우기는가 하면 제멋대로
굴고 저속한 말도 하기 시작했다. 걱정스러운 마음에 아이들이 어떻게
노는지 관찰한 결과 두 아이들은 칼이 시키는 대로 움직였다.

　난 두 아이들을 불러 무조건 칼의 말을 따르지 말고 다시 한번 칼이 자
기만 옳은 양 행동하면 내게 말하라고 일렀다. 하지만 이것도 아무런 도
움이 되지 않아 결국 칼을 두 아이들과 떨어뜨려 놓았다.

　이 일이 있은 후에 난 왜 이런 일이 일어났는지 자세히 분석했다.

　먼저 두 아이는 칼에게 좋은 영향을 줄 수 있을 만큼 좋은 가정교육을
받았다. 하지만 아이들은 남에게 뒤처지는 것을 싫어하지 않는가?

　두 아이와 칼은 모두 노래를 부르고 춤을 출 줄 아는데, 여자아이들이
춤추면 칼은 한쪽에서 이것저것 틀린 점을 지적하고, 칼이 춤을 추면 두
여자아이들이 너무 힘이 들어가서 안 예쁘다고 평가했다.

　모순은 여기에서 생겼다.

　논쟁이 격렬하게 벌어졌다. 칼은 춤은 힘이 있어야 한다고 말했고 여
자아이들은 우아하고 아름다워야 한다고 주장했다.

　지식과 어휘량의 부족은 논쟁을 말의 속도와 목소리 크기 싸움으로 변
질시켰다. 남자인 칼은 강경한 말투로 논쟁에서 우위를 차지했다. 비록

여자아이들은 칼의 말에 동의하지 않았지만 말싸움으로 칼을 이길 수 없었다.

칼은 강한 기세 덕에 자신이 논쟁에서 이긴 줄도 모르고 여자아이들이 자기만 못하고 아는 것도 없다고 생각했다. 칼은 이런 착각 속에서 자신이 항상 옳고 뭐든지 다 안다고 자만하게 되었다.

다음으로 칼은 일련의 논쟁에서 모두 이긴 뒤에 강한 우월감에 사로잡혀 친구들이 자기보다 똑똑하지 않다고 생각하고 무시했다. 칼은 여자아이들을 이기기 위해서 거짓말을 일삼았는데, 논쟁이 아니라 단지 이기기 위해서 수단을 가리지 않고 거짓으로 이야기를 꾸며서 두 아이들을 속였다. 두 아이들은 지식이 제한적이고 순진해서 칼에게 쉽게 속아 넘어갔다. 그리고 이와 동시에 잠재돼 있던 위험이 서서히 세 아이들 곁으로 다가왔다.

일단 두 여자아이들은 칼의 거짓말로 잘못된 지식을 얻었는데, 이것은 두 아이의 미래에 부정적인 영향을 초래한다. 칼은 원래 알고 있던 지식에 말솜씨와 거짓말로 번번이 논쟁에서 이겼다.

하지만 두 아이들은 이런 사실도 모른 채 칼의 박학다식함을 부러워하며 칼의 말을 무조건 믿고 따랐다. 그러자 칼은 두 아이들을 제멋대로 부리고 바보라고 놀렸으며 서서히 저속한 말도 서슴지 않고 입에 올렸다.

같이 놀 친구가 없으면 아이가 심심해할까? 그렇지 않다. 아이는 친구가 없어도 유년시절을 재미있게 보낼 수 있다.

사람들은 아이가 친구들과 함께 놀 때 즐거움을 느낀다고 생각한다. 물론 없는 것보다 낫긴 하다. 하지만 어떤 의미에서 보면 이것은 부모가 아이와 함께 놀아줄 책임을 회피하는 것이다.

아이는 많은 부모들이 생각하는 것처럼 또래 친구들과 놀아야 신나는 것이 아니다. 부모가 아이를 이해하고 함께 놀아주면 아이는 또래 친구들과 놀 때처럼 똑같이 기뻐한다. 또한 부모와 함께 노는 아이는 제멋대로 굴지도 않고 자기중심적이지도 않으며 나쁜 습관도 안 든다. 하지만 부모들은 바쁘다는 핑계로 이 책임을 무시하거나 회피한다.

칼의 경우에서 봤듯이 좋은 가정교육을 받은 아이들과 놀아도 폐해가 생기는데 나쁜 친구들과 어울리면 폐해의 정도가 어떻겠는가?

많은 부모들은 아이가 좋은 친구들과 어울리며 좋은 영향을 받길 원한다. 하지만 안타깝게도 아이들은 나쁜 영향을 더 빨리 받는다.

이치는 간단하다. 좋은 습관을 들이는 데는 노력과 자제력이 필요하지만 나쁜 습관을 들이는 것은 전혀 힘들지 않기 때문이다.

이런 의미에서 보면 학교가 나쁜 습관의 집결지라는 말도 틀린 소리는 아니다. 게다가 학교 면학분위기가 나쁘면 상황은 더 심각하다. 하지만 아이를 집에서만 가르칠 순 없지 않은가? 따라서 학교는 엄격하게 아이들의 놀이를 감독하고 불량한 상황이 일어나는 것을 최대한 막아야 한다.

내 생각에 부모의 신체만큼 아이를 단련시키기 좋은 도구도 없는 것 같은데 부모의 근육은 언제나 아이들에게 힘을 준다. 그도 그럴 것이 아이들은 모두 부모 몸에 매달리거나 기어오르는 것을 좋아하지 않는가. 아마 이것은 아이들이 하는 최초의 체육훈련일 것이다.

아이는 부모의 웃는 얼굴에 매료되고 부모의 일과 사용하는 물품에 호기심을 느끼며 부모의 관심과 사랑에 최고의 즐거움을 느낀다.

칼은 어릴 때부터 엄마와 있는 것을 좋아하고 모든 사물에 호기심이 많았다. 태어나고 몇 달 안 되었을 때 칼은 냄비뚜껑, 국자, 컵, 쟁반 등을 가지고 놀았다. 물론 칼이 관심 있었던 것은 주방기구의 용도가 아니라 색깔, 모양, 무게의 감촉이었다. 종이와 책도 칼이 좋아하는 장난감이었다.

아이는 부모와 함께 노는 것을 매우 좋아한다. 따라서 부모는 일이 바쁘더라도 아이와 함께 놀며 가족의 단란함을 누려야 한다. 하지만 많은 부모들은 이렇게 한가할 여유가 없어서 아예 아이와 놀아주지 않거나 놀아주다가도 마음대로 놀이를 멈춘다. 이렇게 하는 것은 아이와 감정을 교류하는 것에도 도움이 안 되고 놀이에 대한 아이의 적극성도 떨어뜨린다.

역할놀이는 아이가 타인의 생활을 체험하고 이해하는 데 도움을 준다. 일상생활에서 부모는 아이가 다른 사람의 생활 특히 부모의 생활을 유심히 관찰하게 해야 한다. 아이와 가장 가까운 곳에서 생활하기 때문에 아이가 잠깐 체험하는 것만으로도 조금이나마 부모의 고충을 체험하고 부모를 더 이해하게 된다.

아이와 함께 놀 때 부모는 좋은 친구이자 놀이 전체의 실질적인 통제자이다. 아이가 늘 규칙을 위반할 때 부모는 놀이를 중단하지 말고 규칙을 다시 한번 떠올려줘야 한다. 그렇지 않으면 놀이에 대한 아이의 흥미와 적극성이 떨어진다. 칼은 부모와 함께 놀았기에 건강하게 자라고 뛰어난 성과를 거둘 수 있었다.

아이들의 나이대에 따라 놀이의 의미와 방법은 달라지는데, 놀이는 재미있어야 하고 쓸모 있어야 한다. 놀이를 통해서 아이는 각 신체 부위를 운동하고 감각기관을 발전시키며 지능과 창의력을 키운다.

난 칼의 성장과정을 지켜보며 놀이는 단순히 노는 것뿐만 아니라 먹고 마시고 싸고 움직이고 자는 것도 모두 놀이에 해당한다는 것을 발견했다.

난 칼이 흥미를 보이면 최대한 즐겁게 놀게 했다.

많은 부모들이 이미 알고 있지만 놀기 좋아하는 것은 아이의 천성이다. 하지만 아이가 어떻게 무엇을 하며 놀아야 하는지 아는 사람은 그리 많지 않다. 맹목적으로 놀면 단순히 노는 것에 그쳐 잠재력을 개발할 수 있는 기회를 놓치게 된다. 따라서 놀더라도 아이의 잠재력을 개발하며 놀아야지 그저 놀이를 위해서 놀아선 안 된다.

아이는 놀 때 대뇌활동이 활발해지고 적극성이 높아지므로 상상력과 창의력을 키우는 데 이때가 안성맞춤이다. 놀이는 일상생활에 뿌리를 두는 것으로, 아이는 놀이에 대한 인식과 이해를 토대로 생활을 바꾸고 창의력을 발휘한다. 이때 부모는 각종 규율로 아이들은 통제하지 말아야 한다.

놀이는 일종의 운동으로 아이의 체력을 높이고 행동을 민첩하게 만들며 정신을 건강하고 즐겁게 만든다. 하지만 부모가 바르게 지도하지 않으면 앞서 말한 부정적인 문제가 일어난다.

아이와 함께 놀 때 부모는 반드시 아이가 어리더라도 정서 변화를 주의 깊게 관찰해야 한다.

아이들이 어려서 아무것도 모를 거라고 생각했다면 큰 오산이다. 칼은 5~6개월 때도 정서변화가 있어 기분이 좋으면 마치 자신의 힘을 온 몸으로 느끼려는 양 즐겁게 몸을 엎치락뒤치락하며 서서히 힘을 통제하는 법을 배웠고, 기분이 나쁘면 시든 낙엽처럼 앙앙불락했다.

아이가 놀이에 적응하고 반응하는 속도는 부모가 생각하는 것보다 느리므로 인내심을 가지고 아이의 반응속도에 맞춰야 한다. 그렇지 않으면 마음만 앞서서 부모 혼자 북 치고 장구 치는 꼴이 된다. 그래서 난 칼과 함께 놀 때 이 점에 주의했다. 생후 6개월 때 칼은 내가 중간에 말을 잠시 중단하면 제대로 알아듣지 못했다. 또한 긴 시간동안 얘기해야 손을 뻗어서 내가 건네는 장난감을 받았기 때문에 인내심을 가지고 기다렸다. 만약에 내가 칼에게 뽀뽀하고 난 뒤에 바로 뒤돌아 나갔으면 칼은 내게 웃음을 주고 싶어도 시간이 없어서 못 줬을 것이다. 따라서 아이와 놀 때는 아이에게 충분한 시간을 줘야 한다.

아이는 되도록 많은 시간을 부모와 함께 보내는 것이 좋다. 그래야 수시로 부모의 관심을 받고 서로 교감을 나누며 외로움이나 불안감에 떨지 않게 된다. 부모는 조건이 허락되면 자신이 일하는 곳에 아이를 데려가 임시로 그곳에서 놀게 해야 한다. 우리 부부도 칼을 일하는 곳에 데려가 그곳에서 즐겁게 놀게 했다.

예컨대 물을 쓸 때 칼이 흥미를 보이면 칼도 같이 손을 씻거나 세수를 시키고 부인이 바닥 청소나 설거지처럼 간단한 집안일을 하면 칼이 놀이 삼아 즐겁게 하게 했다.

아이는 독립적인 개체라서 저마다 적응력이 모두 다르다. 그래서 같은 그네를 타도 어떤 아이는 즐거워하는가 하면 어떤 아이는 무서워서 울고, 최면을 걸어도 어떤 아이는 금세 최면에 빠지는가 하면 어떤 아이는 최면에 안 걸린다. 적합한 놀이는 아이들의 주의력과 흥미를 끌기도 하지만 놀라게 하기도 한다. 이처럼 아이를 이해하고 개성을 발견해서 함께 적절한 놀이를 하며 노는 것은 부모가 꼭 갖춰야 할 소양이다.

난 칼을 키우면서 늘 칼이 즐거운 마음을 유지하도록 힘썼다. 누구보다도 칼을 잘 이해하고 진심으로 칼과 함께 노는 것을 즐거워했다. 비록 칼은 유년시절의 대부분을 어른인 나와 함께 보냈지만 늘 순수한 동심을 잃지 않았다.

♣ 왜 나쁜 아이들과 어울리면 안 되는가

친구는 신중하게 사귀어야 한다. 사람은 누구나 남에게 친절을 베풀고 친절한 대우를 받고 싶어 하지 마귀 같은 사람과 친하게 지내고 싶어 하지는 않는다.

성숙한 어른도 때로는 부정적인 영향을 받아 나쁜 길로 들어서는데 아이들은 오죽할까. 그래서 난 칼이 나쁜 습관을 가진 아이들과 못 어울리게 했다.

몇몇 사람들은 이런 날 보고 이기적이라고 생각했는데 내 친구인 울프 목사도 이 중 한사람이었다. 울프는 착한 아이들이 자신의 장점을 나쁜 아이들에게 전수해서 도와야 한다고 생각했다. 물론 나도 이런 상황을 꿈꾸지 않은 것은 아니다. 하지만 울프의 생각은 그야말로 아름다운 꿈에 불과하다. 모든 사람은 자신을 잘 관리하는 것만으로도 나쁜 습관을 자연스럽게 고칠 수 있다.

우리는 이 문제로 몇 번이나 논쟁을 벌였는지 모른다. 하지만 매번 각자 의견을 고집해서 좀처럼 이견이 좁혀지지 않았다.

울프는 훌륭한 교육자로, 그의 아들인 윌리엄과 칼은 같이 교육을 받았다. 윌리엄은 지식이면 지식, 언어면 언어 모두 칼만큼 실력이 뛰어났다. 단지 윌리엄은 아버지 울프 목사의 가르침대로 나쁜 아이들을 자주 만나 격려하고 어린 친구들을 도왔다.

남을 돕는 것은 미덕이다. 하지만 내가 보기에 울프 목사는 무모하고 아들에 대한 행위는 무책임했다.

윌리엄은 아이들과 무분별하게 어울린 뒤에 서서히 변해갔다. 몇 번이고 울프 목사에게 지금이라도 그만두라고 귀띔했지만 그는 윌리엄이 불량한 아이들을 개선시킬 수 있을 것이라는 고집을 꺾지 않고 내 말을 못 들은 체했다. 정말 울프는 고집이 너무 세서 어떻게 할 방도가 없었다.

그리고 얼마 후 일어나지 말았어야 할 일이 일어나고 말았다.

윌리엄은 불량한 친구들에게 성경 말씀을 전하느라 늦었다고 핑계 대며 자주 귀가시간을 넘겨서 집에 돌아왔다.

"아! 그렇구나."

울프는 아들이 불량한 아이들을 선도하고 다니는 것에 기뻐하며 윌리엄의 거짓말을 곧이곧대로 믿었다. 하지만 울프의 기대와는 다르게 윌리엄은 불량한 아이들의 나쁜 습관을 고스란히 물려받았다. 훗날 울프는 진상을 알고 기절할 뻔했다. 알고 보니 윌리엄이 선도는커녕 불량한 아이들과 어울리며 도박을 하고 못된 짓을 하고 다녔던 것이다.

당시 농촌에서는 농부들이 특별히 교육을 받아본 적도 없고 여가를 보낼 만한 놀이가 딱히 없어 도박이 크게 유행했고, 이들 밑에서 자란 아이들도 별 수 없이 어른들을 따라서 자연스럽게 나쁜 짓을 배웠다. 윌리엄은 대부분의 시간을 이런 아이들과 어울렸다. 과연 이런 아이들과 어울리며 어떤 좋은 일을 할 수 있을까? 하지만 울프는 이런 사실을 알면서도 여전히 윌리엄을 믿었다.

그러던 어느 날 윌리엄이 화가 잔뜩 난 채 집에 돌아와 아무 말도 않고 방으로 들어갔다. 울프는 한 번도 보지 못한 아들의 모습에 무슨 일이냐고 물었다. 하지만 아무리 물어도 윌리엄은 좀처럼 입을 열지 않았다.

"울프 목사님! 울프 목사님!"

이때 누군가가 시끄럽게 문을 두드렸다.

밖에 나가보니 웬 성난 농부가 서있었다.

"대체 애 교육을 어떻게 시킨 겁니까? 아들 간수 좀 잘하세요!"

영문을 모르는 울프는 당황스러웠다. 대체 착한 윌리엄이 어떤 일을 했기에 농부가 이렇게 화를 낼까?

"대체 무슨 일 때문인지 물어도 될까요?"

"한두 번도 아니고 윌리엄이 애들을 끌고 와서 닭을 훔쳐간 게 몇 번인지 모르겠어요. 어느 순간부터 닭이 한두 마리씩 없어지기에 귀신 짓인가 했더니, 글쎄 모두 윌리엄이 꾸민 짓이지 뭡니까? 목사님 아들이 이래도 됩니까?"

하지만 사실은 그 아이들이 윌리엄에게 닭을 훔쳐오게 해서 들판에서 구워 먹은 것이었다. 울프가 이 사실을 안 뒤에 어떤 생각을 했을지 모르지만 분명히 속상했을 것이다. 훗날 울프는 결국 내 생각에 동의하고 다시는 윌리엄이 그 아이들과 못 어울리게 했다.

사람들은 아이가 친구 없이 혼자 놀면 오만해지거나 제멋대로 굴 것이라고 생각한다. 하지만 이것은 착각에 불과하다. 친구는 서로 영향을 주고받는지라 나쁜 아이들과 어울리면 아이도 교활하고 위선적이며 거짓말을 일삼고, 질투, 원한, 자만, 싸움과 같은 나쁜 습관에 물들게 된다.

♣ 아이들과 제한적으로 어울리게 한다

아이가 친구들과 제한적으로 어울릴 때 가장 좋은 점은 평화로운 마음으로 문제를 처리할 수 있는 것이다.

칼은 성격이 좀처럼 흥분하지 않고 온화해서 열다섯 살이 되도록 다른 아이들과 싸움 한 번 하지 않았다. 아이들은 대체로 칼을 좋아했다.

대학에 다닐 때 칼은 늘 친구들과 학문적으로 다른 의견을 가졌지만 그렇다고 친구들의 감정을 상하게 하지는 않았다. 또한 대학 친구들보다 나이가 많이 어려서 가끔 동기들의 시기를 사기도 했지만 진리로써 이들을 설득해서 자연스럽게 친구가 되었다. 어린 칼과 잘 지낸 이 청년들이 진심으로 고마웠다.

난 칼이 나쁜 아이들과 못 어울리게 했는데 그렇다고 친구들과 아예 못 놀게 한 것은 아니고 부모의 감독 하에 친구들과 제한적으로 어울리게 했다. 이렇게 하면 아이들이 서로 예의를 지킬뿐더러 같이 나쁜 일을 꾸미지 않아 위험한 상황이 벌어지는 것을 막을 수 있다.

어느 날 함부르크에 사는 칼의 이모가 아들 하인리스를 데리고 우리 집에 놀러 왔다. 칼보다 두 살 형인 하인리스는 초등학교 4학년으로 좋은 교육을 받아서 지식이 풍부했다. 그래서인지 둘은 처음 만난 사이인데도 금세 좋은 친구가 되어 공통된 화제로 대화를 나누었다. 하지만 둘 다 교양이 있더라도 아직 철이 안 든 아이인지라 시간이 지나자 서서히 둘 사이에 문제가 생기기 시작했다.

난 아이들 사이에 벌어지는 일에 대해서 지나치게 묻는 것을 싫어해서 처음에는 크게 신경 쓰지 않았다.

서로 의견이 달라서 티격태격하던 아이들은 급기야 정원에서 몸싸움을 벌였다. 깜짝 놀란 우리는 바로 달려가서 두 아이를 떼어놓았다. 왜 싸웠냐고 물었더니, 어떤 역사문제를 가지고 토론했는데 서로 자기주장을 굽히지 않다가 결국 힘을 쓰게 된 것이다. 만약에 어른들이 그 자리에 없었다면 일은 더 커졌을 것이다.

우리는 두 아이가 서로 자신의 잘못을 인정하고 힘으로 문제를 해결하는 것은 옳지 않다고 가르쳤다. 그러자 오래지 않아 두 아이는 다시 처음처럼 사이좋게 지냈다.

이 일에서 알 수 있듯이 아이들과 제한적으로 어울리게 하는 것은 매우 효과적인 자녀교육법이다. 칼은 나쁜 습관에 물들지도 않고 다른 아이들과 싸우지도 않았다. 심지어 누가 일부러 시비를 걸어도 교묘하게 잘 빠져나갔다. 그래서 아이들은 모두 칼을 좋아했다. 칼을 데리고 다른 지방에 여행 갔을 때도 작별할 때가 되면 그곳 아이들은 칼이 떠나는 것을 아쉬워하며 눈물을 흘렸다.

내가 겪어본 경험에 의하면 아이는 다른 아이들과 놀지 않아도 우울하게 지내지 않고 생기가 없거나 괴팍해지지 않는다. 아이들이 다른 아이들과 함께 노는 것을 좋아한다고 해서 반드시 아이들과 놀게 할 필요는 없다고 생각한다.

♣ 장난감을 가지고 놀며 배울 수 있는 지식은 없다

많은 부모들은 아이가 혼자 놀거나 시끄럽게 하지 않기 위해서 또는 아이의 체면이나 자존심을 살리기 위해서 장난감을 사준다. 심지어 무책임하게 장난감을 아이에게 쥐어주고는 신경 쓰지 않는 부모도 있다. 난 이런 방법에 대단히 비판적이다.

난 장난감을 가지고 놀며 배울 수 있는 지식이 없다고 생각해서 칼에게 장난감을 잘 사주지 않았다.

난 다른 아이들이 장난감을 가지고 놀 때 칼에게 독서와 사물을 관찰하는 법을 가르쳤는데 칼도 기꺼이 따랐다. 칼은 어릴 때 책과 자연에서 즐거움을 찾고 지식을 배웠기 때문에 장난감을 가지고 놀며 시간을 때울 필요가 없었다.

많은 사람들은 지능을 개발하기에 유아기가 얼마나 좋은 시기인지 모르고 그저 아이를 친구들과 어울려 놀게 한다. 이것은 아이의 좋은 시절을 낭비하는 것이요, 아이에게 죄를 짓는 것으로, 부끄럽고 슬픈 일이다.

어린 시절을 장난감과 함께 보내는 것은 허송세월을 보내는 것으로 나중에 손에서 장난감을 떼기가 어려워진다. 기분이 나쁠 때 아이들은 보통 장난감과 주변의 사물에 화를 푸는 경향이 있다. 그런데 장난감을 던지면 장난감은 물론이거니와 장난감과 부딪힌 사물도 망가지게 마련인데, 이렇게 어릴 때부터 강한 파괴성을 가지면 커서 사회에 위험한 인물이 될 수도 있다.

아이는 장난감 외에도 주위 사람에게 화풀이를 하기도 한다. 하지만 이렇게 오만하고 자기중심적으로 제멋대로 굴면 다른 사람들과 소통하는 데 어려움을 겪게 된다.

우리 집 근처에 한 몸에 사랑을 듬뿍 받고 자란 꼬마 숙녀가 살았다. 좋은 가정 분위기에서 자란 이 아이는 귀엽고 예쁜 데다 똑똑하기까지 했다. 부모는 이 아이를 진주처럼 아꼈다. 사람들은 꼬마 숙녀의 집에 놀러갈 때마다 매번 아이에게 가장 좋은 장난감을 선물했는데 비싼 바비 인형이 수백 개가 넘는다는 소문도 들었다. 꼬마 숙녀는 줄곧 장난감 세계에서 살았다.

난 선의의 뜻에서 이 아이의 부모에게 너무 장난감만 가지고 놀게 하지 말고 되도록 빨리 공부를 시키라고 조언했다. 하지만 이들은 고마워하기는커녕 공부를 시키기에 아이가 아직 너무 어리다며 날 비웃었다.

"비테 목사님. 듣자니 천재를 키우고 계시다던데 언제 보여주실 건가요? 남의 자식 교육에는 신경 끄시고 당신 아들이나 책벌레로 만들지 마세요!"

이런 사람들에게 무슨 말을 할 수 있을까?

훗날 듣자하니 꼬마 숙녀는 장난감이 너무 많은 나머지 그것들의 소중함도 모르고 귀여운 인형을 길가에 내다버리는가 하면 갈기갈기 찢어버리고, 화날 때 신경질적으로 바닥에 내던졌다고 한다. 또한 누가 걱정하는 마음에 꾸짖기라도 하면 "죽여 버릴 거야."라는 말도 서슴지 않고 했다.

한번은 하녀가 한 음식이 입맛에 안 맞자 이 아이는 하녀에게 아무 말도 하지 않고 몰래 칼을 숨겼다. 이튿날 착한 하인이 주방에서 요리를 하려고 할 때 방심한 틈을 타 아이가 칼로 하인의 손을 찔렀다. 비명을 지르는 하인의 손등에 붉은 피가 흘렀다. 하지만 아이는 피를 보고도 무서워하지 않고 오히려 하인을 조롱했다.

"네가 하는 음식은 도저히 맛없어서 먹을 수가 없어. 네 바보 같은 손은 혼나야 해."

난 귀엽고 사랑스러웠던 꼬마가 이렇게 잔인하게 변한 것이 마음이 아팠다. 이 일은 아이의 성격이 미래에 큰 영향을 미치는 것도 모른 채 가정교육을 소홀히 했던 부모 책임이 컸다. 난 진심으로 아이의 부모가 반성하고 이 일을 교훈으로 삼아서 자녀교육에 힘쓰길 바랐다. 이 꼬마 숙녀처럼 장난감을 가지고 놀다 생긴 나쁜 습관은 아이의 일생에 영향을 미친다.

칼에게 장난감을 거의 안 사줬지만 그렇다고 칼이 어린 시절을 재미없게 보낸 것은 아니다. 난 다른 유익한 방법으로 칼이 즐겁게 놀며 상상력을 계발하고 책에서 배울 수 없는 지식을 배우게 했다. 칼이 놀면서 지식을 배우게 하기 위해서 특별히 정원에 놀이동산을 만들었다. 정원에 60

㎝ 두께로 모래를 깐 다음에 주변에 각종 꽃과 나무를 심었다. 비가 내려도 모래가 두껍게 깔린 탓에 금세 말라서 마음껏 뛰어놀아도 옷이 더러워지지 않았다.

칼은 늘 이 놀이동산에서 모래성을 쌓는가 하면 수로를 파고 꽃을 감상하는가 하면 벌레를 잡기도 했다. 또한 상상력을 발휘해서 자연에 대한 감정을 키웠다. 대자연을 접하는 것은 매우 중요한 교육이다. 아이들이 자연에서 얻는 즐거움은 돈으로 산 장난감과 비교가 안 된다.

난 장난감을 사줘도 보통 아이들이 가지고 노는 장난감이 아니라 취사도구를 사줬다. 칼은 어리지만 늘 어른의 일을 하고 싶어 했는데 유난히 주방 일에 관심이 많았다. 어떤 부모는 이런 아이들의 기호를 대수롭지 않게 여기고 심지어 싫어해서 아이의 천성을 그대로 묵히고 만다. 하지만 이것도 바르게 지도하면 아이가 지식을 쌓고 부지런히 일하는 습관과 능력을 가질 수 있다.

♣ 놀이로 인생을 체험한다

내게 가장 큰 행복을 준 사람은 현명한 아내이다. 그녀는 유능하고 책임감 강한 엄마로서, 칼의 교육을 위해서 많은 심혈을 기울였다. 칼도 이런 엄마의 아들로 태어난 것이 생애 가장 큰 행복이었을 것이다.

아내는 다른 부인들과 달리 칼에게 취사도구를 던져주고 끝내는 것이 아니라 바르게 사용하는 법을 가르쳐주고 이것을 이용해서 숨어있는 잠재력을 개발했다. 그녀는 식사를 준비하며 칼의 각종 물음에 인내심 있게 대답하는 것이 습관이 돼 있었다.

칼과 아내는 '주부와 요리사' 놀이를 즐겨 했다. 이 놀이는 요리사가 주부를 위해서 요리를 하는 놀이로 요리사는 주부가 시키는 대로 요리를 만들어야 한다. 이때 주부가 요리법을 잘못 말하면 신분이 요리사로 낮아져 새로 주부가 된 사람을 위해서 요리해야 한다. 한번은 칼이 주부 역할을 하다가 중간에 요리법을 잘못 말하는 바람에 요리사가 되었다. 신분이 바뀌어 주부가 된 아내는 칼에게 밭에 가서 채소를 따오라고 시켰다. 하지만 칼은 다른 채소를 따왔고, 결국 요리를 제대로 못한 요리사 칼은 해고되고 말았다.

이 밖에도 칼과 아내는 많은 놀이를 하고 놀았다.

어느 날 아내가 말했다.

"가끔 칼이 엄마가 되고 내가 아들이 되어서 놀 때가 있어요. 칼은 엄마가 되면 내게 이것저것 많이 시키는데, 난 일부러 열심히 안 하거나 아예 안 해요. 만약에 아이가 열심히 하지 않은 걸 발견하지 못하면 엄마로서 자격이 없을 거예요. 그런데 칼은 용케도 이런 걸 모두 알아채요. 그러고는 내게 열심히 하라고 훈계까지 하죠. 그러면 난 '죄송합니다. 앞으로는 안 이럴게요'라고 말해요. 가끔 아예 칼의 말을 안 듣기도 하는데 그러면 칼은 평소에 내가 자기를 혼냈던 것과 똑같이 날 혼내요. 우리는 선생님 학생 놀이도 하는데, 내가 학생이 돼서 일부러 칼이 맞게 말한 부분을 틀렸다고 말하면 칼은 잠시 당황하다가 이내 내가 장난친 걸 눈치채고 날 비판해요."

이런 놀이는 칼이 실수를 덜 하게 하는 데 도움이 되었다. 아내는 '감독'으로서 가끔 이야기나 역사사건을 가지고 칼과 함께 역할극을 하기도 했다.

우리 부부는 여행을 가면 그곳에서 여행놀이를 하며 칼에게 지리와 역사 지식을 가르쳤다.

난 칼과 놀 때 아내와 조금 다른 놀이를 했다. 칼과 난 주부나 요리사가 되는 대신에 장군과 병사가 되었다. 칼은 장군이건 병사건 맡은 역할에 충실했는데 장군으로서 위엄 있게 날 다스리기도 하고 병사가 되어 내 명령에 따라 적진에 침투하기도 했다.

칼은 자신의 체험과 이해와 상상을 바탕으로 역할의 나이와 성별과 신분과 직업을 실감나게 표현했다. 이런 놀이는 아이의 호기심과 탐구욕을 만족시킬뿐더러 적극성, 독립성, 관찰력, 기억력, 판단력, 상상력, 창의력을 키우고, 내면세계를 풍부하게 하고 언어능력과 조직능력을 향상시킨다.

이야기와 동화는 아이들을 매료시키는 힘이 있는 지혜의 원천이다. 우리 가족은 이야기 속의 인물을 자주 연기하며 재미있게 놀았다. 칼은 역할이 바뀔 때마다 서로 다른 언어와 동작으로 작품을 훌륭하게 해석했다. 이것은 이야기에 대한 이해와 창의력을 높이고 정서를 함양하는 데 효과적이었다.

물론 이야기는 내용이 건강하고 생동감 넘치며 문장이 아름답고 귀여운 인물이 많이 나오는 것으로 골랐다. 간단한 줄거리는 칼이 빨리 이해하게 하고 풍부한 대화는 언어능력을 단련시키기에 좋았다. 난 칼이 자신이 맡은 역할의 언어와 동작 및 다른 역할까지도 이해하게 하고, 칼의 이해를 돕기 위해서 줄거리를 자세하게 설명했다.

칼의 적극성을 키우기 위해서 칼이 연극 준비를 최대한 열심히 하게 하고 이야기를 고대로 따라하기보다 상상의 나래를 펼쳐 자유롭게 연기하도록 분위기를 조성했다. 또한 산을 오르거나 강을 건너는 것처럼 직접 표현할 수 없을 땐 상징적인 언어와 동작으로 표현하게 가르쳤다.

놀이의 재미를 위해서 모양이 서로 다른 나무토막을 여러 개 만들었는데, 칼은 이 나무토막들로 집이나 성, 탑을 쌓고 다리를 놓았다. 이런 건축놀이는 두뇌를 이용해야 하기 때문에 지능개발에 좋고 끈기를 키우는데도 도움이 된다.

어느 날 칼은 많은 공을 들여 성과 문과 성벽과 작은 다리가 있는 궁전을 만들었다. 칼은 한껏 들떠서 날 불렀다. 그런데 그 순간 칼의 옷자락이 궁전의 한쪽을 치는 바람에 종루가 무너져 내렸다. 궁전은 도미노처럼 순식간에 모두 쓰러져 나무토막 더미가 돼 버렸다. 미간을 잔뜩 찌푸린 채 힘없이 앉아 있는 칼과 나무토막 더미를 보고 무슨 일이 있었는지 대충 짐작할 수 있었다.

"아빠, 제가 덜렁대는 바람에 궁전이 무너졌어요. 정말 멋있었는데."

칼은 곧 울음을 터트릴 것 같았다.

"실수로 그런 거잖아. 너무 슬퍼하지 마. 이미 한번 쌓아봤으니까 두 번째 만들 땐 더 잘 만들 수 있을 거야. 그리고 앉아있지만 말고 더 잘 만들어봐."

칼은 금세 기분을 풀었다.

하지만 다시 궁전을 만들기가 말처럼 쉬운가? 다시 궁전을 쌓는 데도 첫 번째보다 더 많은 인내심과 의지가 필요했다. 난 칼이 해낼 것이라고 믿었다. 과연 칼은 기대 이상으로 더 잘 해내고 말았다. 칼이 자랑스럽게 말했다.

"아빠, 몇 군데를 고쳤더니 첫 번째보다 더 쉽고 빠르게 만들 수 있었어요."

이것은 맞는 말이었다. 칼은 먼저 쌓은 풍부한 경험이 있었기에 두 번째는 더 잘할 수 있다는 자신감을 가질 수 있었다. 이 밖에 난 칼이 인생의 각종 활동을 모방하고 다양한 능력을 키우도록 가르쳤다.

난 아이가 무분별하게 놀지 말고 두뇌를 많이 쓰며 놀게 해야 한다고 생각한다. 이렇게 하면 아이가 심심해하지 않고 울면서 보채지도 않는다. 비록 칼은 장난감이 많지 않았지만 얼마 안 되는 장난감을 가지고도 긴긴 겨울밤을 심심하지 않게 즐겁고 행복하게 보냈다.

♣ 부모와 아이가 함께 하는 놀이

놀이는 잘만 활용하면 단순한 오락에서 벗어나 지식을 학습하는 좋은 방법이 될 수 있다.

난 부모가 우는 아이에게 장난감이나 사탕을 주는 것을 별로 달갑지 않게 생각한다. 아이는 결코 부모가 상상하는 것처럼 먹을 것만 좋아하지 않는다. 지나치게 많이 먹으면 몸이 둔해지고 병에 잘 걸리기 쉬워진다. 아이들은 미각 외에 시각적 청각적 감상이 필요하다. 칼이 울 때 아내는 칼에게 예쁜 색깔의 물건을 보여주거나 방울을 흔들어 소리를 들려줬다.

칼의 능력을 키우기 위해서 난 적절한 놀이방법을 구상하고 야구를 하거나 무거운 기계를 달아서 체력을 단련할 수 있는 전문적인 운동장을 만들었다. 놀이가 시간낭비가 되지 않게 하려면 반드시 아이가 정신적으로나 신체적, 도덕적으로 이익을 얻을 수 있는 확실한 목표를 세워야 한다.

놀이는 아이의 본능이므로 부모는 아이가 좋아하는 놀이를 하며 자주 놀아줄 필요가 있다. 거의 모든 아이들은 '눈 가리기' 게임을 좋아하는데 나와 칼도 자주 이 놀이를 하며 놀았다. 눈 가리기 게임을 즐길 수 있는 방법은 두 가지다. 하나는 아이의 눈을 가린 채 어떤 물건인지 맞추게 하는 것이고, 다른 하나는 아이가 눈을 가린 채 집안을 돌아다니며 손끝에 닿는 물건을 맞추는 것이다. 이 방법은 아이의 촉각을 발달시키는데 매우 효과적이다.

숫자 세기는 시각을 단련시킬 수 있는 좋은 방법이다. 난 탁자에 바둑알이나 콩을 몇 개 놓은 뒤에 칼에게 한눈에 몇 개인지 알아맞히게 했다. 난 될 수록 많은 기회를 이용해서 칼과 숫자 세기 놀이를 했다. 식사를 마치고 나면 식탁 위에 사과가 몇 개 있는지 묻고 길을 걸을 땐 길가에 나무가 몇 그루 있는지 맞히게 했다. 또 잠깐 동안 탁자 위에 있는 물건을 보여주고는 잠시 뒤에 그 물건이 무엇이었는지 알아맞히게 했다. 이

방법은 아이의 시각을 예민하게 발달시킬뿐더러 기억력을 높여주기도 한다.

칼이 어릴 때 난 칼을 데리고 여러 곳을 다니는 것을 좋아했다. 이때 칼의 판단력을 키우기 위해서 다음 목적지로 이동할 때마다 늘 칼이 길을 안내하게 했다. 이렇게 해서 칼은 생후 18개월부터 산책할 때 엄마와 하인에게 길을 알려줬다.

가끔 칼에게 집안에 있는 물건 중에서 빨간색인 것을 맞히라고 퀴즈를 냈다. 그러면 칼은 사전, 꽃, 테이블 보 등을 말했는데 만약에 칼이 못 맞힐 땐 서로 역할을 바꿔가며 퀴즈를 내고 맞혔다.

우리는 '5×7', '8×9'와 같은 곱셈을 종이 카드에 적어 막 섞은 다음에 아무거나 한 장 골라서 답을 맞히는 곱셈 놀이도 했다. 이때 정답을 맞힌 사람은 자기가 뽑은 곱셈 카드를 갖고 틀리면 상대편에게 빼앗겼다.

칼의 근육을 단련시키기 위해서 동상 따라하기 놀이도 했다. 방법은 숫자를 세는 동안에 움직이지 않고 동상처럼 처음 자세를 유지하는 것으로, 고대 그리스 사람들이 이 놀이를 좋아했다고 한다. 아마도 그리스 시대의 동상의 자태가 아름다운 건 이 놀이와 관계가 깊은 것 같다.

막 걷기 시작하는 칼에게 작은 호미와 삽을 사주고는 정원 한쪽에서 꽃을 심고 물을 주며 잡초를 뽑는 등의 원예를 가르쳤다. 칼은 이런 간단한 노동을 매우 좋아했다. 정원 가꾸기는 아이에게 새로운 흥미를 부여해 지능발달과 신체건강에 도움을 주고 부지런히 일하는 습관과 강한 정신력을 갖게 한다.

카드놀이는 아이의 기억력을 높이고 행동의 민첩성을 길러준다. 역사, 언어, 수학, 지리 등 거의 모든 학문 지식을 카드에 기록했는데 칼은 이 카드를 가지고 놀면서 다양한 지식을 쉽게 습득했다.

칭찬을 자주
해준다

칼은 칭찬하면 그만큼 더 잘하는 아이였다. 또한 어떻게 하면 내가 기뻐하는지 잘 알기에
내게 좋은 모습을 보이기 위해서 노력했고, 좋은 결과에 본인 자신도 기뻐했다.

♣ 자신감의 근원을 발견한다

"넌 정말 똑똑한 아이야."

이것은 내가 칼에게 가장 많이 한 말이자 세상에서 가장 아름다운 말로, 칼은 이 말에 힘을 얻고 어려움과 좌절에서 벗어났다.

사람이라면 누구나 실의에 빠진 적이 있을 것이다. 이것은 아이도 마찬가지인데, 난 칼이 어려움에 처할 때마다 최선을 다해서 응원하고 도왔다. 칼이 속상해하거나 자신감을 잃었을 때 "넌 할 수 있어."라고 말하며 자신감을 불어넣고 용감하게 미래에 도전해서 행복을 쟁취하게 했다.

아이에게는 칭찬과 격려가 필요하다. 적절한 칭찬은 자신감의 근원으로, 부모는 아이에 대한 자신감을 칭찬으로 표현하며 아이가 스스로 자신감을 갖게 해야 한다. 자신감이 넘치는 아이는 인재가 될 확률이 높다.

만약에 내가 칼에게 자신감을 심어주지 않았으면 칼이 이렇게 성공하지 못했을 것이다.

칼은 처음으로 글을 쓸 때 매우 자신 없어 했다. 처음 쓴 글을 초조하게 내게 건넬 때 칼의 눈빛은 마치 심판을 기다리는 것 마냥 불안해 보였다. 칼의 글은 주제도 명확하지 않고 문맥도 자연스럽지 않았다. 난 잠시 어떻게 말해야 할지 고민했다. 안 그래도 자신감 없는 칼에게 "글이 형편없구나."라고 말하면 문제만 더 복잡해질 것이 뻔했다. 내가 침묵하자 칼이 실망한 기색을 보였다.

"훌륭하구나. 아빠가 처음 글을 썼을 때보다 훨씬 더 잘 썼어."

예상치 못한 칭찬에 칼의 얼굴이 밝아졌다. 며칠 뒤에 칼이 쓴 두 번째 글은 처음보다 많이 나아져 있었다. 적절한 칭찬은 아이의 자신감을 키우는 효과적인 방법이다.

자신감은 간단히 말해서 스스로 자신을 믿는 것이다. 어른이건 아이건 자신감을 잃으면 아무 일도 할 수 없다. 하지만 자신감에 차면 못 해낼 일이 없다.

칼은 교육시키면서 깨달은 가장 훌륭한 교육방법은 아이가 자신감을 갖게 격려하는 것이다.

칼이 자랑스러운 성과를 거둔 것은 자신감이 있었기 때문이다. 하지만 칼이 태어날 때부터 자신감이 넘쳤던 것은 아니다. 오히려 어릴 땐 자신감이 모자란 아이였다.

난 칼이 여섯 살 때 노래하는 재능이 뛰어나다는 걸 발견하고 칼을 윌러에게 추천했다. 교회 성가대의 책임자이자 지휘자였던 윌러는 칼을 지도하겠다고 흔쾌히 약속했다. 난 평소대로 칼에게 노래를 배우지 않겠냐고 의견을 물었다.

그런데 칼이 노래를 배우는 데 난색을 표할 줄 누가 알았을까? 칼은 공부에 방해가 된다고 배우기 싫다고 말했다. 물론 이해가 안 되는 건 아니지만 진짜 이유는 따로 있는 것 같았다. 나중에 안 사실이지만 칼은 노래를 배우고 싶었지만 자신이 없었다고 한다.

난 몇 번이고 칼을 설득했고, 결국 칼은 한번 배워보겠다고 대답했다. 성가대에 들려면 반드시 테스트를 받아야 하는데 윌러는 일요일 오후에 칼을 테스트하기로 날짜를 잡았다.

그날 교회는 성가대 말고도 기도하는 사람들로 붐볐다. 윌러는 그 자리에 모인 사람들에게 칼을 소개한 뒤에 오르간 앞에 앉아 반주를 넣었다. 하지만 윌러가 반주를 시작한 지 꽤 되었는데도 칼은 노래를 안 불렀다. 난 윌러에게 잠시 반주를 멈춰달라고 부탁하고 칼을 한쪽으로 불렀다.

"왜 노래 안 해?"

"노래를 못 불러서요."

칼이 겁을 먹고 대답했다.

"노래도 안 부르고 잘하는지 못하는지 어떻게 알아."

난 자신감이 부족한 칼을 격려했다.

"칼, 윌러 선생님이 왜 일요일에 널 테스트하겠다고 한지 아니? 네가 노래를 잘하는 걸 알고 일부러 많은 사람들에게 들려주고, 다른 성가대 친구들이 널 무시하지 못하게 하기 위해서야. 윌러 선생님은 네가 성가대에 들어오면 성가대의 실력이 한 단계 더 높아질 거라고 몇 번이나 얘기했어."

"정말요?"

내 말에 칼은 기운을 차렸다. 칼은 다시 한번 오르간 앞에 섰다. 칼은 뒤이어 흘러나오는 윌러의 반주에 맞춰 멋지게 노래를 불렀다. 격려가 칼을 다른 사람으로 바꾼 것이다.

거만한 부모는 아기를 존중하지 않는다. 아기들은 자존심이 무엇인지 확실히 모르지만 그들에게도 엄연히 자존심이 있다. 아기들은 부모의 안색에 매우 민감하다. 그래서 부모가 예뻐하고 칭찬하면 웃으며 귀여움을 떨고, 혼내고 무시하면 화를 내며 제멋대로 군다. 아기들은 불공평한 대우나 체벌을 받으면 독특한 방법으로 대항하는데 주로 울거나 떼를 쓰고 나쁜 짓을 벌여서 기분을 표현한다.

난 평소에 수시로 칼을 잘 존중했는지 반성했다. 부모가 아이를 대하는 태도와 방법을 잘 조절하면 아이가 심하게 엇나가는 일은 없다.

다시 칼이 최초로 글을 썼던 이야기로 넘어가보자. 만약에 당시에 내가 칼이 글을 못 썼다고 놀려서 칼의 자존심을 상하게 하고 자신감을 무너뜨렸으면 다시는 글을 쓰지 않아서 그대로 글재주를 썩혔을 것이다.

난 칼이 잘하면 자신감을 갖고 더 잘하도록 칭찬하고, 보통으로 하면 보완할 점을 말해준 뒤에 잊지 않고 격려해줬다. 또한 실력이 형편없을 때에도 아이가 지구의 종말을 맞은 듯한 기분이 들지 않게 최대한 잘한 점을 찾아서 칭찬하고 문제점을 개선하도록 도왔다. 이때 무슨 일이 있어도 아이가 자신감을 잃게 해서는 안 된다.

좋은 것을 좋아하고 나쁜 것을 싫어하는 것은 사람의 천성이다. 그래서 사람은 남에게 칭찬을 들으면 기분이 좋아지고 이것이 아름다운 기억으로 남아 더욱더 스스로 발전하려고 한다.

칼이 무슨 일을 할 때마다 난 칼을 격려했다. 그러면 칼은 몇 배 더 자신감을 갖고 가벼운 마음으로 일에 전념했다.

사람은 누구나 성공하고 실패할 수 있는데 성공보다는 실패할 확률이 더 높다. 따라서 부모는 아이가 실패했을 때 "못할 줄 알았어."라는 말 대신에 격려의 말로 아이가 빨리 실패의 그늘에서 벗어나게 도와야 한다.

♣ 아이는 다재다능하다

아이들은 모두다 다재다능하다. 단지 부모가 잠재력을 개발하느냐 안 하느냐에 따라 재능의 정도와 분야가 달라진다. 부모가 아이의 장점을 잘 발견해서 제때 격려하고 좋은 환경을 제공하면 아이는 빠르게 발전해서 성과를 거둔다. 난 칼을 키우면서 이것을 직접 체험했다.

아이는 태어난 순간부터 배우기 시작해 서서히 장단점을 형성해 나간다. 아이가 재능 있는 분야에서 발전하게 하는 것은 모든 부모의 신성한 책임이다.

부모는 아이의 흥미에 맞는 격려 방식을 선택해야 한다. 아이는 선천적으로 음악을 좋아하는데 아름다운 곡은 아이의 대뇌를 훈련시키기에 좋다. 만약에 아이가 리듬감이 좋고 음악에 흥미를 보이면 음악적 재능이 뛰어날 수도 있으므로 부모가 음악적으로 더 많은 격려를 해야 한다. 그림을 그리는 재능은 색깔을 구분하는지의 여부로 알 수 있는데, 아이가 색깔을 좋아하고 사방에 그림으로 낙서하면 그림 그리는 재능이 있을 가능성이 높다. 따라서 이런 아이에게는 크레용과 도화지를 사줘서 그림을 맘껏 그리게 하고, 야외에 자주 데리고 가서 시야를 넓히고 아름다운 풍광을 감상시켜야 한다. 이런 격려는 아이의 재능을 발달시키는 데 도움이 된다.

말을 일찍 배웠거나 말솜씨가 뛰어난 아이는 언어에 재능이 뛰어날 수도 있다. 물론 언어능력은 대부분 후천적으로 키울 수 있다. 언어는 인류의 가장 기본적인 능력 중의 하나이므로 부모가 각별히 신경 써야 한다. 갓난아기와 '대화'할 때 비록 아기는 부모의 물음에 대답하지 않지만 이를 통해서 언어에 흥미를 갖게 된다. 어린아이들은 단어를 자주 틀리게 말하거나 조리 있게 말하지 못하는데, 이것은 정상적인 현상이다. 따라서 부모는 이런 실수를 비웃지 말고 보이지 않게 격려와 지도를 계속해야 한다. 어릴 때 말을 많이 한 아이는 커서 자연스레 달변가가 된다.

칼은 열 살 때 프랑스어, 이탈리아어, 라틴어, 영어, 그리스어를 자유자재로 구사하고 번역했는데 이것은 내가 격려한 공이 크다.

많은 사람들이 아이에게 주입식 교육을 시킬 때 난 칼의 상상력 계발을 교육의 최우선 순위에 놓았다. 지식을 학습하는 것은 목적이 아니라 각종 능력과 소양을 키우는 수단이어야 한다. 아이가 어릴수록 상상력을 개발하는 것이 중요하다.

상상력은 구체적인 활동을 통해서 표현되어야 한다. 고대 기사를 연기하고 날아가는 새를 모방하는 것은 모두 상상력의 표현으로, 난 칼이 이럴 때마다 적당히 칭찬했는데 그 효과가 상당했다. 아이의 상상력은 나이가 들수록 점점 더 풍부하고 독특해진다.

아이들은 선천적으로 이야기 듣는 것을 좋아해서 칼은 이야기를 몇 번이나 반복해서 들어도 싫어하지 않고 다른 사람이 얘기할 때 빠진 부분을 발견하기도 하고 자신이 내용을 덧붙이기도 한다. 이때 부모는 아이가 덧붙인 내용이 앞뒤가 안 맞아도 비웃음으로 아이의 적극성을 떨어뜨리지 말고 상상력이 풍부하다고 칭찬하는 것이 옳다.

칼은 이야기 짓는 것을 좋아했는데 내용이 허술하고 전개가 매끄럽지 않아도 칼을 비웃지 않고 부족한 점을 보완하며 함께 이야기를 완성했다. 아이의 상상력을 칭찬하고 지도하는 것이 부모가 해야 할 일이기 때문이다. 칼은 적절한 칭찬과 지도를 받았기에 더욱 풍부한 상상력을 가질 수 있었다. 아이의 상상력은 갖가지 제지를 안 받을 때 자유롭게 펼쳐지는데 가끔 부모의 제지로 시들 때가 있다.

한번은 오랜 친구가 우리집에 놀러왔다가 칼이 파란색 크레용으로 큰 원을 그리는 것을 보고 물었다.

"칼 뭘 그리는 거니?"

"큰 사과요."

"그런데 왜 파란색으로 그려?"

"파란색으로 그리고 싶어서요."

친구가 내게 말했다.

"이봐. 칼을 잘 가르쳐야겠어. 언제 칼에게 사과는 파란색으로 그리면 안 된다고 말해주게."

"왜?"

난 친구의 말이 이해가 안 되었다.

"사과는 꼭 빨간색이어야 하나? 난 보기 좋은걸. 그리고 또 칼이 나중에 커서 진짜로 파란색 사과를 만들 줄 어떻게 알아? 또 굳이 말하지 않아도 나중에 사과 먹을 때 사과가 무슨 색인지 자연히 알게 될 거야."

아이의 창의력은 이런 격려 속에서 서서히 자란다. 어른의 기준으로 아이에게 요구하면 아이들이 고쳐야 할 점이 한두 가지가 아니다. 또한 실제로 고칠 경우 상상력은 사그라지고 만다.

아이의 호기심을 잘 지도하면 창의력을 높일 수 있다. 칼은 어릴 때 자주 땅에 엎드려 개미 두 마리가 밀알을 운반하는 것을 넋을 잃고 관찰했다. 난 이때만큼은 칼을 방해하지 않았다. 칼은 가끔 개미 한 마리는 어떻고 다른 한 마리는 어떻다고 관찰한 내용을 말했고 그럼 난 자세히 관찰했다고 칼을 칭찬했다. 칼을 데리고 자연에 나가 꽃과 나무와 풀벌레와 밤하늘을 빼곡히 수놓은 별을 관찰했다. 칼은 천둥번개, 먹구름, 낮과 밤의 변화에 관심이 많아서 끊임없이 내게 궁금한 것을 물었다.

부모는 아이의 호기심을 귀찮아할 것이 아니라 반기고 바르게 지도해야 한다. 부모의 격려는 아이를 지식의 바다로 인도해 책을 읽고 실험을 하며 무궁무진한 즐거움을 누리게 할 수도 있다.

♣ 실패를 대하는 법을 가르친다

많은 사람들은 일에 책임지는 것을 두려워하고 무엇이든 남보다 잘해야 한다고 생각한다. 이것은 자신감이 부족할 때 생기는 현상으로 실패를 두려워하는 마음이 근본적인 원인이다.

사람은 누구나 실패할 수 있다. 따라서 아이가 행복한 삶을 영위하게 하려면 실패를 용감하게 인정하고 잘 처리할 수 있어야 한다.

어떤 아이들은 좌절을 겪으면 심리적으로 압박이 큰 탓에 원래 잘하던 것도 실력발휘를 못한다. 그런데 이때 부모가 격려하지 않고 '바보', '멍청이'라고 질책하면 심리적인 압박이 더 커져서 아이가 실패의 그늘에 영원히 주저앉고 만다.

아이가 실패나 어려움을 겪으면 부모는 넓은 마음으로 아이를 위로하고 다시 자신감을 되찾게 돕는 것이 순리다. 내 경험에 따르면 아이가 실패했을 때 용감하게 실패를 마주 하게 하는 최고의 방법은 관용이었다.

어릴 때부터 칼이 건강한 영혼을 갖게 하기 위해서 평소 신체를 단련시킨 것 외에 난 재미있는 체육활동을 만들었다. 어느 날 난 마을 아이들과 함께 활쏘기 대회를 열었다. 처음 활을 쏘는 아이들이 대부분이었지만 몇몇 아이들은 너무 잘 쏴서 날 깜짝 놀라게 했다.

그런데 지금껏 다양한 재주를 보였던 칼은 과녁을 제대로 못 맞히는가 하면 팔 힘을 조절하지 못하는 등 기대 이하의 실력을 보였다. 다른 친구들이 하나둘 과녁을 명중시킬 때마다 칼은 속상해했다. 활쏘기 대회가 한창 무르익을 무렵 난 조용히 칼을 한쪽으로 불렀다.

"왜 그래? 활을 잘 못 쏴서 속상해?"

"네. 전 너무 바보 같아요."

"그게 무슨 소리야. 오히려 제대로 못 맞히는 게 정상이지. 지금은 잘 못 맞히지만 몇 번 연습하면 나아질 거야."

"지금까지 계속 쐈는데 똑같잖아요. 전 아마 꼴지를 할 거예요."

칼은 힘없이 고개를 떨어트렸다.

"두려워서 못 하겠어요."

"뭐가 두려워? 실패할까봐?"

"네. 과녁을 제대로 못 맞힐수록 두려워지고, 두려워할수록 과녁을 더 못 맞히겠어요."

"그건 네가 바보라서가 아니라 승부욕이 너무 강해서 그래. 다른 것들을 다 잘하니까 활도 다른 아이들보다 더 잘 쏴야한다고 생각해서 말이야. 이렇게 긴장할수록 과녁 맞히기는 더 어려워져."

"제가 다른 아이들보다 못할까봐 두려워한다는 걸 어떻게 아셨어요? 맞아요. 그것 때문에 활을 잘 못 쏘겠어요."

"이건 승부에 상관없이 그냥 노는 거잖아. 마음 편히 가지렴."

한결 편안한 마음으로 경기장에 돌아간 칼은 연속해서 과녁을 맞혔다. 칼의 활쏘기 솜씨가 좋아진 이유는 "승부에 관계없다"는 말 때문이 아니었을까?

"실패는 성공의 어머니"라고 했다. 아이가 실패에서 벗어나 성공으로 향하게 하려면 아이가 실패하더라도 부모가 너그럽게 이해해야 한다. 칼이 말을 하고 길을 걷는 법을 배울 때 몇 번이나 실수했는지 모른다. 하지만 결국 칼은 실패를 극복하고 모든 것에 성공했다.

실패는 두려워할 것이 못된다. 실패를 두려워하는 마음은 아이를 냉소적이고 자폐적이며 우울하게 만들어 활동에 참여하기를 꺼리고 모든 것에 흥미를 잃게 만든다. 이렇게 되면 명랑한 성격과 아름다운 인생에서 멀어진다.

난 칼이 정해진 원칙을 어기지 않고 자신과 남에게 해를 끼치지 않으면 무슨 일을 하건 모두 격려했다. 실패를 두려워하지 않는 아이의 용기와 부모의 올바른 지도가 있으면 모든지 성공할 수 있다.

♣ 격려의 비밀

칼을 키우면서 착한 행동을 끊임없이 칭찬하면 아이가 더 잘하려고 노력해서 결국 착한 행동이 습관이 된다는 것을 발견했다. 많은 부모들은 이러한 점을 인식하지 못한 채 아이의 착한 행동을 선천적인 것으로 보고 제때 격려하지 않는데, 이렇게 하면 착한 행동에 대한 심리적인 인상이 강하게 남지 않아 착한 행동이 일회성으로 그치고 만다.

부모는 아이가 싸움, 낭비, 도둑질, 거짓말과 같은 나쁜 행동을 하면 혼나야 다시는 같은 짓을 안 한다는 생각에 아이를 벌하거나 때린다. 하지만 이렇게 해서는 문제가 해결되지 않고 부작용만 생긴다. 나쁜 행동을 하면 부모가 관심을 갖는다는 인상이 강해져 아이가 부모의 주의를 끌기 위해서 계속해서 나쁜 행동을 할 수도 있기 때문이다. 이렇게 되면 나쁜 행동은 습관이 되고 벌은 '격려'가 된다. 따라서 부모는 아이의 불량 행동에 의연하게 대처하고 아이의 긍정적인 면에 관심을 더 보이며 제때 아이를 칭찬해야 한다.

아이가 어릴수록 격려의 효과는 커진다. 직접 경험해본 결과 청소년기는 반항심리가 강해서 격려하기가 쉽지 않았다. 이 밖에 부모는 아이의 정서와 행동에 민감해야 한다. 희로애락은 내면의 감정으로, 가끔 아이 스스로 통제하지 못할 때가 있는데 이때 부모가 도울 수 있는 길이 없다. 하지만 행동은 겉으로 드러나서 볼 수 있고 조절할 수 있다. 부모는 아이의 정서를 조절할 수 없지만 행동에는 지대한 영향을 줄 수 있다. 따라서 격려를 하더라도 아이의 정서가 아니라 행동을 보고 해야 한다.

특히 부모가 주의를 기울어야 할 것은 추상적인 행동이 아니라 구체적인 행동이다.

여기서 추상적인 행동이라고 함은 "이 아이는 골치 아픈 일만 골라서 해요", "애가 사람을 괴롭혀요", "아이가 책임감이 없어요"와 같은 것이고, 구체적인 행동은 "아이가 사람을 때려요", "아이가 벽에 동물을 그려요"와 같은 것이다.

부모는 아이의 착한 행동을 제때 칭찬하고 설령 나쁜 행동을 했더라도 질책하지 말아야 한다. 가끔이라도 착하게 행동하는 것이 어딘가. 중요한 것은 부모가 제때 아이의 착한 행동을 긍정적으로 강화시키는 것이다.

난 늘 감정적이거나 물질적인 방식으로 칼을 격려했는데 꽤 효과가 좋았다. 감정적인 방식은 칭찬, 뽀뽀, 포옹과 같이 말과 신체 행위를 통해서 격려하는 것으로, 부모는 이런 방식의 격려에 인색해서는 안 된다.

물질적인 방식은 과자 따위를 주며 격려를 보완하는 방식이다. 칼은 칭찬이나 격려를 받으면 정도에 관계없이 매우 기뻐했다. 어린아이에게는 감정적인 격려를 하는 것만으로도 충분한데 특수한 상황에서는 물질적인 격려를 해도 된다.

제때 적당하게 어떤 행위를 칭찬하면 이 행위가 기억에 또렷이 남아 아이가 반복해서 하고 시간이 지나면 습관처럼 행동한다.

아이는 아무 때나 칭찬해선 안 된다. 이렇게 하면 아이가 왜 칭찬을 받는지 모르기 때문이다. 그래서 난 늘 칼이 잘했을 때만 칭찬하고 왜 칭찬하는지 말해줬다.

칼이 새로운 방식으로 어떤 일을 처리하면 이 방식을 능숙하게 이용하게 하기 위해서 제때 칭찬하고, 익숙해진 뒤에는 가끔 칭찬해서 칼에게 뜻밖의 기쁨을 선사했다.

칼은 칭찬하면 그만큼 더 잘하는 아이였다. 또한 어떻게 하면 내가 기뻐하는지 잘 알기에 내게 좋은 모습을 보이기 위해서 노력했고, 좋은 결과에 본인 자신도 기뻐했다.

부모는 행동만 보고 아이를 질책하거나 때리지 말고 장점을 발견할 줄 알아야 한다. 특히 성격이 강하고 에너지가 넘치며 말을 잘 안 듣는 아이일수록 더 그렇다. 아이가 부모 말을 잘 듣게 만드는 최고의 비결은 칭찬이라는 사실을 잊지 말자.

착한 행동을
이끌어낸다

가장 이상적인 교육은 지덕체를 골고루 발달시키는 것이다. 몸만 발달하면 사지만 발달하고 머리는 텅 빈 사람이 되고, 지능만 발달하면 허약한 병자나 사회의 악이 되며 인격만 발달하면 겁쟁이가 되는데, 대체 이런 사람들이 사회에 무슨 의미가 있는가? 따라서 아이가 한쪽에 치우치지 않은 채 시덕체를 골고루 쌓는 것이 가장 좋다.

♣ 행동 기록장

        난 칼이 선행하게 하기 위해서 많은 애를 썼다. 칼이 어릴 때 칼에게 선행에 관한 많은 이야기를 들려줬다. 칼이 착한 일을 하면 가끔 아내와 친구들 앞에서 칭찬하기도 했다. 물론 너무 많이 칭찬하면 칼이 거만해질까봐 소수의 사람들 앞에서만 칭찬했다.

    칼이 좀 더 자란 뒤에는 도덕적인 내용의 노래를 가르쳤다. 줄곧 칼이 독일의 소중한 문화유산 중에서 아름다운 것들만 접하게 했는데 주로 사랑, 우정, 포부, 용기, 희생 등에 관한 노래가 대부분이었고 칼은 어렵지 않게 따라 불렀다.

    난 행동 기록장을 만들어서 칼이 좋은 일을 할 때마다 기록했다. 이런 격려는 칼이 어릴 때부터 선행을 일삼게 만들었다. 어린 시절에 칼은 자신의 선행이 행동 기록장에 기록되는 것에 기뻐해서 늘 행복한 얼굴로 행동 기록장을 들여다봤다.

난 칼이 원하지 않으면 강제로 시키지 않고 스스로 선행과 자기 극복의 즐거움을 느끼도록 흥미를 키웠다. 이렇게 하는 데 어려움은 따랐지만 불가능하진 않았다. 조금만 인내심을 가지고 교육하면 아이가 선행과 자기 극복의 행복을 누릴 수 있다.

칼은 행동 기록장을 통해서 스스로 반성하는 습관을 가졌는데 사실 이런 습관은 어른 아이 할 것 없이 모두에게 좋다.

사람은 항상 많은 것을 행동하고 생각한다. 그리고 이 중에는 맞는 것도 틀린 것도 있다. 하지만 사람은 늘 나쁜 기억은 잊고 좋은 것만 기억하기에 행동 기록장이 있으면 스스로 반성하며 올바른 방향으로 발전하게 된다.

어느 날 칼은 저녁식사를 마치고 행동기록장을 들여다보다가 갑자기 눈살을 찌푸렸다. 알고 보니 행동 기록장에서 자신의 바람직하지 않은 행동을 발견한 것이었다.

"난 내가 착한 줄 알았는데 문제점이 이렇게 많구나."

칼은 실망한 기색이 역력했다. 여기서 밝히건대 원래 난 행동 기록장에 칼의 선행만 기록했다. 하지만 훗날 칼이 항상 자기가 옳다고 주장하는 것을 보고는 스스로 반성하게 하기 위해서 나쁜 행동도 기록하기 시작했다.

난 속상해 하는 칼을 위로했다.

"네게 이런 모습이 있는 줄 몰랐니? 괜찮아. 모두 예전 일이니까 앞으로 안 그러면 돼. 그리고 좋은 일도 많이 했는데 왜 울상이야?"

이 말에 기운을 얻었는지 칼이 한결 밝아져 다시는 예전처럼 나쁜 행동을 하지 않고 좋은 일을 더 많이 하겠다고 다짐했다.

내가 칼에게 선행을 하는 습관을 키워준 건 칼을 고상한 사람으로 키우기 위해서였다. 난 주로 악행을 저지르면 벌을 받거나 고통 받게 된다고 말해서 칼이 악행을 경계하게 했다.

많은 부모들은 아이가 제멋대로 굴며 거짓말을 하거나 애완동물을 잔인하게 학대하는 문제로 고민하는가 하면 아이의 교육에 심혈을 기울이지만 어떻게 해야 아이를 선행과 배려의 길로 인도할 수 있는지 몰라서 막막해한다. 심지어 어떤 부모는 "애가 이렇게 말을 안 들을 줄 진즉에 알았으면 아예 안 낳았을 텐데."라고 푸념하기도 한다. 하지만 난 방법만 적절하면 아이를 잘 교육할 수 있다고 생각했다.

♣ 부모가 먼저 솔선수범한다

플라톤은 말했다.

"스스로 원해서 나쁜 사람이 된 사람은 없다."

나쁜 사람을 변호하고 싶은 것은 아니지만 사람은 원래 선천적으로 착한 마음을 가지고 태어난다. 단지 올바른 교육을 받지 못해 서서히 나빠지는 것이다.

아이는 부모의 거울이라서 아이의 몸에서는 부모의 그림자를 찾을 수 있다. 따라서 부모가 잘못된 교육을 실시하면 아이가 불량해진다. 못 믿겠으면 주위를 둘러보라. 허영심에 들뜬 어머니 밑에는 허영심에 들뜬 딸이 있고, 술에 찌든 아버지 밑에는 술독에 빠져 지내는 아들이 있으며, 아버지의 성격이 나쁘면 아들 역시 성격이 고약하다.

세상에는 아이의 인격을 키워주는 전문적인 기관이 없는데 이유인즉 이것은 부모의 천직이기 때문이다. 부모는 아이와 가장 가까운 사람이자 최장 시간 함께 사는 사람이고 모방의 대상이다. 즉 아이가 좋은 사람으로 성장하느냐 나쁜 사람으로 성장하느냐를 결정하는 중요한 요소다. 따라서 부모는 아이가 선행을 실천하도록 솔선수범을 보여야 한다.

어떤 사람은 "아이의 마음은 기묘한 땅이라서 사상이 씨를 뿌리면 행동을 수확하고, 행동이 씨를 뿌리면 습관을 수확하며, 습관의 씨를 뿌리면 인격을 수확하고, 인격의 씨를 뿌리면 운명을 거둬들인다."고 말했다. 난 이 의견에 100% 동의한다. 존경 받는 부모는 자신에게 엄격하고 모범적이며 아이에게 아름다운 인격을 키워주고 좋은 조건을 제공한다.

많은 부모들은 현명하지 못하게 아이의 나쁜 행위를 벌하는데 이것은 일시적인 효과에 지나지 않는다. 아이가 나쁜 행동을 하면 안 되는 이유를 모른 채 혼나기만 하면 잠시 부모의 권위에 눌려 나쁜 행동을 안 할 뿐 시간이 지나면 다시 나쁜 행동을 하게 된다.

난 칼을 교육시킬 때 선과 악이 무엇인지 가르치고 진심으로 선행의 즐거움을 느끼게 했다.

어느 날 칼이 친구들과 놀다가 몰래 아이리스의 사탕 하나를 입에 넣었다. 내가 이 광경을 목격하고 추궁하자 칼이 극구 부인했다.

난 호되게 꾸짖었다.

"칼! 네가 무슨 짓을 했는지 알아? 도둑질은 죄악이야."

"사탕 하나 먹은 게 무슨 도둑질이에요."

칼은 방금 자신이 한 일이 얼마나 나쁜 짓인지 잘 모르는지 계속해서 변명했다.

"주인 몰래 물건을 가져가는 건 도둑질이야. 그게 사탕이건 금덩이건 모두 마찬가지야. 어릴 때부터 많이 공부했으면서 여태 몰랐니?"

자신이 도둑질을 했다는 걸 안 칼은 잘못을 뉘우치고는 아이리스에게 사탕 한 봉지를 건네며 사과했다.

보통 어린아이들은 주변의 사물을 정확하게 판단하지 못하고 도둑질과 같은 행동의 본질을 잘 이해하지 못한다. 아이들이 보는 도둑질의 기준은 질이 아니라 양이다. 그래서 적은 양을 몰래 가져가는 건 도둑질이라고 생각하지 않는다. 따라서 아이에게는 사물의 본질을 분명히 가르쳐야 한다.

난 늘 칼에게 말했다.

"착한 일을 하면 복을 받고 나쁜 일을 하면 벌을 받는단다."

"사람은 자신의 일에 책임질 줄 알아야 해."

"공부는 삶을 행복하게 만들고 선행은 하나님의 복을 받게 해준단다."

♣ 왜 돈으로 아이를 격려했을까

돈과 행동 기록장은 내가 칼을 격려할 때 쓴 두 가지 방법이다.

칼이 공부를 열심히 하면 난 매일 칼에게 동전을 하나씩 주고 공부를 등한시하거나 잘못을 저지르면 주지 않았다.

그러자 칼은 자신이 잘못하면 알아서 먼저 "아빠, 오늘은 잘못했으니까 돈 주지 마세요."라고 말했다. 이때 난 속으로 감격의 눈물을 흘렸다. 심지어 평소보다 두 배나 더 많이 돈을 주고 싶었다. 하지만 난 칼을 위해서 감정을 추스르고 말했다.

"정말? 아빠는 몰랐는데. 그럼 내일은 착한 일을 꼭 해라."

사실 이때 난 사랑스러워서 뽀뽀해주고 싶은 칼에게 이런 말을 하는 것이 너무 괴로웠다.

칼이 어려서 돈 쓰는 법을 잘 모를 때 난 다른 방식을 이용했다. 칼이 좋은 일을 하면 이튿날 일어나기 전에 침대 머리맡에 맛있는 과자를 가져다 놓고는 칼이 일어난 다음에 방에 천사가 선물을 주고 갔다고 말했다. 하지만 나쁜 일을 하면 과자를 주지 않고 전날 칼이 나쁜 일을 해서 천사가 찾아오지 않았다고 말했다.

칼이 옷을 아무렇게나 벗어놓으면 스스로 치울 때까지 새 옷을 주지 않았다. 난 이런 식으로 칼에게 착한 일을 하면 복을 받는다는 이치를 깨우쳐줬다.

사람들은 내게 왜 돈으로 아이가 공부하도록 격려했냐고 묻는데, 학습은 삶을 행복하게 만든다는 것을 칼에게 실질적으로 가르치고 싶었기 때문이다. 또한 칼이 공부를 열심히 할 때만 돈을 줘서 칼에게 돈벌기가 쉽지 않다는 걸 깨우쳐주고 싶었다. 아이가 이 점을 깨닫는 것은 매우 중요하다.

난 아이에게 지나치게 많은 돈을 주는 것을 반대한다. 자신이 갖고 싶은 것을 쉽게 얻으면 의존성이 생기기 쉽기 때문이다. 이렇게 되면 아이가 돈의 소중함을 모른 채 함부로 쓰고, 모든 것을 부모에게서 쉽게 얻을 수 있다고 생각해 살아남기 위해서 스스로 노력하지 않고 나약해진다.

굉장히 부자인 내 친구는 사랑하는 아들인 언스트에게 평소 돈을 많이 줬다. 그는 자신에게 돈이 많으니 아들이 사치해도 된다고 생각했다. 언스트는 칼보다 열 배나 많은 돈을 썼다.

제대로 소비교육을 받은 적이 없는 언스트는 돈을 물 쓰듯이 쓰고 다녔다. 하지만 자신에게 필요한 것을 사거나 도움이 필요한 사람을 도울 땐 한 번도 지갑을 열지 않았다. 언스트는 친구들과 함께 있을 때 돈 때문에 강한 우월감을 느꼈다.

'부자' 언스트가 나쁜 아이들의 표적이 되는 데는 그리 오래 걸리지 않았다. 이 아이들은 언스트에게 갖은 아부를 다 떨었고 언스트는 이에 흡족해하며 돈을 썼다.

언스트는 부모가 준 돈으로 이 아이들에게 먹을 것을 실컷 사주고 가끔 용돈도 줬다. 만약에 아이들이 이 돈을 좋은 일을 하는데 썼으면 그나마 다행이었을 텐데 이것은 해가 서쪽에서 떠도 안 일어날 일이었다.

언스트는 금세 이 아이들에게 존경받는 대장이 되었다. 이 아이들은 언스트의 말이면 절대 복종했다. 언스트는 이것이 자신의 매력 때문이라고 생각했지만 실상은 그게 아니었다.

인스트는 차차 돈의 매력에 눈을 떠 평소 자신의 말을 안 듣거나 사이가 안 좋은 아이들을 돈으로 매수하기 시작했다. 동시에 언스트도 서서히 거만하고 잔인하게 변해갔다. 어느 날 언스트는 길을 걷다가 농부와 부딪히자 아이들을 시켜서 피가 나도록 때리고 맞은 일을 발설하지 못하게 협박했다.

나쁜 무리의 아이들은 언스트를 도박판으로 불러내 교묘히 돈을 잃게 했다. 언스트는 자신이 함정에 빠진 것도 모른 채 새로운 놀이에 열광했다. 언스트는 말만 하면 돈을 주는 아빠를 믿고 맘 놓고 돈을 잃었다.

어린 시절을 이렇게 보낸 언스트가 과연 공부를 제대로 했을까? 언스트는 먹고 마시고 싸우고 도박하고 아이들과 어울려 말썽을 피우는 것을 좋아했지 책만 보면 머리가 아파서 견딜 수 없었다. 아빠 앞에서는 늘 공부하는 척만 했다.

이런 아이에게 장밋빛 미래를 기대할 수 있을까? 언스트는 곧 자신이 뿌린 씨의 열매를 거두었다. 언스트의 악행은 아빠의 귀에까지 들어갔다. 아이들에게 두들겨 맞은 농부가 말한 것이다. 경악을 금치 못한 언스트의 아빠는 아들에게 무섭게 매질을 하고 다시는 용돈을 주지 않았다.

언스트는 순식간에 '거지'가 되었다. 어느 날 언스트는 도박판을 기웃거리다가 본전을 모두 날렸다. 친구들은 낯빛을 바꾸고 아무도 언스트에게 돈을 빌려주지 않았다.

"아빠가 이제 돈을 안 준다는 소문이 돌던데, 빌려주면 어떻게 갚으려고? 돈 없으면 그만해."

언스트는 얼마 전까지 자신에게 충성했던 아이들에게 냉대를 받자 순간적으로 화를 못 참고 주먹을 날렸다. 하지만 혼자서 어떻게 그 많은 아이들을 감당하는가? 아이들은 우르르 달려들어 언스트를 때리기 시작했다. 이 중에 한 명은 돌로 언스트의 머리를 내리쳤는데 바로 그 농부의 아들이었다.

언스트의 예를 봐도 부모가 아이의 성장에 얼마나 많은 영향을 미치는지 알 수 있다. 언스트는 좋은 가정과 학습 분위기를 잘 이용했으면 정직하고 똑똑한 아이가 될 수 있었는데 오히려 이것을 악행을 저지르는 데이용했다가 참혹한 대가를 치르고 말았다. 이 모든 것은 어리석은 언스트의 부모가 자초한 것이다.

내가 이 얘기를 칼에게 하자 칼은 "모두 다 악마 짓이다."라며 자신은 "돈을 바르게 쓸 것이고 좋은 부모를 둬서 행복하고 기쁘다."고 말했다.

♣ 돈 벌기가 얼마나 어려운지 가르친다

난 칼에게 돈을 벌기가 얼마나 어려운지 알려준 뒤에 의미 있게 쓰라고 가르쳤다. 그래서 과자 같은 것을 사는 것은 의미가 없으니 오래 쓸 수 있는 책이나 문구를 사고, 크리스마스 같은 축제 땐 친구나 가난한 집 아이들에게 기쁨을 주기 위해서 선물을 사게 했다.

부근에 천재지변이나 사고를 당해서 어려움을 겪는 사람이 있으면 난 칼과 함께 가서 그들을 보살폈다. 칼은 자신이 모은 돈을 불행한 사람들을 위로하는 데 썼고 난 이럴 때마다 칭찬을 아끼지 않았다.

"잘했어, 칼. 비록 큰 돈은 아니지만 그 돈은 성경에 나오는 과부의 돈만큼 가치 있어."

예수가 연보 궤 앞에 앉아 사람들이 돈을 넣는 것을 지켜봤다. 많은 부자들이 몰려와 얼마 안 되는 돈을 넣을 때 어떤 과부가 걸어와 두 렙돈을 넣었다. 예수가 사람들을 불러 모아 놓고 말했다.

"이 과부는 누구보다도 더 많은 돈을 넣었다. 다른 사람들은 남는 돈을 넣었지만 그녀는 가난한 형편임에도 불구하고 모든 생활비를 넣었기 때문이다."

난 성경 말씀이나 동서고금의 전설 및 노래로 칼에게 착한 일을 많이 하라고 가르쳤다. 내가 "칼, 다른 사람이 이런 상황에 처했다면 어떻게 해야 할까?"라고 물으면 칼은 바로 이해하고 선행을 하려고 노력했다.

남을 동정하고 보살피는 인재는 환영받는다. 아이를 동정심과 사랑이 넘치는 사람으로 키우려면 어릴 때부터 이런 감정을 가르쳐야 한다.

우리 부부는 이에 관한 교육을 매우 중시했다. 칼을 타인의 감정을 보살피고 이기적이지 않은 사람으로 키우기 위해서 세 살 때부터 관련 교육을 시작했다. 첫 대상 인물은 칼이 가장 사랑하는 엄마로 칼은 엄마가 화났을 때 기분을 풀어주고 아플 때 보살피며 집안일을 도왔다.

칼의 동정심은 이렇게 조금씩 자라났다. 칼은 진실로 주위 사람들의 감정과 생각을 이해하고 이들을 보살펴서 모두에게 사랑받았다.

어느 날 난 우연히 칼의 저축이 많이 줄어든 것을 발견했다. 함부로 돈을 쓰는 아이가 아니라서 책이나 문구를 살 때도 꼭 의견을 묻는데, 왜 갑자기 돈이 확 줄어든 것일까? 내가 어떻게 된 일이냐고 묻자 칼은 감동적인 이야기를 털어놨다.

칼이 아는 아이 중에 하우스라는 농부의 아들이 있다. 하우스는 공부하기를 좋아하지만 가난한 집안 형편 탓에 교육을 받을 수 없었다. 하우스는 칼에게 책을 읽고 싶지만 자기 형편에 책을 읽는 것은 사치니, 대신에 책에서 본 재미있는 이야기를 해달라고 부탁했다. 친구가 많지 않은 칼은 마치 오랜 친구를 만난 양 하우스에게 많은 이야기를 들려줬다.

하우스는 자신의 가정형편을 털어놓았다. 하우스의 아버지는 가족을 위해서 날마다 힘들게 일하고 상냥한 어머니는 하우스에게 부지런히 일하고 착하게 살라고 가르쳤다. 그녀는 교양 있는 여성은 아니지만 하우스가 훌륭한 사람이 되기를 바랐고, 뒷바라지를 제대로 못해주는 것을 가슴 아파했다.

하우스는 칼의 책과 문구를 부러워하며 자신도 이런 것들이 있으면 지식이 풍부한 사람이 될 수 있을 것이라고 말했다. 하우스의 말에 감동 받은 칼은 바로 집으로 돌아와 종이와 연필을 가져다주고 저축한 돈의 일부도 줬다.

"네게 큰 도움은 안 되겠지만 내 마음이니까 받아줘. 하우스, 지금부터 열심히 공부하면 하나님이 잘 되게 도와주실 거야."

훗날 하우스의 아버지가 하우스를 데리고 우리 집에 찾아와 감사의 뜻을 전했다.

"비테 목사님. 정말 좋은 아들을 두셨어요. 칼이 천사처럼 제 아이에게 책을 줬지 뭐예요. 필시 하나님의 축복이 있을 거예요."

내가 칼에게 용돈을 준 건 학습의 장점을 알고 선행을 하게 하기 위해서였다. 하나님의 은총인지 칼은 어릴 때부터 작은 힘이지만 남을 도우면 큰 힘이 된다는 걸 알았다.

난 칼에게 학습 흥미를 키워주기 위해서 천진난만한 일을 한 적도 있다. 칼이 책이 한 권 다 읽거나 번역하면 그간의 스트레스를 날려버리기 위해서 함께 "호머 만세!", "베르길리우스 만세!"와 같이 작가의 이름을 외쳤다.

그리고는 많은 식재료를 사와 칼이 좋아하는 음식을 만들고 친한 친구서너 명을 초대해서 즐거운 만찬을 벌였다. 이때 난 꼭 칼의 성과를 먼저 친구들에게 말했다.

"이 어려운 책을 칼이 모두 읽었어. 아마 공부에 큰 발전이 있을 거야."

친구들은 칼에게 축하의 인사를 건네며 책에 관한 물음을 던졌다. 그러면 칼은 중심내용이나 어느 한 단락을 침착하게 설명했다. 즐거운 만찬은 대부분 칼의 기도로 마무리됐다.

"하나님 제게 좋은 부모를 주셔서 감사합니다. 또 건강을 주셔서 감사하고 공부하고 발전할 수 있게 힘과 생각하는 능력을 주신 것도 감사합니다."

♣ 돈 쓰는 법을 가르친다

칼이 여섯 살 때 나이에 비해 제법 많은 돈을 모으자 난 돈을 현명하게 쓰는 법을 가르쳤다.

자녀교육을 엄격히 하더라도 따로 돈을 잘 쓰는 법을 가르쳐야 하는데, 난 칼에게 건전한 소비관을 키워주기 위해서 많은 노력을 했다. 소비관은 아이가 장차 생활하고 일하는 데 중요한 기능을 하고 직접적으로 아이의 발전과 행복에 영향을 미친다. 따라서 소비교육은 어린 나이에 시작하는 것이 좋다.

아이들은 실수를 많이 한다. 하지만 어리다고 항상 너그럽게 봐주면 안 된다. 아이들은 고정된 수입이 없고 성숙한 금전의식도 없어 돈을 어떻게 써야할지 잘 모른다. 돈을 쓰고픈 욕구가 강해서 돈을 현명하게 쓰지 못할 때가 많다.

난 관찰과 연구를 통해서 아이들은 돈을 물건을 사는 도구로 생각해서 모으는 것보다 쓰는 것이 더 많고, 물건을 살 때 계획 없이 수중에 있는 돈을 모두 털어서 쓴다는 것을 발견했다.

모든 가정은 아이에게 올바른 소비관을 키워줄 의무와 책임이 있다. 어떤 부모는 아이에게 무조건 돈을 많이 줘서 소비욕구를 부추기는데 이 결과 얻는 것은 나쁜 습관뿐이다. 이렇게 자란 아이는 커서 경제적으로 문제가 생기면 임기응변이 부족하고 심적으로 고통을 이겨내지 못해서 속수무책이 된다.

아이는 네 살 때부터 자아의식이 싹트기 시작해 무엇이든지 스스로 하려고 한다. 그래서 나도 칼이 네 살이 되던 해부터 소비교육을 시작했다. 돈을 계획적으로 쓰고 노동과 보수의 관계를 이해시키기 위해서 용돈을 줬다. 또한 용돈도 아무 때나 주지 않고 좋은 일을 했을 때만 줬다. 많은 부모들의 걱정과 달리 어릴 때부터 스스로 돈을 관리하고 쓰는 것은 아이들의 성장에 도움이 된다.

소비교육을 하는 목적은 꼭 아이를 부자나 상인으로 만들기 위해서가 아니라 유능하고 진실한 사람으로 만들기 위해서다. 따라서 소비교육을 할 때 다음과 같은 기본적인 인격 수양도 같이 하는 것이 중요하다.

먼저 성실함을 키워야 한다. 이것은 돈에 대한 아이의 태도나 다른 사람들이 아이에게 내리는 평가와 깊은 관계가 있다. 불성실함은 아이에게 성가심과 나쁜 결과를 초래한다.

난 칼에게 성실함을 키워주기 위해서 성실함을 이해하는 데 도움이 되는 사실이나 이야기를 해주고 불성실하면 어떤 결과가 생기는지 가르쳐 줬다. 또한 나 스스로 아이에게 어떤 인상을 남겼고 아이 앞에서 거짓말을 한 적이 없는지 하루에도 몇 번씩 반성했다.

일상생활에서의 교육을 통해서 성실함과 인격을 키우기도 했고, 학령기가 되었을 땐 자신의 도덕 기준으로 옳고 그름을 판단하고 성실하게 약속을 이행하며 고난을 적극적으로 헤쳐나가도록 가르쳤다.

다음으로 돈 앞에서 자존심을 지키게 했다.

아이에게 안정적인 가정은 매우 중요하다. 부모는 아이의 마음의 소리를 잘 듣고 각종 문제를 해결할 때 아이의 의견을 들어야 한다.

아이들은 성취감이 필요하므로 부모는 자신감을 키울 수 있는 기회를 제공하고, 모든 것을 도맡아 처리해주는 대신에 아이 스스로 선택해서 노력하게 해야 한다.

아이는 자아의 가치를 발견했을 때 말로 표현할 수 없는 즐거움과 내면으로부터 행복을 느낀다. 따라서 부모는 이 점을 인지하고 아이의 장점을 칭찬해서 아이가 자존심을 지키게 해야 한다.

아이에게 절약을 가르치는 것도 중요하다. 아이가 물건의 소중함을 모른 채 함부로 파손하거나 낭비해서야 되겠는가? 아이는 모든 물건의 가치를 알고 소중히 다루는 법을 배워야 한다.

난 칼이 할 수 있는 일이면 스스로 일해서 필요한 것을 얻게 했다. 또한 자원의 소중함을 알려주기 위해서 광물, 목재 등의 자원이 어떻게 생성되는지 알려줬다. 칼은 남용하거나 막 다뤄서 물품을 고장 냈을 땐 스스로 고쳐서 썼다.

평소 검소하고 자신에게 엄격했던 난 칼이 당연히 나처럼 생활해야 한다고 생각했다. 아이는 국가의 미래다. 어린아이가 탐욕을 부리고 사치하는 국가는 결코 건전한 미래를 보장할 수 없다.

자족은 검소함의 기본으로, 현재의 형편에 만족하는 태도를 가져야 검소한 생활습관을 가질 수 있다. 난 이런 식으로 칼이 탐욕을 부리지 않게 가르쳤다.

칼에게 자신이 소유한 것에 감사하고 아름다움과 우정과 사랑의 가치를 소중히 여기라고 가르쳤다.

물론 아이에게 검소한 생활습관을 키우는 일은 쉽지 않다. 하지만 수시로 검소함이라는 단어를 되뇌고 스스로 모범을 보임으로써 칼은 서서히 절약하는 습관을 가지게 되었다.

♣ 아내가 전수한 옷차림과 매무새

아내가 칼에게 쏟은 사랑과 열정은 결코 나에게 뒤지지 않는다. 칼의 좋은 성품과 명랑한 성격과 동정심은 상당 부분 아내의 손에서 키워졌다. 아내는 칼에게 사람들과 잘 어울리는 법과 옷을 점잖게 입는 법을 가르쳤다.

아마 누군가의 명령이나 지시를 받는 것을 좋아하는 사람은 없을 것이다. 이런 점에서 아내는 교묘하게 명령 아닌 명령을 내려 칼이 해야 되는 것과 하지 말아야 할 것을 구분해서 행동하게 했다. 비록 칼에게 공부를 시키는 것은 내 책임이었지만 아내는 내게 많은 아이디어를 줬다. 아내가 말했다.

"명령이나 강요로 공부를 시키는 건 아무 의미가 없어요. 칼은 즐겁고 바르게 공부해야 해요."

아이의 엄마는 아이가 바라는 지위와 이미지를 유지하기 위해서 노력해야 한다. 옷을 이상하게 입고 짙은 화장을 하거나 게으름을 피우고 단정하지 못한 엄마는 사람들의 웃음거리가 된다. 이런 엄마는 아이의 정신에 부정적인 영향을 미친다. 한 아이의 엄마라면 산만하거나 지나치게 치장하지 말고 항상 단정해야 한다. 그렇지 않으면 아이의 마음속에서 지위와 이미지를 잃어 자녀교육에 실패하게 된다. 하지만 안타깝게도 많은 엄마들이 자신의 행동에 주의하지 않고, 무의식중에 아이를 교육시킬 수 있는 좋은 기회를 잃고 아이의 상태를 더욱 심각하게 만든다.

어느 부인이 생활비를 아껴서 딸을 여학교에 보냈다. 딸의 차림새는 학생 신분에 어울리지 않게 지나치게 화려했다. 딸은 엄마가 자신을 힘들게 학교에 보냈음에도 불구하고 엄마를 싫어했다. 어느 날 이 딸이 내 아내에게 말했다.

"엄마는 다섯 살 때부터 제게 요란한 옷을 입혀 학교에 보냈어요. 옷 때문에 제가 얼마나 많은 놀림을 당했는지 아줌마는 모르실 거예요."

사람은 이 여자아이를 무정하다고 질책하겠지만 난 가엽게 여겨졌다. 이 부인이 딸에게 요란한 옷을 입혀 학교에 보낸 건 모두 딸을 위해서였지만 딸은 엄마의 노고를 몰라줬다. 내 생각에 부인은 엄마로서의 의무를 다하지 못한 것 같다.

부모는 아이의 표본이다. 엄마가 옷을 단정하게 입지 않으면 반드시 아이에게 영향이 간다. 산만함은 사람의 일생을 어지럽게 만들어 두각을 나타낼 수 있는 기회를 잃게 만든다. 이처럼 옷차림은 결코 무시할 일이 못된다. 아내는 이 점을 주의하고 자신뿐만 아니라 칼도 옷을 깨끗하고 단정하게 입게 했다.

아내는 말했다.

"옷을 단정히 입지 않으면 정신이 산만해져."

그래서 칼은 화려하지 않지만 언제나 단정하게 옷을 입고 다녔다. '옷이 날개'라는 말처럼 좋은 옷을 입으면 자신감이 생기고 기분이 좋아지지만 그렇지 않으면 기분이 우울해진다.

아내는 칼에게 단정한 옷을 입히는 한편 위생에도 신경 써서 세수, 양치, 손 씻기, 머리 감는 법을 가르쳤다. 하지만 교육의 수위를 잘 조절해서 칼이 지나치게 멋을 부리는 일은 없었다. 옷차림과 위생 습관은 대부분 엄마의 영향을 받으므로 주의해야 한다.

사람이 살다보면 별일을 다 겪게 된다. 어떤 엄마는 개인 수양과 자녀 교육을 등한시한 채 멋 부리기에만 열중하는데 아이를 위해서 이러지 말아야 한다.

다른 엄마들과 달리 아내는 아이의 옷차림과 공부 외에도 놀이에 관심을 가졌다. 보통 엄마들은 집안일 때문에 피곤해서 아이의 놀이에 신경 쓰지 않는데 이러면 아이가 심심하고 우울해진다. 아이를 심심하고 우울하게 만드는 건 엄마가 할 일이 아니다.

칼에게 좋은 품성을 키워주기 위해서 아내는 매주 '품행표'를 작성했다. 품행표에는 말 잘 듣기, 예절, 관용, 친절, 용기, 인내, 성실, 명랑함, 위생, 근면, 자기 극복, 공부, 선행 등의 항목이 있었다. 아내는 칼의 행동이 항목에 부합하면 해당란에 금색 별을 붙이고 부합하지 않으면 검은 별을 붙였다. 매주 토요일에 결과를 종합해서 금별이 많으면 칼은 별의 개수만큼 책이나 과일이나 과자 등의 상품을 받았다. 물론 검은 별이 많으면 상품은 없다.

토요일에 별의 개수를 종합한 뒤에는 칼이 다음주에는 검은 별을 받지 않게 하기 위해서 부족한 부분에 대해서 교육을 진행했다. 이것은 칼이 긍정적인 마음을 갖는 데 도움이 되었다.

어느 날 칼은 혼자 집을 보다가 강아지를 정원에 풀어줬다. 잠시 후 비가 내리기 시작했다. 강아지가 추위에 떨며 "멍멍" 짖었지만 칼은 강아지를 집안에 들이지 않았다.

그런데 이 광경을 부인이 집에 돌아오다가 목격했다. 부인은 강아지를 안고 집에 들어와서 칼을 불렀다.

"칼! 강아지가 왜 비를 맞고 있지?"

"아까 잠깐 정원에 풀어준 걸 깜빡했어요."

"그럼 강아지가 짖는 소리도 못 들었어?"

아내는 칼이 거짓말을 하는 걸 눈치채고 화를 냈다.

"전 그냥 밖에 있어도 괜찮을 거라 생각했어요."

칼이 변명했다.

"괜찮을 줄 알았다고? 너도 한번 밖에서 비 맞아 볼래?"

"아뇨."

"넌 싫으면서 강아지는 비를 맞게 해? 날씨가 이렇게 추운데 감기 걸리면 어떡해. 네가 오늘 얼마나 잔인한 짓을 했는지 아니? 지금 엄마 마음은 누가 널 비를 맞혀서 병들게 한 것처럼 아파."

아내는 이렇게 일상생활의 작은 면도 놓치지 않고 칼의 성품을 키우고 사랑의 도리를 가르쳤다.

♣ 어떻게 해야 아이의 버릇이 나빠지지 않을까

칼에게 지식을 가르칠 때건 인격을 키울 때건 난 결코 칼을 때리거나 욕하지 않고 인내심을 가지고 이치를 설명했다. 난 이것이 최고의 교육방법이라고 생각한다.

아이가 잘못을 저지르면 이것은 아이 탓이 아니라 아이를 방관하고 바르게 지도하지 않은 부모 탓이다. 아이의 에너지를 좋은 방향으로 이끌려면 되도록 일찍 아이에게 일과 노동에 대한 흥미와 취미를 길러줘야 한다. 이렇게 하면 아이가 건강한 내면 세계를 갖게 된다.

솔로몬은 "매를 들지 않으면 사람이 안 된다"고 말했는데 이것은 매우 잘못된 관점으로, 오히려 아이가 고집이 세고 냉소적이며 잔인해질 수 있다.

한번은 어떤 아이가 빗으로 개를 힘껏 때리는 것을 봤다. 난 도저히 아이가 잔인하게 개를 학대하는 것을 눈 뜨고 볼 수 없어서 아이를 제지했다.

"얘야, 개를 그렇게 때리면 어떡해! 불쌍하지도 않니?"

아이는 별로 생각하지도 않고 대답했다.

"아빠도 절 이렇게 때리는데요. 오히려 불쌍한 건 개가 아니라 저예요."

많은 아이들이 아빠에게 맞아서 망막을 다치고 얼굴에 멍이 드는데 정말 생각만 해도 가슴이 아프다.

하나님은 서로 사랑하라고 가르치셨다. 그런데 이런 환경에서 자란 아이가 과연 다른 사람을 사랑할 수 있을까?

이미 누차 말했지만 자존심은 도덕의 기초라서 자존심이 없으면 도덕이 무너져 사람이 술독에 빠지고 도박에 미치며 도둑질을 일삼게 된다. 늘 아이에게 벌주고 잔소리하면 아이의 자존심만 없어질 뿐 좋은 점은 눈곱만큼도 없다.

난 벌주는 것을 좋게 생각하지 않아서 한 번도 칼에게 벌을 주지 않았다. 아빠들은 대부분 화가 나면 이성을 잃고 아이를 혼내거나 때린 뒤에 뒤늦게 아픈 곳에 약을 발라준다. 그런데 이렇게 해서 아이를 인재로 키울 수 있겠는가? 오히려 겁쟁이나 바보가 되지 않을까?

자녀교육에는 부모교육도 포함된다. 따라서 부모는 자녀를 교육하기 전에 자신부터 올바른 교육을 받아야 한다. 아이를 교양 있게 키우려면 부모 먼저 반성하고 자제해야 교육에 들인 공든 탑이 무너지지 않는다.

집안에서도 함부로 말과 행동을 하면 안 된다. 아이가 무의식중에 배워서 나쁜 습관을 가질 수 있기 때문이다. 따라서 아이를 둔 부모는 항상 말과 행동에 주의해야 한다.

부모는 아이가 모방하는 최초의 대상이므로 아이에게 말할 때도 예의를 갖추고 동물에게도 저속한 말을 하면 안 된다.

수학이나 지리 같은 지식은 커서도 배울 수 있지만 교양 있는 습관은 어릴 때 길들이지 않으면 커서 갖기가 어렵다. 물론 어릴 때 길들어진 나쁜 습관을 커서 고치기도 어렵긴 마찬가지다.

주변에 보면 지리와 역사에 정통한 사람이 많은데 어릴 때 교양 있는 습관을 들이지 않아 말과 행동이 예의에 어긋나는 사람이 많은 것을 알 수 있다.

부모는 아이가 말을 잘 듣게 하려면 올바른 가치관을 가져야 한다. 아이는 선천적으로 이기적이라서 적게 노력하고 많이 얻기를 원한다. 하지만 이것은 후천적인 교육으로 고칠 수 있다. 어릴 때부터 남의 입장을 헤아리고 배려하면 결코 이기주의자가 되지 않는다.

프랑스 황제가 어느 장군의 어머니에게 물었다.

"어떻게 아들을 이렇게 훌륭하게 키웠소?"

장군의 어머니가 대답했다.

"단지 제 말을 잘 듣게 했을 뿐입니다."

부모의 말을 잘 듣는 것은 아이의 중요한 인격 중의 하나다. 아이가 말을 잘 듣게 하려면 부모가 먼저 올바른 가치관을 갖고 아이에게 해야 할 것과 하지 말아야 할 것을 분명히 말하고, 하지 말아야 하는 이유는 자신을 위해서라고 이해시켜야 한다. 이때 이치로써 아이를 설득해야지 결코 강압적인 분위기를 조성해선 안 된다.

아이는 원래 탐욕스럽기 때문에 무턱대고 벌을 주지 말고 교육방법에 주의해야 한다. 적절한 방법으로 교육하면 이기주의자가 되는 것을 막을 수 있다. 난 칼이 어릴 때부터 착한 마음을 갖게 하기 위해서 자신의 물건을 어린 친구에게 선물하고 엄마와 하녀의 일을 돕게 했다.

부모는 아이가 거짓말을 하면 때리지 말고 왜 거짓말을 했는지 이유를 분석해야 한다. 사실 아이들도 거짓말이 나쁘다는 걸 다 아는데, 선의의 거짓말과 악의의 거짓말은 백지장 하나 차이다. 따라서 부모는 지나치게 질책하거나 때리지 말고 효과적인 방법을 찾아서 다시는 거짓말을 안 하도록 도와야 한다.

독서와 노동은 아이의 문제점을 고치는 데 도움이 된다. 책 속의 지식과 이치는 아이를 좋은 길로 인도하고 노동은 모든 것에 대한 소중함을 일깨워준다. 그래서 독서와 부지런히 일하는 습관이 있으면 좋은 방향으로 발전해 교양 있는 사람이 된다.

어느 망나니가 법정에서 거만하게 말했다.

"난 태어나서 책이란 걸 본 적도 없고 일을 해본 적도 없습니다."

이 경우를 보면 죄인은 무지하고 게으른 사람이란 걸 알 수 있다.

내 친구 한 명은 아들이 꽃밭을 밟는 등 말썽을 심하게 피워서 고민이 이만저만이 아니었다. 훗날 그는 내 조언대로 아들에게 호미와 삽을 사주고 직접 꽃을 심고 가꾸게 해 좋은 결과를 얻었다.

어떻게 말썽쟁이가 순식간에 얌전한 정원사가 됐을까? 이유는 아이가 어디에 쏟아부어야 하는지 모르는 에너지를 모두 꽃을 가꾸는 데 썼기 때문이다. 이후 친구의 아들은 더 이상 꽃밭을 짓밟지 않고 자기가 심은 꽃뿐만 아니라 다른 집의 정원도 정성껏 보살폈다. 효과적인 교육방법의 위력은 이처럼 놀랍다.

어느 날 저녁에 빈민가를 지나가는데 온통 아이를 때리고 욕하는 소리와 아이의 울음소리만 들렸다. 마치 하루의 피로와 화를 가여운 아이들에게 모두 푸는 듯했다. 그런데 풍족한 집안의 사정도 크게 다르지 않았다. 그들은 무료함과 울적함을 아이들에게 풀었다.

정말 가슴 아픈 일이 아닐 수 없다.

부모에게 장시간 욕을 들으며 맞고 자란 아이는 욕설과 폭력에 무뎌지고, 부모는 부모대로 위신을 잃어 세대간에 교류가 단절됨으로써 교육이 철저히 실패하고 만다.

지나치게 아이를 아껴서도, 또 지나치게 아이를 질책해서도 안 된다. 효과적인 교육방법을 선택해야 아이를 잘 교육시킬 수 있다.

어떻게 좋은 습관을
키울까

재능이 많은 아이가 부모에게 제대로 교육받지 못하면 결국 아무것도 못 배우고 만다. 원래 탐구심과 다양한 흥미는 좋은 것이다. 하지만 부모의 바른 지도가 없으면 깊게 파고들지 못해 좋은 결과를 얻지 못한다.

♣ 에너지를 집중하는 습관

칼이 '될성부른 싹'이 보이기 시작하자 많은 부모들이 찾아와 약속이라도 한 듯 물었다.

"왜 우리 아이는 날마다 책상 앞에 앉아서 공부하는데도 발전이 없을까요? 칼은 이렇게 잘하는데 왜 우리 아이는 그 모양인지, 바보라서 열심히 하는데도 성적이 형편없는 걸까요, 아니면 칼이 너무 똑똑한 건가요?"

난 이런 물음에 어떻게 대답해야 할지 몰랐다. 아이의 성장에는 많은 요소가 영향을 주는데, 성적이 기대에 못 미치는 이유는 아이들이 바보이거나 칼이 똑똑해서가 아니라 대부분 어릴 때 좋은 공부습관을 들이지 못했기 때문이다.

이때 가장 중요한 요소는 부모다. 부모가 어떻게 아이를 키우고 지도하느냐에 따라 아이의 성적은 달라진다.

재능이 많은 아이가 부모에게 제대로 교육받지 못하면 결국 아무것도 못 배우고 만다. 원래 탐구심과 다양한 흥미는 좋은 것이다. 하지만 부모의 바른 지도가 없으면 좋은 결과를 얻지 못한다.

칼도 배우기 좋아하고 다양한 분야에 관심이 많았다. 하지만 어릴 때부터 계획적으로 공부하는 습관이 있었기에 광범위한 취미와 흥미 때문에 공부에 지장이 생기는 일은 없었다.

칼이 무엇을 공부하건 난 최대한 집중하게 했다. 언어를 공부할 땐 언어에 집중하고 수학을 공부할 땐 수학에만 맘을 쓰게 했지 결코 공부할 때 놀 궁리를 하거나 놀 때 공부 걱정을 하는 것을 허락지 않았다. 동시에 두 가지 일을 열심히 하기는 불가능하지 않은가. 책상 앞에 앉아 딴생각을 하는 건 시간을 낭비하고 자신과 남을 속이는 행위다.

어떤 아이들은 온종일 책상 앞에 앉아 공부하지만 마음이 콩밭에 가 있는 탓에 성적이 그리 좋지 못하다. 생각해보라. 마음이 다른 곳에 있는데 어떻게 머릿속에 지식이 들어가겠는가? 이럴 바엔 차라리 밖에 나가서 신나게 뛰어노는 것이 낫다.

하트웰은 내 오랜 친구의 아들로 칼보다 열 살이 많고 똑똑하다. 하트웰이 자라는 과정을 모두 지켜봤는데 어릴 때 하트웰은 칼처럼 호기심과 탐구심이 많았다.

친구의 집에 놀러갈 때마다 하트웰은 늘 내 주위를 맴돌며 이것저것 물었고, 난 인내심을 가지고 모든 질문에 성실히 대답했다. 이 덕에 우리는 좋은 친구가 되었다.

하지만 하트웰은 정식 교육을 받기 시작한 뒤부터 점점 성적이 떨어졌다. 아이도 똑똑한 데다 좋은 교육을 받고 부모도 학식이 뛰어나면 당연히 성적이 좋아야 마땅한데 어찌된 영문일까? 난 속이 답답하기만 했다.

친구는 이 의문의 수수께끼를 풀기 위해서 내게 하트웰이 공부하는 것을 몰래 관찰해 달라고 부탁했다. 평소처럼 공부시간이 되자 하트웰은 책상 앞에 앉아 호머의 시를 외울 준비를 했다. 난 옆방에 들어가 문틈으로 몰래 지켜봤다. 처음에는 하트웰이 시를 외우는 소리가 희미하게 들리더니 얼마 지나지 않아 이 소리가 사라졌다. 하트웰은 책에서 눈을 떼고 창밖을 멍하니 쳐다봤다. 딴 생각을 하기 시작한 것이다.

난 친구를 불러 문틈을 들여다보게 했다. 그러자 친구는 순간적으로 화가 치밀어 올라 하트웰의 방에 들어가려고 했다. 난 급하게 친구를 잡고 작은 소리로 말했다.

"넌 그냥 여기 있는 게 낫겠어. 내가 말해볼게."

하트웰은 얼마나 깊은 생각에 빠졌는지 내가 방에 들어온 것도 몰랐다. 어깨를 살짝 두드리자 하트웰이 소스라치게 놀랐다.

"무슨 생각하니?"

"비테 아저씨."

"공부할 땐 공부에 집중해야지 무슨 생각을 그렇게 해."

난 부드럽게 말했다.

"아무 생각도 안 했어요."

"그럼 방금 네가 시를 외웠는지 테스트해봐야겠다."

하트웰은 아무 말도 못하고 얼굴만 빨개졌다.

"아무 생각도 안 했다면서 어째 한 구절도 못 외워?"

하트웰은 어쩔 수 없이 자신이 잠깐 한눈을 판 것을 고백했다.

"저도 왜 책만 보면 딴생각을 하는지 모르겠어요."

"방금 무슨 생각했는데?"

"어제 일이요. 어떤 아이가 큰 덩치만 믿고 다른 친구들을 괴롭혀서 무척 화가 났어요. 그래서 방금 만약에 내가 무예가 뛰어난 기사라서 말을 타고 큰 칼을 휘두르며 친구들을 보호하고 그 녀석들을 혼내주면 좋겠다고 생각했어요."

하트웰이 자신도 모르게 팔을 휘두르고 눈을 부릅뜨는 모습이 마치 진짜 영웅 같았다.

"하트웰, 영웅이 돼서 남을 돕는 건 좋은 일이야. 하지만 여기 앉아서 공상만 하면 뭐해. 지금 네가 해야 할 건 호머의 시에서 영웅의 이야기를 보고 그들의 사적을 쫓으며 어떻게 영웅이 되었는지 살피는 거야. 공부할 땐 다른 생각은 잠시 접어두고 공부만 해야 해. 책 속에 나오는 영웅의 지혜를 배우지 않고 환상에 빠져 있으면 결코 영웅이 될 수 없어. 그렇지 않니, 하트웰?"

"네. 알겠어요."

하트웰은 내 말을 이해한 것 같았다.

"이제부터 영웅의 지혜를 공부하고 운동도 열심히 해서 몸집을 키울 거예요. 그래야 커서 약한 사람들을 도울 수 있으니까요. 그렇죠 비테 아저씨?"

말을 마친 하트웰은 책을 펴고 집중해서 공부했다. 훗날 친구는 내게 말했다.

"비테, 네 방법이 효과가 있었어. 그 뒤로 정말 못 믿을 정도로 하트웰이 달라졌어."

하트웰이 성적이 안 좋은 건 열심히 공부하지 않았기 때문이다. 하지만 나와 대화를 나눈 뒤 공부에 집중한 결과 성적이 빠르게 향상되었다.

♣ 빨리하는 습관

난 칼이 공부할 때 방해받지 않고 집중해서 공부하게 하고, 공부시간과 노는 시간을 엄격히 구분했다.

처음 공부를 시작할 때 칼은 하루에 45분씩 공부했는데 이 시간동안 집중해서 공부하지 않으면 호되게 꾸짖었다. 칼이 공부할 때 부인이나 하인이 뭘 물으러 와도 난 "지금 칼이 공부하니까 조금 있다가 얘기합시다."라고 잘라 말했다. 손님이 올 때도 칼의 공부를 중단하지 않고 잠시 기다리게 했다. 이 모든 것은 칼에게 진지하고 엄격한 태도를 키우기 위해서였다.

이 밖에 칼에게 무슨 일이건 신속하게 처리하는 습관을 키웠다. 이것은 매우 중요한 습관으로, 난 칼이 더디게 일하면 잘해도 기쁘지 않았다.

사람들이 하루 이틀 일을 미루며 귀중한 시간을 낭비하는 이유는 어릴 때 좋은 습관을 기르지 못했기 때문이다.

칼은 사람들이 생각하는 것처럼 하루 종일 공부만 하지 않았다. 공부할 때 집중해서 효율이 높아서 그렇지 정작 하루에 공부하는 시간은 한두 시간밖에 안 되고, 운동하고 휴식을 취하고 각종 활동에 참여하는 시간이 더 많았다.

집중해서 효율적으로 일하려면 어릴 때부터 일을 빨리 처리하는 습관을 들여야 한다. 일생에서 잠자고 휴식하는 시간을 빼면 시간이 그리 많지 않기 때문에 이 시간을 잘 활용하지 않으면 인생이 순식간에 흘러가고 만다. 난 평소 칼에게 일할 때 과감하고 빠르게 처리해야 완벽한 사람이 되고 인생에 업적을 남길 수 있다고 말했다.

어느 날 칼에게 수학문제를 내주고 방에서 나왔다. 평소처럼 칼에게 제한 시간을 주고 이 시간이 다 할 때까지 절대 칼을 방해하지 않았다. 하지만 중간에 책을 찾아야 할 일이 생겨서 부득이하게 제한시간 전에 칼의 방에 들어갔다. 무슨 일인지 칼은 내가 방에서 나올 때처럼 책상 앞에 앉아있지 않고 방안은 어지럽혀져 있었다.

"칼! 문제 안 풀고 뭐하고 있어?"

"간단한 문제라서 금방 풀 수 있어요. 제한 시간 안에는 꼭 풀게요."

"간단하다고?"

난 화가 났다.

"그럼 두 문제 더 내야겠구나."

"왜요?"

"시간이 많이 남을 거라며? 그러니 더 풀어야지."

칼은 내가 한다면 하는 사람이라는 걸 알았다. 난 칼에게 두 문제를 더

주고 자리를 떠났다. 시간이 다 되어 다시 갔을 때 칼은 세 번째 문제를 풀고 있었다.

"칼, 그만해라."

"하지만 아직 다 못 했는데요."

"내가 문제를 더 냈으니 시간이 모자랄 수밖에."

내가 엄숙하게 말했다.

"갑자기 문제를 더 내주시는 건 너무 불공평해요."

칼이 매우 억울해했다.

"그래? 시간이 많이 남는다고 말한 게 누구였지? 시간이 남아돌면 당연히 문제를 더 풀어야지."

칼은 이것이 시간을 끄는 버릇을 고치기 위한 것이라는 걸 모르는 눈치였다.

"처음에 시간을 끌지 않았으면 지금쯤 문제를 모두 다 풀었을 거야."

칼은 내 말에 뭔가를 깨달은 듯했다.

"생각해봐. 처음에 네가 시간을 끌지 않았으면 첫 번째 문제를 빨리 풀고 남은 시간에 네가 좋아하는 책을 읽거나 하고 싶은 일을 했을 거야. 하지만 넌 그렇게 하지 않았어. 시간을 낭비하는 건 맛있는 우유를 땅에 쏟아버리는 거나 마찬가지야. 오늘 네가 시간을 낭비했으니까 아빠 네게 주려고 했던 이 우유를 낭비할 거야. 물론 아빠는 너처럼 어리석게 좋은 것을 그냥 낭비하진 않고 하인에게 줘서 유용하게 쓸 거야."

그날 난 정말 우유를 하인에게 줬다. 이후 칼은 다시는 이와 같은 일을 반복하지 않았다.

♣ 최선을 다하는 습관

　　　　　　　　　　칼이 언어와 수학을 공부할 때 중간에 그만두지 않고 끝까지 파고들게 했다.

자녀교육은 벽돌 쌓기라서 엄격하게 요구해야 좋은 성과를 거둘 수 있다. 난 "이만하면 됐어."라고 말하는 사람을 싫어하는데 이렇게 말하는 사람치고 일을 제대로 하는 사람을 못 봤다. 난 칼이 어릴 때부터 공부건 취미생활이건 뭐든지 열심히 진지하게 해서 최고의 실력을 발휘하게 했다. 또한 무슨 일이건 최선을 다할 때 가치가 있다고 말했다.

특히 예술 창작은 최선을 다해야 한다. 그래서 칼이 좋아하는 그림 그리기를 통해서 칼에게 최선을 다해야 하는 이치를 가르쳤다.

난 칼에게 가짜 명화를 사주고 화가가 어떻게 완벽한 아름다움을 추구했는지 설명했다.

칼은 유난히 작은 다리를 그리는 것을 좋아했는데 특히 가을날 금빛이 찬란한 작은 다리를 좋아했다. 칼은 구름 한 점 없이 맑은 날 작은 다리를 보면 황금빛이 반짝이고 강물에는 파란 햇살이 보석처럼 아름답게 빛나며 짙은 물그림자에서는 신비함이 느껴진다고 말했다.

어느 날 칼은 그림 도구를 챙겨 교외의 강가에 가서 자신이 가장 좋아하는 그 작은 다리를 그렸다. 칼은 강가에 앉아 정신없이 그림을 그리고 난 나무 그늘에 앉아 책을 읽었다. 날씨가 좋아서인지 칼이 날 편안하게 해줘서인지 마음이 무척 즐거웠다.

얼마 지나지 않아 칼이 자리에서 일어나 내게 그림을 보여줬다. 구도

도 좋고 다리 강 근처 마을을 사실적으로 그린 한 폭의 아름다운 그림이었다. 하지만 그림을 자세히 보다가 난 한 가지 결점을 발견했다. 난 다른 부모들처럼 다짜고짜 결점을 지적하지 않고 칼의 그림을 칭찬한 뒤에 조심스럽게 이야기를 꺼냈다.

"칼, 그런데 네가 말했던 그런 느낌들은 왜 표현하지 않았니?"

"표현했는데 무슨 말씀이세요?"

"네가 말했던 보석처럼 아름다운 햇살이나 신비함을 찾을 수 없는 걸."

칼은 뒤통수를 긁적이며 그림과 강가를 번갈아 쳐다보다가 난처해하며 말했다.

"짙은 남색으로 물의 변화를 표현하는 걸 깜빡했어요."

칼은 다시 그림을 그렸다.

"아빠 이제 됐어요?"

칼이 다시 그림을 보여주는 데 그리 오랜 시간이 걸리지 않았다.

"아까보다 많이 나아졌구나. 하지만 여전히 물의 투명함이나 신비함이 느껴지지 않아."

사실 칼은 색 조절로 물의 수심까지 표현할 만큼 수준급의 실력을 가졌고, 이미 그린 그림도 훌륭했다. 원래 난 의견을 제시하고 부족함은 나중에 개선시키려고 했다. 하지만 칼은 수시로 물의 흐름을 관찰하고 가끔씩 연필을 입에 문 채 사색에 잠겼다. 칼은 강가에 앉아서 일어날 줄 몰랐다. 심지어 집에 돌아가야 할 때가 됐는데도 칼은 일어나지 않았다.

"칼, 그만 집에 가자."

"잠깐만요."

칼은 갑자기 뭔가 중얼거리면서 힘 있게 그림을 그렸다. 칼이 세 번째 그린 그림을 보여줬을 때 난 깜짝 놀라고 말았다. 그늘진 강물의 신비함과 변화무쌍하게 흘러가는 강물의 모습이 고스란히 담겨 있었기 때문이다.

"정말 대단해. 대체 어떻게 그린 거야?"

"강물에 그늘이 짙은 부분은 다 같은 짙은 남색이 아니라 여러 가지 색을 섞어서 표현해야 했어요. 또 강변 쪽에는 꽃 그림자가 져서 빨간색 두 가지도 섞었어요."

난 칼이 관찰을 통해서 전문회화 지식을 스스로 깨달은 것에 깊이 감동했다.

"그럼 방금 뭐라고 중얼거렸던 거야?"

"사파이어, 신비함, 사파이어, 신비함……. 세상에 맘만 먹으면 못해낼 일이 없어. 꼭 원하는 느낌을 그려내고 말거야."

난 벅찬 감동에 칼의 손을 꼭 잡고 집에 돌아왔다. 오는 길에 난 두 번째 그림도 훌륭했는데 왜 그림을 다시 그렸냐고 물었다.

"아빠가 뭐든지 최선을 다하라고 하셨잖아요."

칼의 천진난만한 얼굴을 보며 난 말없이 칼의 손을 더 꼭 잡아줬다.

♣ 포기하지 않는 습관

사람은 일생동안 학습이나 생활면에서 예기치 못한 문제나 어려움을 겪게 마련이다. 하지만 난 늘 칼에게 목표를 정하면 최선을 다하고, 포기하지 않으면 언젠가 목표를 실현할 수 있다고 가르쳤다.

칼이 태어나기 전에 우리 부부는 칼을 성공인사로 키우기로 결심했다. 비록 당시에는 칼에게 무엇을 열심히 시켜야 할지 몰랐지만 어쨌든 성공하려면 목표를 세운 뒤에 포기하지 않고 노력해야 하는 것은 분명했다. 칼이 기어 다닐 때 우리 부부는 칼의 의지를 단련시키기 시작했는데 이 부분에 있어 아내는 고수였다. 아내는 여러 가지 방법으로 칼이 어려운 상황에서 버티고 또 버티게 격려했다.

우리는 잘 버티기 위해선 주의력이 필요하다는 점에 주목했다. 아내는 아이가 흥미를 가질만한 천 고양이를 만들어 칼의 주의를 끈 다음에 칼이 반응을 보이면 고양이를 팔이 조금 안 닿는 곳에 놓아 칼이 움직이게 했다. 칼이 팔이 안 닿아서 포기하려고 하면 그녀는 칼의 다리를 조금씩 밀며 칼을 격려했고, 결국 칼이 힘겹게 발걸음을 옮겨서 고양이를 품에 안게 했다. 칼이 고양이를 안으면 부인은 칼에게 뽀뽀해주고 박수쳐줘서 성공의 기쁨을 안겨줬다. 칼이 기어 다닐 땐 난도를 좀 더 높여 목표물에 접근하면 목표물을 좀 더 멀리 옮기며 계속해서 목표물을 쫓아가게 했다. 이렇게 해서 아내는 칼의 의지를 단련하고 기는 법을 훈련시켰다.

칼이 좀 더 자라서 지식을 배우기 시작할 때 우리는 비슷한 방법으로 칼의 의지를 훈련시켜 포기하지 않는 습관을 키웠다. 단지 이 과정에서 달라진 건 장난감 대신에 책을 사용한 것이다.

칼이 학습할 때 질적으로 빠르게 발전할 수 있었던 것은 어려운 문제를 끝까지 물고 늘어졌기 때문이다.

칼은 전혀 힘들지 않게 공부했는데 특히 수학문제는 별 어려움 없이 모두 풀었다. 칼의 능력을 키우기 위해서 원래의 능력을 초월한 수준의 문제를 냈다. 그러면 칼은 정신을 집중해서 문제를 생각했고, 난 칼이 조용한 분위기에서 생각할 수 있게 자리를 피해줬다. 칼은 한참이 지나도 나오지 않았다. 어려운 문제이긴 하지만 한 번도 칼이 제한 시간을 넘긴 적은 없었다. 답답한 나머지 내가 먼저 칼의 방문을 열었다. 칼은 깊은 생각에 잠겨 있고 책상 위의 종이는 백지상태였다.

"너무 어렵니?"

칼은 입을 꾹 다문 채 물끄러미 날 바라보기만 했다. 날씨가 덥지도 않은데 칼은 얼굴이 다 벌게질 정도로 땀을 흘렸다. 칼이 병이 난 건 아닌지 갑자기 걱정되었다.

"칼, 어디 아프니?"

"아니요. 지금 문제를 풀 방법을 생각하고 있어요."

"제한 시간이 끝났어. 너무 어려우면 쉬었다가 내일 다시 하자."

"조금만 더 시간을 주세요. 곧 다 풀 수 있을 것 같아요."

칼은 계속해서 생각했다. 난 칼의 계산을 방해하지 않기 위해서 방에서 나온 뒤에 아내와 이 일을 상의했다.

저녁 먹을 때가 되자 아내가 더는 못 기다리겠는지 내게 말했다.

"여보, 이제 그만 나오라고 해요. 자존심이 센 아이라 문제를 못 푼 게 창피해서 못 나오는 걸 거예요. 이제 그만 쉬라고 당신이 가서 말해요. 어서요."

부인의 성화에 방에 가서 칼에게 말했다.

"칼, 문제가 너무 어렵지? 최선을 다했으니까 못 풀어도 괜찮아."

"아뇨. 아빠, 거의 다 풀었어요. 풀이방법을 찾았거든요."

우리 부부는 모범 답안을 들고 밖에서 기다렸다.

"아빠! 아빠!"

잠시 후 흥분에 들뜬 칼의 목소리가 들렸다. 그 순간 얼마나 감격스러운지, 칼의 음색에서 마침내 칼이 문제를 푸는 데 성공했다는 걸 알 수 있었다. 예상대로 칼은 답안지를 들고 뛰어나왔다. 칼의 답은 정확했고, 풀이 방법도 다양했다.

저녁식사를 하면서 칼은 어떻게 풀이 방법을 찾았는지 쉬지 않고 얘기했다. 또한 이렇게 어려운 문제는 처음이지만 끝까지 풀어서 너무 기쁘다고도 말했다. 중간에 포기하고 싶은 순간은 없었냐고 묻자 칼이 대답했다.

"있었어요. 정말 문제가 너무 어려워서 머리가 터질 것 같았거든요. 방에서 뛰쳐나오고 싶은 순간이 한두 번이 아니었어요. 하지만 이럴 때마다 마음속에서 '칼, 포기하지 마!' 라는 소리가 들렸어요. 그래서 전 꼭 끝까지 문제를 풀기로 결심했고 결국 푸는 데 성공했어요."

그날 저녁에 칼은 평소보다 음식을 더 맛있게 많이 먹었다. 문제를 푸느라 지친 것이 분명했다.

이 일이 있은 뒤에 칼의 문제해결능력은 한 단계 더 높아져 어려운 문제도 두세 가지 방식으로 풀 수 있게 되었다. 칼은 이 일을 통해서 끝까지 포기하지 않으면 마침내 성공한다는 이치를 깨달았다.

어떻게 해야 아이가
자만하지 않을까

아들에게 말했다.

"지식이 많으면 사람들에게 존경받고 선행을 많이 하면 하나님의 은총을 받아. 세상에는 교양 없는 사람들이 많은데 이들은 스스로 지식이 부족한 걸 알기에 지식이 풍부한 사람들을 존경한단다. 물론 사람들의 칭찬은 예측할 수 없어서 평소 많은 칭찬을 받다가도 한 순간에 사라질 수가 있어. 하지만 선행을 하는 게 쉽지 않다는 걸 하나님도 잘 아시기에 영원한 은총을 주신단다. 그러니 사람들의 칭찬에 너무 신경 쓰지 마."

좋은 말을 듣고 싶으면 남들의 모함도 참고 견뎌야 한다. 가장 멍청한 사람은 남의 평가에 기분이 좌우되는 사람이고, 듣기 좋은 말에 우쭐대는 사람은 남에게 모함을 듣고 괴로워하는 사람보다 더 어리석다.

♣ 칭찬의 수위를 조절한다

난 칼이 좋은 일을 하면 칭찬했지만 그 렇다고 지나치게 칭찬하거나 시도 때도 없이 칭찬하지는 않았다. 자칫 아이가 거만해질 수 있기 때문이다.

난 칼이 공부를 잘해도 "잘했어."라고 칭찬하고 좋은 일을 해도 "잘했 구나. 하나님도 기뻐하실 거야."라고만 말했다. 칼이 특별히 장한 일을 할 때면 뽀뽀해줬는데 자주 있는 일은 아니었다.

이렇게 하는 이유는 칼이 아빠의 키스를 소중히 여기게 하기 위해서였 다. 난 칭찬의 수위를 달리해서 칼이 선행에 대한 보답은 선행 자체로서 의 즐거움과 하나님의 은총이라는 것을 알게 했다.

난 칼이 자만에 빠지지 않게 칭찬방법과 정도에 주의했다.

칼에게 다양한 지식을 가르치면서도 칼이 자만할까봐 무엇이 물리고 화학인지 말하지 않았다.

많은 부모들은 남들 앞에서 자식의 재능을 자랑하기를 좋아하는데 이렇게 하면 아이가 기고만장해져 오히려 잠재력 있는 아이를 망칠 수 있다.

이른바 신동은 일시적인 병적 상태라서 재능이 오래가지 않는다. 즉 "10세에 신동, 15세에 인재, 20세에 범재"가 된다. 왜 풍부한 잠재력을 타고 났는데도 훌륭한 인물이 못될까? 바로 무서운 오만함과 자만심 때문이다.

라이언은 재능을 타고난 축복받은 아이다. 사람들은 라이언을 천재라고 믿었고 커서 훌륭한 인물이 될 거라고 확신했다. 그가 위대한 장군이나 자랑스러운 예술가가 될 것이라고 말하는 사람도 있었다. 사람들은 모두 아름다운 꿈을 꿨지만 이후의 일은 이와 정반대로 흘러갔다.

라이언이 세 살 때 음악에 눈부신 재능을 보이자 부모가 특별히 음악교사를 초빙했다. 똑똑한 라이언은 오래지 않아 교사에게서 모든 것을 전수받았다. 대여섯 살 땐 기초 음악이론을 섭렵하고 다양한 악기도 배웠는데 특히 피아노와 바이올린 연주 솜씨가 뛰어나 개인연주회를 열기도 했다. 사람들은 역사적인 음악가라도 만난 듯 일제히 입을 모아 칼을 음악신동이자 천재라고 말했다.

라이언은 부모의 보물이자 생활의 중심이었다. 라이언의 부모는 공공연하게 아들의 수준이 음악교사나 동시대 음악가들을 초월했다고 말했고, 틀림없이 바흐처럼 음악의 대가가 될 것이라고 떠벌리고 다녔다. 라이언은 사람들이 가져다 바치는 꽃송이와 찬사에 파묻혀 자랐다.

어느 날 교사가 라이언의 부족한 점을 지적했다. 연주 솜씨는 뛰어나지만 음악 고유의 매력과 의미를 잘 표현하지 못한 게 그 이유였다. 라이언은 교사의 지적에 처음에는 창피해하다가 갑자기 화를 냈다.

"제가 기교만 부리는 줄 아세요? 그까짓 의미 따위도 진즉에 알았어요."

"그런데 왜 고쳐지지 않을까?"

"개선되지 않는 게 아니라 제가 일부러 그렇게 하는 거예요. 전 이곡을 그렇게 이해했어요."

교사는 라이언을 이해시키기 위해서 시범을 보였다. 그런데 하필이면 이럴 때 연주를 틀려서 라이언의 놀림거리가 되고 말았다.

"선생님이 틀리시면 어떡해요. 그러고도 절 가르치실 수 있겠어요?"

라이언의 말에는 무시와 조롱의 날이 바짝 서 있었다.

교사는 분노를 참을 수 없었다. 평소 라이언의 재능을 높이 샀던 교사는 부모의 사과에도 불구하고 미련 없이 라이언의 지도를 그만뒀다.

훗날 난 이 교사를 만나 라이언의 얘기를 꺼냈다. 교사는 라이언의 곁을 떠나는 순간 자신이 예전에 잘못 판단했다는 걸 깨달았다며, 라이언은 결코 위대한 음악가가 못될 거라고 말했다. 과연 그의 말은 사실로 드러났다.

교사가 떠난 뒤에 라이언은 더 거만해져 멋대로 대가의 작품을 바꿔서 연주했다. 또한 백 년에 한 명 나올까 말까하는 천재인 자신을 가르칠 수 있는 교사는 아무도 없다며 새로운 교사들을 모두 돌려보냈다. 물론 결과는 모두가 아는 대로다.

수년 뒤에 들리는 소문에 의하면 라이언은 술주정뱅이가 되어 아무도 자신과 같은 천재를 알아주지 않는다고 한탄했다고 한다.

물론 위대한 예술가들이 생전 또는 유명해지기 전에 실력을 인정받지 못한 일이 많았지만 라이언의 경우는 달랐다. 그는 우수한 작품은커녕 보통 수준의 곡도 만들지 못했다. 게다가 지나친 음주로 청력과 손가락 신경이 훼손돼 기본적인 음계도 제대로 못 치는 지경이 되었다.

난 칼이 이렇게 될까봐 두려워 어떡해서든 거만해지는 걸 막았다. 또한 칼에게 라이언의 이야기를 들려줘서 거만을 떤 최후의 결과가 어떤 것인지 알려줬다.

♣ 너무 자주 칭찬하지 않는다

난 칼을 키우면서 너무 자주 칭찬하지 않았고 다른 사람들에게도 칼을 지나치게 칭찬하지 못하게 했다.

다른 사람이 칼을 칭찬하면 칼이 못 듣게 밖으로 내보내고, 내 부탁에도 계속해서 칼을 칭찬하면 다시는 우리 집에 놀러오지 못하게 했다. 이 탓에 인정 없는 고집불통이라는 오해도 받았지만 칼이 나쁜 습관에 물들지 않게 하기 위한 것이기에 신경 쓰지 않았다.

아들에게 말했다.

"지식이 많으면 사람들에게 존경 받고 선행을 많이 하면 하나님의 은

총을 받아. 세상에는 교양 없는 사람들이 많은데 이들은 스스로 지식이 부족한 걸 알기에 지식이 풍부한 사람들을 존경한단다. 물론 사람들의 칭찬은 예측할 수 없어서 평소 많은 칭찬을 받다가도 한순간에 사라질 수가 있어. 하지만 선행을 하는 게 쉽지 않다는 걸 하나님도 잘 아시기에 영원한 은총을 주신단다. 그러니 사람들의 칭찬에 너무 신경 쓰지 마."

좋은 말을 듣고 싶으면 남들의 모함도 참고 견뎌야 한다. 가장 멍청한 사람은 남의 평가에 기분이 좌우되는 사람이고, 듣기 좋은 말에 우쭐대는 사람은 남에게 모함을 듣고 괴로워하는 사람보다 더 어리석다.

난 갖은 방법을 다 동원해서 칼이 자만에 빠지지 않게 했는데, 힘든 일이었지만 결국은 성공했다. 세상에 칼처럼 많은 칭찬을 들은 아이가 또 있을까? 하지만 나의 끈질긴 노력으로 칼은 칭찬의 폐해를 입지 않았다.

어느 날 할레 종교사무위원인 세스 박사가 내게 물었다.

"아드님이 잘난 척하지 않나요?"

"아뇨. 전혀 그렇지 않습니다."

"어떻게 그럴 수 있죠? 신동이 거만하지 않다니, 비정상처럼 들리네요. 분명히 거만할 거예요. 그래야 정상이거든요."

내 말에도 세스 박사는 칼이 거만할 것이라고 단정 지었다. 답답한 마음에 난 칼을 직접 만나게 했다. 세스 박사는 여러 차례 깊이 있는 대화를 통해서 칼을 이해할 수 있었다. 이후에 세스 박사가 말했다.

"칼이 거만하지 않은 건 정말 불가사의한 일이에요. 대체 어떻게 교육시키셨죠?"

난 칼이 직접 내 교육방법을 설명하게 했다. 세스 박사가 칼의 설명을 듣고 말했다.

"비테 목사님은 정말 자녀교육의 대가이세요. 정말 존경스럽습니다."

또 한번은 크로우라는 외지 감독관이 괴팅겐에 있는 친척집에 놀러왔다. 이전에 이미 신문과 소문을 통해서 칼에 관한 얘기를 많이 들은 그는 칼을 한번 테스트하고 싶어 했다. 그래서 우리 부자는 친척 얼굴도 볼 겸 괴팅겐에 갔다.

난 평소대로 크로우에게 어떤 경우에도 칼을 칭찬하지 말라고 부탁했다. 그는 수학에 조예가 깊다며 칼의 수학능력을 테스트하겠다고 했다. 내가 말했다.

"칭찬만 안 하시면 뭘 테스트하셔도 괜찮습니다."

상의를 마치고 난 칼을 들여보내 테스트를 시작했다.

그는 먼저 세상일에 관한 것을 시험하고 뒤이어 문학과 수학을 시험했다. 그는 매번 칼이 내놓는 대답에 만족스러운 표정을 지었다.

칼은 수학을 잘해서 모든 문제를 두세 가지 방식으로 풀기도 하고 크로우가 요구하는 방식으로 풀기도 했다. 크로우는 놀란 나머지 자신도 모르게 칼을 칭찬해버렸다.

난 재빨리 눈짓으로 테스트를 그만두라고 신호를 보냈다.

하지만 두 사람 모두 수학 실력이 뛰어난 탓에 테스트는 계속되었고, 테스트는 어느덧 가장 어려운 단계로 접어들었다. 그러자 그가 또 자신도 모르게 말했다.

"네가 아저씨보다 낫구나."

크로우의 계속되는 칭찬에 난 현장 분위기를 바꾸기로 했다.

"과찬이십니다. 칼이 이번 학기에 수학을 배워서 여태 기억하는 거예요."

그런데 크로우는 여기서 멈추지 않고 한 번 더 테스트를 하자고 했다.

"한 문제만 더 풉시다. 오일러도 3일 만에 푼 문제가 있는데 만약에 칼이 이 문제를 푼다면 정말 대단한 겁니다."

난 칼이 문제를 못 풀까봐 걱정되는 것이 아니라 문제를 풀고 득의양양해질까봐 걱정되었다. 하지만 그렇다고 내 속도 모르는 크로우에게 "하면 안 돼요."라고 말할 수도 없었다. 칼이 문제를 못 풀까봐 내가 지레겁을 먹었다고 오해할 수 있기 때문이다. 결국 내가 할 수 있는 건 가만히 지켜보는 것뿐이었다.

그는 칼에게 문제를 냈다.

"한 농부가 그림에 나오는 땅을 세 아들에게 나눠주려는데, 땅 모양은 반드시 정사각형이어야 해. 그럼 땅을 어떻게 나눠야 할까?"

이것은 칼이 책에서 보지도 못하고 듣지도 못한 문제였다. 그는 칼이 문제를 풀게 한 다음에 날 방으로 불렀다.

"이 문제는 죽었다 깨어나도 못 풀 거예요. 그런데도 제가 문제를 낸 것은 칼에게 세상에는 풀 수 없는 문제도 있다는 걸 가르쳐주기 위해서예요."

하지만 채 말이 끝나기도 전에 칼의 목소리가 들렸다.

"다 풀었어요."

"그럴 리가 없어."

크로우와 나는 도저히 믿을 수가 없었다.

"똑같은 정사각형으로 삼등분 하면 되죠?"

칼이 물었다. 그는 칼에게 의혹의 눈초리를 보냈다.

"전에 풀어본 적 있지?"

이때 난 가만히 있을 수 없었다. 난 그에게 칼이 이 문제를 푼 건 이번이 처음이고 절대 거짓말할 아이가 아니라고 말해줬다. 그러자 그가 감탄했다.

"세상에 이럴 수가! 칼의 실력이 오일러 선생보다 낫다니."

내가 또 눈짓을 하자 크로우가 눈치채고 고개를 끄덕이며 "알겠어요. 그만하죠."라고 말했다. 그는 내 귀에 대고 속삭였다.

"당신은 정말 교육의 대가예요. 이렇게 하면 칼이 많은 학문을 공부해도 결코 거만해지지 않겠어요."

칼은 기고만장해하기는커녕 방금 전에 있었던 일조차 까맣게 잊은 채 다른 사람들과 즐겁게 대화를 나눴다. 크로우는 칼을 매우 기특해했다.

난 칼을 겸손하게 키울 수 있었던 것이 축복이라고 생각한다. 칼에게 무수히 말했었다.

"사람은 아무리 똑똑하고 다재다능해도 전지전능하신 하나님 앞에선 한없이 작은 존재에 불과해. 때문에 조금 많이 안다고 해서 자만하는 건 매우 불쌍한 짓이야. 아첨은 대부분 거짓일 때가 많아. 하지만 안타깝게도 세상 사람들은 아첨을 많이 하지. 결국 아첨을 믿는 건 '난 바보예요'라고 말하는 거나 마찬가지야."

아이가 나쁜 습관에
물들지 않게 한다

난 칼과 비슷한 나이 또래의 아이들을 관찰하다가 거의 대부분의 아이들이 불량 행동에
따른 '격려'를 자기 식으로 받아들인다는 사실을 발견했다. 부모가 해야 할 일은 바로 이
런 '격려'를 발견하고 취소하는 것이다.

♣ 어떻게 해야 나쁜 습관이 생기는 것을
막을 수 있을까

칼이 재능이 많기로 소문나자 많은 부
모들이 비결을 알기 위해서 날 찾아왔다.

그들은 주로 "아이가 말을 안 들을 땐 어떻게 해야 하나요?" "아이의
성적이 나쁠 땐 어떻게 하죠?" "아이가 나쁜 습관에 물들면 어떡하나
요?"와 같이 부모로서 골치 아프고 걱정되는 문제를 물었다.

사실 부모가 아이의 행동을 유심히 관찰하고 아이의 관점에서 문제를
생각하면 모든 것은 쉽게 풀린다.

어느 자상한 부인은 시도 때도 없이 화를 내는 난폭한 아들 때문에 어
떻게 해야 할지 모르겠다고 털어놓았다. 아이의 난폭한 성격을 고치고

교양 있게 만들려면 먼저 이유부터 파악해야 한다.

왜 이 부인의 아들은 난폭해졌을까?

아이의 감정은 나약해서 쉽게 흥분한다. 아이들은 좌절감에 따른 심리적인 부담을 통제하지 못하고 이것을 어떻게 해소해야 할지 모를 때 조금이나마 스트레스를 덜기 위해서 화를 낸다.

아이들은 화가 나면 주위 환경이 어떻건 간에 상관없이 이성을 잃고 내면의 분노와 공포에 따라서 행동하는데 이때 아이들의 모습은 마귀처럼 무섭다. 부모는 이 점에 주의하고 아이가 화를 내는 이유를 정확히 파악해서 다시는 이런 일이 발생하지 않도록 조치를 취해야 한다.

부모는 아이가 좌절을 적게 경험하거나 받아들일 수 있는 범위 안에서 겪도록 아이의 생활을 잘 안배하는 노력이 필요하다. 강제로 무엇을 시키거나 못하게 하지 않고, 엄격하게 교육하되 아이가 감당할 수 없는 지경까지 치달아선 안 된다. 그렇지 않으면 아이가 막다른 골목에 몰려 무력감에 어찌할 바를 모르다가 결국 화를 내고 만다. 생각해보라. 어른도 감당할 수 없는 일을 당하면 분노가 치미는데 아이들은 오죽하겠는가?

아이가 기분이 나쁠 땐 되도록 신경을 건드리지 말아야 하고, 어려움을 겪을 땐 괜한 말로 자극하지 말고 평정을 되찾을 때까지 기다렸다가 천천히 지도하는 것이 좋다. 아이가 화를 내면 사태가 더욱 악화되지 않도록 적당한 대책을 세워야 한다.

칼을 교육하고 다른 아이들을 연구하면서 많은 경험을 쌓을 수 있었는데, 아이가 화를 낼 땐 잠시 주의를 다른 곳으로 옮겨서 화난 일을 잊고 평정을 되찾게 하는 것이 순서다. 이때 부모는 아이의 기분을 부채질하거나 간단히 폭력을 써서 아이를 '진압' 하지 말고 냉정함을 유지해야 한다. 또한 화난 상태에서는 머릿속에 아무 말도 안 들리므로 아이에게 직접적인 말을 하는 것을 삼가고, 되레 부모가 더 화를 내며 화난 아이를 꾸짖지도 말아야 한다. 이럴수록 화만 더 커진다.

어떤 아이들은 화가 나면 아무도 자신을 못 안게 하는데, 이런 경우에는 안 안아주는 것이 상책이다. 괜히 강제로 안으려다가 아이 화만 더 돋울 수 있기 때문이다. 따라서 이럴 땐 아이가 다치지 않게 주변에 깨진 물건들을 정리하는 것이 더 현명하다. 할 말이 있으면 아이가 평정을 되찾은 뒤에 하고, 아이가 평정을 되찾으면 더욱더 아끼고 위로해줘야 한다.

부모는 아이의 나쁜 성격에 상을 줘서도 안 되고 벌을 줘서도 안 되며 화를 내면 원하는 것을 얻기는커녕 오히려 잃게 된다는 것을 가르쳐야 한다. 예를 들어 아이가 밥 먹기 싫다고 짜증을 부리면 짜증을 다 낸 다음에 반드시 밥을 먹게 하고, 평소 아이가 밥을 다 먹었을 때 칭찬해줬으면 짜증을 낸 뒤에 밥을 다 먹은 뒤에도 마찬가지로 칭찬해줘야 한다. 물론 왜 그래야 하는지 아이에게 이치를 설명해주는 것도 잊지 말아야 한다.

또 주의할 점은 아이가 많은 사람들 앞에서 화를 내더라도 결코 기분을 맞춰주지 말라는 것이다. 많은 부모들은 아이가 사람이 많은 곳에서 소란을 피우면 이것이 잘못되었다는 것을 알면서도 아이의 요구를 들어준다. 하지만 이것은 계산된 행동인데 아이들은 생각보다 교활해서 부모의 약점을 이용해서 능숙하게 목적을 달성할 줄도 안다. 부모는 최대한 이런 일이 일어나지 않게 해야 한다. 만약에 아이가 사람들 앞에서 요구하면 바로 요구에 응하되 합리적인 요구면 들어주고 비합리적인 요구면 "집에 가서 얘기하자.""손님이 가신 뒤에 말하자."라고 간접적으로 대답하는 것이 옳다. 다시 말해서 아이가 화를 내기 전에 직간접적으로 아이의 요구에 대답해야 한다.

아이가 화를 내는 주된 이유는 어린 탓에 많은 일들에서 무력감을 느끼기 때문이다. 하지만 조금씩 나이를 먹으면서 능력이 좋아지면 그만큼 좌절을 겪는 횟수가 줄어들어 서서히 온화해지고 철이 든다.

부모들 중에 울고 불며 떼쓰고 제멋대로 성질을 부리는 아이들에게 속수무책으로 끌려 다니는 부모들이 많은데 이를 막으려면 사전에 대책을 세워야 한다. 예컨대 아이가 장난감을 사달라고 할 때 부모가 보기에 살 필요가 없다고 여겨지면 아이가 장난감을 얻을 수 없다는 심리적인 준비를 미리 하게 해서 떼쓰는 것을 막는다. 또한 이렇게 말할 수도 있다.

"아줌마에게 네 나이에 가지고 놀아도 되는 장난감인지 물어서 된다고 하면 사고 안 된다고 하면 사지 말자."

칼이 네 살 때 친척이 조카를 데리고 집에 놀러왔다. 두 아이는 나이도 비슷한 데다 서로 상대방에 대해서 익히 들은 터라 금세 친해졌다. 하지만 이삼일 뒤부터 문제가 생기기 시작했다.

어느 날 둘은 함께 정원에서 나무판으로 집을 지었는데 조카도 즐겁게 칼을 도왔다. 그런데 갑자기 둘이 싸우기 시작했다. 놀라서 밖으로 뛰어나갔더니 칼은 바닥에 앉아서 눈만 멀뚱히 뜨고 있고 조카는 엉엉 울고 있었다.

"칼, 어떻게 된 거야?"

난 무서운 얼굴을 하고 물었다.

"얘가 말을 안 듣잖아요."

알고 보니 칼은 감독관처럼 조카에게 집 짓는 일을 시켰는데 처음에 칼의 말을 잘 듣던 조카가 점점 말을 안 듣기 시작하더니 급기야 칼이 놓지 말라는 곳에 기어코 둥근 나무판을 놓았다. 그러자 칼이 다시 나무판을 내려놓았고 이것을 다시 조카가 올려놓다가 결국 싸움으로 번지고 만 것이다. 사태를 파악한 난 칼에게 말했다.

"칼, 네가 오빠니까 동생에게 양보했어야지. 또 둥근 나무판을 올려놓으면 더 보기 좋지 않니?"

"하나도 안 보기 좋아요."

말을 끝내기가 무섭게 칼은 발로 미완성의 집을 걷어차고 방으로 뛰어들어갔다. 난 지금껏 한 번도 본 적이 없는 칼의 모습에 깜짝 놀라고 말았다. 칼이 그렇게까지 화내고 제멋대로 군 적은 처음이었다. 난 칼을 혼내러 뒤쫓아 가지 않고 우선 땅바닥에 주저앉아 울고 있는 조카를 안아줬다. 난 일부러 둘이 나란히 앉아 밥을 먹게 했다.

"칼, 오늘 왜 동생을 울렸니?"

"전 아무 잘못도 안 했어요. 단지 얘가 내 말을 안 들어서 화가 났을 뿐이에요."

"왜 동생이 네 말을 들어야 하니?"

난 계속해서 물었다.

"동생은 건축에 대해서 아무것도 모르지만 전 잘 알거든요."

"집을 지을 때 동생이 말썽 피웠니?"

"아니요."

"동생이 나무판을 올려놓은 건 그게 더 예뻐 보였기 때문이야."

"하지만……"

"평소에 네가 나무판으로 뭘 만들 때 아빠가 간섭하지 않은 건 네가 마음껏 상상력을 발휘하게 하기 위해서였어. 하지만 오늘은 달라. 동생도 같이 만들었잖아. 동생에게도 상상력을 발휘할 기회를 줬으면 더 좋지 않았을까?"

"전……"

"둘이 사이좋게 놀고 힘을 합해서 집을 지었으면 더 좋았을 뻔했잖아. 사람의 힘은 한계가 있어서 협동할 때 일을 더 완벽하게 할 수 있어. 동생이 못하면 네가 인내심을 가지고 가르쳐야지 화를 내서야 되겠니? 만약에 네가 못할 때 아빠가 화내면 좋겠어?"

칼이 고개를 숙인 채 아무 말도 안 했지만 내가 한 말의 뜻을 이해했다는 것을 알 수 있었다. 이튿날 둘은 즐겁게 놀았고 힘을 합쳐서 매우 멋있는 궁전을 지었다.

아이들이 커갈수록 점점 성격이 나빠지고 부모의 말을 잘 안 듣는데 이것은 아이가 서서히 독립적으로 변해간다는 뜻이다. 하지만 이때 가정교육을 소홀히 하면 아이가 나쁜 습관 더 나아가 악습에 쉽게 물들 수 있으므로 주의해야 한다.

♣ 아이가 '악습'에 물들 때

　　　　　　　　아이는 판단력과 문제 처리 능력이 부족한 탓에 비교적 나쁜 습관에 물들기 쉽다. 하지만 부모는 아이의 나쁜 습관을 어른의 악습과 혼동해서는 안 된다. 아이의 나쁜 습관은 어른의 악습처럼 위험하지 않다. 따라서 부모는 작은 일을 큰일로 만들지 않으려면 아이의 입장에서 생각하고 아이가 왜 나쁜 습관에 물들었는지 이해해야 한다.

　부모들 중에는 여러 사람 앞에서 아이를 혼내야 아이가 말을 잘 듣고 자신의 권위가 선다고 잘못 생각하는 사람들이 있는데 이것은 아이의 자존심에 직접적으로 상처를 주는 행위다.

　아이의 자존심을 보호하는 것은 자녀교육의 전제조건이다. 난 결코 사람들 앞에서 칼을 혼내지 않았다. 이렇게 해서는 문제가 해결되기는커녕 오히려 더 악화된다는 것을 너무도 잘 알기 때문이다.

　자존심은 사람의 기본적인 욕구로, 자존심을 상하게 하면 예측하기 힘든 결과를 얻게 된다. 아이의 자존심은 여린 꽃잎과 같아서 상처가 잘 생긴다. 아이들은 철부지라서 아무것도 모를 것이라는 예상과 달리 반복해서 자존심에 상처를 입으면 성격과 심신의 건강에 적신호가 켜진다. 때문에 난 칼을 교육시킬 때 칼의 자존심을 지켜줬고, 다른 학부형들과 가정교육을 논할 때 아이의 자존심을 지키기 위해서 노력해야 한다고 반복해서 강조했다.

　부모는 아이의 명예감도 보호해야 한다. 사람은 누구나 다른 사람에게 인정과 격려를 받고 싶어 하는데 이런 욕구는 아이가 어른보다 더 강하다. 타인 특히 부모에게 인정받는 것은 아이의 심신의 건강과 발전에 매우 중요하다. 아이에게 자존심과 명예감이 없는 것은 매우 우려할만한 상황으로 이런 아이를 교육하는 것이 가장 어렵다. 아이가 다른 사람 특히 친구들 앞에서 창피를 당할 경우 두고두고 아이들의 놀림거리가 돼서 장기적으로 심리적인 장애를 앓고 건강하게 성장하지 못할 수도 있다. 따라서 부모는 어른의 잣대로 일을 무지막지하게 처리하지 말고 반드시 방법에 주의해서 인내심을 가지고 아이를 지도해야 한다.

자녀교육은 인내심을 최고로 요하는 일이다. 불같이 화내며 아이를 때리고 욕하면 표면적으로 아이의 버릇을 고친 것 같지만 사실상 해결된 것은 아무것도 없다. 가장 좋은 자녀교육법은 마음을 평화롭게 가지고 온화하게 말하는 것이다. 이렇게 하면 강압적으로 하지 않아도 자연히 부모의 권위가 선다. 난 칼이 좋은 일을 하건 나쁜 일을 하건 늘 최대한 평정을 유지했다.

아이가 어떤 일을 할 때 부모들은 늘 "하지 마." "안 돼." "그만둬."라고 말하는데 이런 소극적이고 부정적인 말은 아이에게 무력감과 열등감을 안겨준다. 난 늘 "이렇게 해봐." "열심히 하렴."과 같이 적극적이고 긍정적인 격려의 말로 칼을 지도하고 긍정적인 정서를 심어줬다.

많은 부모들이 오해하는 것 중의 하나는 아이가 나쁜 습관에 물들지 않게 하려면 부모가 아이의 모든 것을 관장해야 한다고 생각하는 것이다. 이것은 얼토당토않은 소리다. 아이가 무슨 대단한 비밀이 있겠냐며 끝까지 아이의 비밀을 캐려고 하는 것은 옳지 않은 행위다. 어른이 보기에 아이의 비밀이 대수롭지 않게 보이지만 아이의 어린 마음에도 엄연히 모두에게 공개할 수 없는 비밀이 있게 마련이므로 부모가 이 점을 존중해줘야 한다. 이렇게 해야 부모도 아이에게 존중받고 서로 간에 친밀감을 높일 수 있다. 부모가 존중해주면 간혹 아이가 먼저 자신의 비밀을 털어놓기도 한다. 하지만 부모가 아이를 존중하지도 않고 신뢰하지도 않으면 아이가 자신의 지위를 찾지 못해서 우울해하다가 자폐적으로 변할 수도 있다. 존중은 수수방관하는 것이 아니라 수시로 관심을 갖는 것으로 건전한 비밀뿐만 아니라 불건전한 비밀도 아이를 존중하고 이해하는 전제 하에서 관심 있게 지도해야 한다.

칼을 교육하며 좋은 효과를 거둘 수 있는 간단하고도 관용적인 방법을 발견했다. 그래서 칼이 잘못을 저질렀을 때 끝도 없이 잔소리를 늘어놓지 않고 잘 알아듣도록 간결하게 이치를 설명할 수 있었다.

난 한 번도 아이를 때린 적이 없다. 아이를 때리는 것은 야만적인 행위이기 때문이다. 체벌은 일시적인 효과에 지나지 않는데도 어떤 부모는 아이를 벌주며 "보기 싫으니까 내 눈 앞에서 썩 꺼져.", "넌 어쩜 이렇게 바보 같니.", "정말 방법이 없구나."라고 말하는데, 이런 것들이 아이의 마음에 그늘을 만든다는 것을 알아야 한다.

♣ 어떻게 해야 효과적일까

　　　　　부모의 합리적인 교육은 아이의 건강한 성장에 도움을 준다. 어떤 부모는 아이의 자존심을 살리기 위해서 뭐든지 아이의 뜻을 따르고, 또 어떤 부모는 아이가 말을 잘 듣게 하기 위해서 사사건건 간섭하는데 이렇게 하면 아이가 활기와 창의력을 잃게 된다. 또한 두 가지 모두 극단적인 방법이기 때문에 결코 아이가 건강하게 성장할 수 없다.

　칼을 교육할 때 난 아이의 불량 행동을 효과적으로 제지하는 동시에 부작용을 최대한으로 줄이거나 막자는 기본 원칙을 지키기 위해서 노력했다. 칼과 비슷한 나이 또래의 아이들을 관찰하다가 거의 대부분의 아이들이 불량 행동에 따른 '격려'를 자기 식으로 받아들인다는 사실을 발견했다. 부모가 해야 할 일은 바로 이런 '격려'를 발견하고 취소하는 것이다.

　어느 날 친구 한 명이 좋은 자녀교육법이 없냐며 날 찾아왔다. 친구는 아들이 장난기가 너무 심해서 늘 여동생들과 친구들을 괴롭히고 뭐든지 청개구리처럼 반대로 해서 고민이 이만저만이 아니었다.

　"정말 아들 때문에 미칠 것 같아. 사람 놀리는 거는 기본이고 빵 하나를 먹어도 그렇게 유난을 떨면서 먹을 수가 없어. 내 화를 돋우느라고 일부러 하지 말라는 것만 골라서 해. 대체 이 애를 어떻게 해야 하니?"

　친구의 말에 호기심이 생겼다. 그저 빵 하나 먹은 것도 친구가 이렇게 펄쩍 뛰니, 다른 일들은 얼마나 대단할까? 난 친구에게 아들을 보여 달라고 했다.

　점심식사 시간에 난 특별히 말썽쟁이인 친구의 아들을 유심히 지켜봤다. 과연 그 아이가 빵을 먹는 모습은 남달랐다. 빵의 겉껍질을 조심스럽게 벗긴 뒤에 손가락으로 공 만하게 꼭꼭 뭉쳐서 먹고 알짜배기 빵 덩어리는 쟁반에 버렸다. 그러고는 우쭐대며 말했다.

　"엄마, 빵 껍질을 모두 벗겼어요."

　"왜 또 그래. 손님도 앞에 계시는데."

　친구의 부인이 화를 냈다. 보아하니 친구도 같이 화를 내려고 하기에 화를 내지 말라고 눈빛을 보냈다. 식사를 마친 뒤에 난 친구에게 아이를 다루는 좋은 방법을 알려줬다. 며칠 뒤에 친구의 아들은 또 전처럼 빵을 먹고 의연하게 "엄마, 빵 껍질을 모두 벗겼어요"라고 말했다. 하지만 친구의 부인은 그저 "알았어."라고만 대답하고 신경 쓰지 않았다.

　"오늘은 왜 안 혼내세요?"

　"별로 할 말이 없구나."

　오래지 않아 친구의 아들은 빵 껍질을 벗겨먹는 나쁜 습관을 고치고 정상적으로 먹기 시작했다. 친구는 어떻게 이런 일이 일어날 수 있냐며 신기해했다.

　사실 원리는 간단했다. 친구의 아들이 빵의 껍질만 벗겨 먹은 건 부모의 주의를 끌기 위한 것으로, 친구 부부가 화를 내면 아들은 이것을 일종의 관심과 격려로 받아들이고 계속해서 같은 짓을 반복했다. 하지만 내가 다녀간 뒤로 부모가 자신의 괴행에 아무런 관심을 보이지 않자 친구의 아들은 재미가 없는 나머지 무의식중에 나쁜 버릇을 고치게 되었다.

또 저속한 말을 잘 하는 남자아이가 있었는데, 이 아이는 집에서 배운 '똥'이라는 말을 즐겨 사용했다. 아이의 엄마는 우아하지 않다는 이유로 이 말을 못 쓰게 했지만 아이는 아랑곳하지 않고 세속해서 "하늘에 똥이 떠 있다" "똥 과자" "달콤한 똥" 등의 말을 하고 다녔다. 아이의 엄마는 어떻게 해도 아이가 말을 안 듣자 결국 포기하고 말았다. 아이는 부모가 관심을 안 보이자 서서히 이 말을 사용하지 않았다.

아이는 자라면서 좋은 모습을 보일 때도 있지만 사람을 놀리거나 말을 안 듣고 제멋대로 구는 등 나쁜 습관에 물들어 남에게 상처를 줄 때도 있다. 따라서 아이를 효과적으로 교육시키려면 구체적인 문제에 대해서 서로 다른 해결방법을 택해야 한다.

칼은 어릴 때 벽에 낙서하는 것을 좋아했는데 내가 그림도구를 사줘도 이 버릇은 고쳐지지 않았다. 어느 날 칼이 몰래 낙서하다가 내게 걸렸다.

"칼, 뭐하니?"

칼은 황급히 크레용을 몸 뒤로 숨기고 온 몸으로 방금 한 낙서를 가렸다. 당시에 난 이렇다 저렇다 길게 말하지 않고 낙서하지 말라는 말과 함께 잠시 칼을 방에 혼자 있게 했다.

잠시 후에 칼을 불러서 왜 벽에 낙서하는지 물었다.

"아빠, 잘못했어요. 도화지에 그려야 하는데 제가 벽을 지저분하게 만들었어요. 아빠가 물건 더럽히지 말라고 했는데, 전 벌 받아도 싸요."

내가 칼을 벌주지 않고 혼자 방에 있게 한 것은 칼 스스로 무엇이 옳은지 생각하게 하기 위해서였다. 사실 한때 재미가 들려서 말썽을 부리는 것이지 아이들도 이런 간단한 이치쯤은 이해한다. 아이가 진심으로 자신의 잘못을 뉘우치면 같은 잘못을 반복할 확률이 줄어든다. 이것은 그 자리에서 벌을 주거나 예전에 했던 말을 여러 번 반복해서 혼내는 것보다 더 효과적이다.

칼이 방에 혼자 있게 한 것은 벌이라기보다 낙서하느라 흥분했던 마음을 차분히 가라앉히게 하기 위해서였는데, 난 칼이 벽을 보고 앉아 반성하기를 바랐다.

이러한 방법은 여러 상황에서 유용하게 쓸 수 있다. 예를 들어 아이들은 서로 잘 놀다가도 의견이 일치하지 않아서 토닥거리고 잘 싸우는데 이것은 일시적인 충동에 지나지 않는다. 이때 싸운 아이들을 떼어놓고 잠시 혼자 생각하게 하면 마음의 앙금이 풀려서 금세 화해한다. 하지만 우정이란 무엇인가에 대해서 장광설을 늘어놓을 경우 사태만 더욱 나빠지게 된다.

가끔씩 아이가 부모의 말을 안 듣고 제멋대로 굴 땐 아이를 지정된 장소로 데려가 반성하게 해야 하는데, 아이를 방에 혼자 있게 할 경우에는 아이가 악을 쓰고 울어도 시간이 될 때까지 결코 문을 열어줘선 안 된다. 이렇게 해서 아이가 반항해도 소용없고 잘못했으면 자신의 행동에 책임을 져야 한다는 걸 알게 해야 한다. 다행히도 칼은 어릴 때부터 부모 말을 잘 들어서 난 이 방법을 쓸 일이 없었다.

♣ 왜 음식 욕심을 낼까

부모가 지나치게 아이를 아끼는 나머지 무제한적으로 음식을 주면 음식물을 소화하는 데 대량의 에너지를 쓰고 두뇌효율이 떨어지는 등 많은 부정적인 영향이 생긴다. 이렇게 되면 조기교육이나 다른 교육에 공들인 보람이 모두 없어진다. 실제로 주위의 아이들을 둘러보면 과식하다가 탈이 나는 경우가 많다. 하지만 많은 부모들이 이런 식의 사랑이 외려 아이를 망칠 수도 있다는 사실을 인식하지 못해서 안타깝기만 하다.

아이는 태어날 때부터 음식 욕심이 많지 않다. 모두 부모가 종용한 결과다. 가장 큰 문제는 많이 먹으면 빨리 크고 튼튼해지는 줄 알고 좋다는 음식은 돈을 아끼지 않고 무조건 사 먹이는 것이다.

우리 부부는 칼이 음식 욕심을 내지 않게 하는 동시에 영양과 건강을 챙기기 위해서 합리적으로 식단표를 짜고 정해진 시간에 식사를 하게 했다. 또한 건강과 합리적인 식습관의 중요성을 이해시키기 위해서 늘 과식의 폐해를 말해줬다.

칼에게 말했다.

"많이 먹으면 머리가 둔해지고 마음이 초조해져서 병에 잘 걸려. 병이 나면 마음이 괴로워지고 친구들과 놀 수도 공부할 수도 없어. 또 엄마 아빠가 보살펴야 하기 때문에 많은 일들을 못하게 돼. 그래서 너 한 사람 때문에 많은 사람들이 불편을 겪게 된단다."

아이에게는 말로 하는 것보다 직접 보여주는 것이 더 효과적이다. 난 칼이 실질적이고 직접적으로 깨닫게 하기 위해서 친구가 병이 나면 칼을 데리고 문병 갔다.

어느 날 칼과 함께 산책하다가 우연히 친구의 아들을 만났다.

"가족들은 모두 평안하시니?"

난 친구의 아들에게 가족의 안부를 물었다.

"덕분에 모두 건강하세요. 고맙습니다."

"혹시 동생이 아프지 않니?"

"어떻게 아셨어요?"

아이는 깜짝 놀랐다.

"그야 크리스마스를 보낸 지 얼마 안 되었잖니."

역시 내 예감은 틀리지 않았다. 이 아이의 동생은 과식하는 습관이 있기 때문에 크리스마스를 보내고 나면 병이 안 날래야 안 날 수가 없다. 난 칼을 데리고 친구의 집에 병문안을 갔다. 아이가 "머리가 아프다", "배가 아프다"라고 말하지 않고 그저 몸을 뒤척이며 끙끙대는 모습이 영락없이 과식한 꼴이었다. 이런 상황에서 칼에게 과식을 하면 왜 안 되는지 조용히 말해주면 칼은 어렵지 않게 내 말을 이해했다.

난 칼이 과식하는 습관을 들이지 않게 하기 위해서 건강한 식습관을 키우고 즐겁게 식사하게 했다. 즐겁게 식사하면 아이의 심신 발달이 촉진된다.

음식을 먹는 건 환대도 아니고 의무도 아니다. 따라서 부모는 음식으로 아이를 격려하거나 벌하는 데 불필요하게 많은 시간과 에너지를 쏟지 말아야 한다. 또한 교육하는 시간과 식사 시간을 구분하고 즐거운 식사

분위기를 조성해서 아이 스스로 알아서 식사를 하게 해야 한다.

부모들은 아이가 밥을 적게 먹거나 안 먹을까봐 두려운 나머지 아이가 밥 먹을 때마다 싸움을 거는 것처럼 무엇을 먹고 먹지 말아야 하는지 규칙을 만들어서 아이에게 보이지 않는 스트레스를 준다. 그런데 날마다 이런 일이 반복될 경우 아이는 식사하는 것이 부담스러워서 정상적인 식사를 못하게 된다.

아이가 배를 채우는 데 많은 양의 음식물이 필요하지는 않다. 중요한 것은 아이가 과식하지 않고 식사를 즐겁고 중요하며 자연스러운 일로 받아들이는 것이다. 결코 아이가 먹는 것 자체를 좋아해서 과식하는 나쁜 습관을 가지게 해선 안 된다.

칼은 많이 먹어서 탈이 난 적이 한 번도 없다. 이것은 친구 집에 놀러 가서 맛있는 과자 환대를 받을 때도 마찬가지였다. 친구들은 내가 너무 엄하게 굴어서 칼이 먹고 싶어도 못 먹는다고 말했지만 사실은 좋은 식습관을 가진 덕에 칼이 스스로 안 먹은 것이다. 그런데도 친구들이 그렇게 생각한 건 칼의 자제력이 얼마나 뛰어난지 모른 채 자신과 자기 아이들을 기준으로 칼을 평가했기 때문이다. 사실 자제력을 갖기는 생각만큼 어렵지 않다. 어릴 때부터 합리적인 식습관을 가르치면 누구나 칼처럼 될 수 있다.

♣ 많이 먹으면 멍청해진다

음식물을 많이 섭취해서 위를 피로하게 만들면 대뇌기능이 약해지고 멍청해진다. 역사적인 위인들 특히 머리를 많이 쓰는 사상가나 철학가들은 이 점을 경계했다.

우리 마을에 사는 뚱보 고우드는 어릴 때부터 어른 뺨치게 많이 먹기로 유명했다. 고우드는 하루 세끼 식사도 부족해서 틈틈이 간식을 챙겨 먹었다.

난 칼을 더 잘 키우기 위해서 자주 사람들에게 자녀교육법을 물었는데, 어쩌다가 고우드가 걷는 것조차 힘들 정도로 뚱뚱해졌는지 문득 궁금해졌다.

고우드의 아빠에게 물어본 결과 그는 고우드를 늘그막에 얻어서 누구보다도 애지중지하며 키웠다. 또한 아들을 위해서라면 궂은일도 마다하지 않았고, 아들에게는 언제나 최고의 음식과 옷을 제공했다.

비교적 마른 몸매인 두 부부는 고우드의 뚱뚱한 모습이 맘에 들지 않았지만 이들은 아들의 외형적인 모습만 보기 싫게 여길 뿐 비만이 아이의 짐이 되리라고는 전혀 생각하지 못했다고 했다.

고우드는 뚱뚱한 데다 동작도 굼떠서 친구들에게 돼지라고 놀림 받고 같이 어울리지도 못했다. 이때 부모가 친구들에게 따돌림 당하고 우는 아들에게 유일하게 해준 것은 먹을 것을 주는 것이었다. 이 부부는 잘 먹이기만 하면 아무 문제가 없을 것이라고 생각했던 모양이다.

먹보 고우드는 공부할 때도 먹을 것을 달고 있었는데 부모는 고우드가 열심히 공부하지 않으면 과자나 사탕을 줘서 열심히 하게 했다. 하지만 이것은 얼마나 어리석은 방법인가! 이렇게 하면 아이가 열심히 공부하지 않아도 과자를 먹을 수 있다는 걸 알고 꾀를 써서 결국 학습에 부정적인 영향이 초래된다.

내가 고우드의 성적이 어떠냐고 물었을 때 고우드의 부모는 깊은 한숨을 내쉬었다. 칼보다 두 살이나 더 많은데도 불구하고 하늘땅만큼 실력차가 났다. 고우드가 이렇게 된 것은 어리석은 부모의 잘못이 크다. 그들은 아이에게 먹을 것만 줬을 뿐 어릴 때부터 잠재력을 키우는 일은 등한시했다. 따라서 이런 부모 밑에서 고우드가 그렇게 자란 것은 당연한 결과였다.

좋은 마인드를 키운다

아이의 일을 부모가 도맡아 결정하면 아이는 능력을 실천하고 단련할 기회를 잃고 뭐든지 부모에게 의지하게 된다. 결국 이렇게 하는 것은 아이를 망치는 것이다. 이런 환경에서 자란 아이는 독립의식이 없어서 사회에 나가면 방금 젖을 뗀 아이처럼 적응하지 못하고 도움의 손길만 애타게 기다린다. 하지만 가정의 울타리 밖에서 부모처럼 보살펴줄 수 있는 사람을 찾는다는 게 가능한 일인가?

♣ 용기의 가치

　　　　　　　　　용기는 사람을 적극적이고 진취적으로
만드는 원동력이다. 재능과 학식이 넘쳐도 용기가 부족하면 연약하고 무
능한 사람에 불과하다. 부모가 아이를 사랑하고 아끼는 것은 당연한 천
성이지만 그렇다고 아이가 다칠까봐 온실의 화초처럼 감싸고 보호하는
것은 어리석은 짓이다. 아이의 안전에만 관심을 갖고 용기를 키워주지
않으면 아이가 사회의 대들보가 되기는커녕 약간의 충격에도 금세 무너
져 내린다. 난 칼에게 용기를 심어주는 것은 매우 중요한 수업으로 생각
하고 어릴 때부터 용기의 가치를 가르쳤다. 그 덕에 칼은 어린 나이에도
용감하고 강인한 사람은 존경받지만 겁쟁이는 사람들에게 질타를 받게
된다는 개념을 가질 수 있었다.

어느 날 칼이 친구들과 놀다가 손가락을 다쳤다. 손에서 피가 흐르고 매우 따끔거렸지만 칼은 아픈 내색을 하지 않고 끊임없이 자신에게 "용감해야 해."라고 외치며 입을 앙 다물고 계속해서 친구들과 놀았다. 그날 저녁에 칼은 손가락이 매우 아팠지만 울면 친구들이 연약하다고 놀리며 다시는 안 놀아줄까봐 눈물을 꾹 참았다고 했다. 칼의 용기는 다른 능력들처럼 타고난 것이 아니라 후천적인 훈련에 의해서 키워졌다.

칼은 원래부터 용감한 아이가 아니었다. 심지어 어릴 땐 여자아이보다도 더 겁이 많았다. 한번은 이웃집 아이인 몰리가 신나게 놀다가 바람에 모자를 날려버렸는데 하필이면 이 모자가 나뭇가지에 걸리고 말았다. 나무를 흔들고 돌을 던져도 모자가 떨어지지 않자 몰리는 나무를 타고 올라가기로 결심했다. 하지만 키도 작고 힘도 없는 탓에 번번이 나무에서 미끄러졌다. 결국 몰리는 옆에서 놀고 있던 칼에게 도와달라고 부탁했다. 하지만 몰리보다 키도 크고 힘도 센 칼은 나무를 타려고 하지 않았다. 마침 이곳을 지나던 난 칼에게 왜 몰리를 도와주지 않느냐고 물었다.

"너무 위험해요. 떨어지면 어떡해요."

"별로 높은 나무도 아닌데 뭐가 위험해. 그리고 꼭 잡으면 떨어질 일도 없어."

하지만 칼은 여전히 무서워했고 결국 내가 외투를 벗고 올라갔다. 물론 손으로도 내릴 수 있었지만 난 그렇게 하지 않았다. 나무를 타고 올라가 칼에게 말했다.

"이것 봐. 별로 안 위험하잖아. 이렇게 나이 많은 아빠도 올라가는데 네가 왜 못해."

칼은 변명의 여지가 없자 나무를 타보겠다고 대답했다.

처음에는 무서워하더니 점점 두려움이 사라지는지 높은 곳에 오른 뒤에는 큰소리로 말했다.

"아빠, 별로 안 무서워요."

칼은 나뭇가지에 걸린 모자를 몰리에게 던져줬다.

이후 칼은 더 이상 예전처럼 겁을 내지 않았다. 비록 사람들이 어린아이에게 나무 타는 법을 가르치는 것은 우아하지 못하다고 수군댔지만 아이가 용감해질 수 있다면 이쯤은 감수할 수 있었다.

난 아이에게 용감한 정신을 키우는 것을 교육의 최우선 순위에 놓는 영국의 교육방법에 찬성한다. 영국인들은 초등학생들을 대상으로 보이스카우트를 결성해서 주기적으로 탐험하며 열악한 환경에서 살아남는 법과 용기와 탐험 정신을 가르친다.

어떤 부모는 아이들의 능력에 대한 이해가 부족해서 아이에게 새로운 사물과 익숙한 환경을 탐험하고 신체를 단련할 수 있는 기회를 주지 않는데 사실 아이에게는 이런 능력이 충분히 있다. 과보호를 받고 자란 아이들의 특징 중 하나가 용기가 부족한 것인데 이것은 아이의 발전에 전혀 도움이 안 된다. 넘어져서 생긴 무릎팍의 상처는 가만히 둬도 저절로 아물지만 상처 입은 자신감과 부족한 용기는 노력하지 않으면 어떤 식으로도 채워지지 않는다.

수많은 사례가 증명하듯이 과보호는 의존성만 키워서 아이가 자신감과 용기를 잃고 열등감에 시달리게 만든다. 또한 장시간 이런 환경에 노출되면 아이가 심리적으로 균형을 잃고 부모에게 반항하게 된다.

부모들은 영국인들이 자녀에게 용기를 키워주는 방법을 본받아야 한다. 들은 바에 의하면 영국 남부의 와이강 유역에는 급류를 타며 훈련할 수 있는 기지가 있어서 아이들이 이곳에서 자주 탐험활동을 하며 용기와 의지를 단련한다고 한다. 훈련 강도는 비교적 센 편인데, 급류 속에서 살아남기 위해서 아침 일찍부터 수영하고 노 젓는 법을 배우기 때문에 물에 빠지거나 다치는 아이들이 많다. 아이들은 단순히 이곳에서 항해기술만 배우는 것이 아니라 이보다 더 중요한 강인한 의지와 용기와 협동정신을 배운다.

이 밖에도 영국 각지에서는 아이들의 의지와 용기를 단련하는 탐험활동이 많이 열리는데, 이것은 아이들이 일하고 공부하는 데 중요한 기초가 된다.

♣ 독립심

난 칼을 지도하면서 칼이 할 수 있는 일이면 대신 해주지 않는 원칙을 고수했다.

이유인 즉 부모가 아이의 일을 도맡아 하는 것은 아이의 능력과 용기를 의심하는 것이나 마찬가지이기 때문이다. 이것은 아이가 능력을 단련할 수 있는 기회를 빼앗는 것이거니와 아이의 적극성에 공격을 가하는 것이다.

어느 부인은 남편을 먼저 하늘로 떠나보낸 뒤에 더욱더 아들을 '금이야 옥이야 하며 키웠다. 그녀는 아들이 다섯 살이나 되었는데도 밥을 먹여주고 옷을 입혀줬다. 또래 아이들이 이 정도 일은 거뜬히 하는 것에 비해 그녀의 아들은 혼자서 아무것도 하지 못했다. 옆에서 지켜보다 못해 어떤 사람이 아들이 그만큼 컸으면 혼자 하게 두라고 조언했지만 그녀는 여전히 "아들은 제 전부예요. 아들을 위해서라면 난 뭐든지 희생할 수 있어요."라고 말하며 자기 고집을 꺾지 않았다.

그녀는 이 같은 사랑이 아들을 더욱 불행하고 무능하게 만든다는 것도 모른 채 자식을 위해서 뭐든지 희생하는 자신을 좋은 엄마라고 생각했다. 하지만 사실상 그녀의 사랑은 아들이 건강하게 성장하고 독립의식을 갖는 데 전혀 도움이 안 되었다. 아들은 공부를 열심히 하기는커녕 집안일에 손도 까딱 안 한 채 오로지 놀기만 했고, 엄마가 돌봐주지 않으면 의기소침해져 아무것도 하지 못했다. 결과적으로 그녀는 아들의 성장과 발전의 필요성을 무시하고 아들을 이기적으로 사랑했다고 할 수 있다.

그녀는 아들이 다 큰 뒤에도 모든 일을 대신 처리해줬다. 아들은 자신이 할 수 있는 것이 아무것도 없자 스스로 무능함을 느끼고 아이들과 잘 어울리지 않았다. 아들은 이렇게 준비가 전혀 안 된 상태에서 빈손으로 사회에 나왔다.

누차 말하지만 부모가 아이 일을 대신 해주는 것은 자신이 아이보다 강하고 유능하며 경험이 많은 것을 과시하는 것이나 마찬가지다. 모든 것을 부모에게 의지하며 자란 아이는 체격이 건장하더라도 겁이 많은 데다 용기가 없고 독립심도 없어서 장밋빛 미래를 맞이할 수 없다.

아내는 칼에게 독립심을 키워주는 데 일가견이 있었다.

칼이 혼자서 옷을 입을 수 있는 나이자 되자 아내는 스스로 옷을 입게 했다. 칼이 잘 못 입어도 도와주지도 않고 보채지도 않으며 그저 한편에서 "칼, 넌 다 커서 엄마가 도와주지 않아도 할 수 있어."라고 격려하기만 했고, 그런데도 칼이 옷을 못 입으면 "칼, 넌 할 수 있어. 열 셀 동안 옷을 입나 못 입나 보자."라고 말하며 힘을 줬다. 이렇게 하면 칼은 혼자 옷을 입기도 하고 못 입어서 울음을 터뜨리기도 했다. 물론 아내는 칼이 울어도 신경 쓰지 않았다. 울어도 소용없다는 걸 칼이 알게 하기 위해서였다. 이렇게 해서 칼은 혼자 옷 입는 법을 배웠다. 우리 부부는 일상생활을 통해서 칼의 독립심을 키웠다.

아이의 독립심은 민족과 국가의 발전에 중요한 의미가 있다. 예로부터 도이치 민족은 아이의 독립심을 중시하는 전통이 있었는데 귀족은 아이를 다른 귀족의 성에 보내 진정한 기사가 되는 법을 가르쳤다. 아이가 집을 떠나 혼자 생활하면 기사로서 갖춰야 할 소양과 지식을 배울 수 있을 거라고 생각했기 때문이다.

그 당시 부모들은 미성년자이지만 도전과 고생을 통해서 독립심을 키우는 것이 지식을 쌓는 것보다 더 중요하다고 생각해서 많은 가정이 이 전통을 계승했다. 나도 이 방법이 계승할 가치가 있다고 생각해서 같은 방법으로 칼을 교육시켰다.

아이는 공포심과 무력감이 들 때 본능적으로 부모를 찾는다. 부모의 사랑은 아이에게 따뜻함과 힘을 준다. 하지만 이런 편안함이 아이를 부모에게 의존하게 만들어 감정적으로 독립하지 못하고 정서적으로 다른 사람의 영향을 받게 만든다.

부모에게 의존하는 아이는 자아의식이 없기 때문에 심리적으로 만족감을 느낄 수 없다. 이런 아이들은 생각하고 가치를 추구하고 행동하는 것까지도 모두 부모나 다른 권위적인 방식을 따른다. 이들에게 자아의식은 그저 남이 하는 것을 고대로 따라하는 것으로, 자신이 기생하고 있는 대상이 무너지면 절망스럽고 위험한 처지에 놓이게 된다.

진실로 독립심이 뛰어난 사람은 강한 자아의식과 주관과 자제력이 있고 목적을 달성하려면 어떻게 해야 하는지 잘 안다.

"위대한 사람들의 의지는 다른 사람이 아니라 자기 자신을 만족시키기 위해서 존재한다."

의존성은 잠복해 있는 병과 같다. 따라서 자녀에게 의존성을 키운 부모는 독립심을 키워야 한다는 걸 알면서도 아이를 잃을까봐 두려운 나머지 자신이 설계하고 배치한 상황 속에서 아이를 살게 한 건 아닌지 스스로 반성해야 한다.

아이의 일을 부모가 도맡아 결정하면 아이는 능력을 실천하고 단련할 기회를 잃어 뭐든지 부모에게 의지하게 된다. 결국 이렇게 하는 것은 아이를 망치는 것이다. 이런 환경에서 자란 아이는 독립의식이 없어서 사회에 나가면 방금 젖을 뗀 아이처럼 적응하지 못하고 도움의 손길만 애타게 기다린다. 하지만 가정의 울타리 밖에서 부모처럼 보살펴줄 수 있는 사람을 찾는다는 게 가능한 일인가?

난 칼에게 독립심을 키우는 교육을 매우 중시했다. 칼은 아기 때 이미 엄마의 품이 아니라 요람에서 혼자 잠을 잤고 아무리 울고불고 떼를 써도 정해진 시간이 아니면 우유를 주지 않았다.

이에 대해서 사람들은 잔인하다고 말했지만 어릴 때부터 독립심을 가르칠 필요가 있다. 지나친 관심은 아이를 무능하게 만들뿐더러 아이가 원하지도 않는다. 아이들이 청소년기 때 부모의 지나친 관심과 사랑에 반항하는 이유도 자신이 무능한 사람으로 보이는 것이 싫고 많은 사람들 앞에서 자신의 능력을 증명받고 싶어 하기 때문이다.

♣ 심리적 수용력을 단련시킨다

인류의 발전사를 보면 순탄한 환경보다 역경 속에서 더 많은 인재가 배출되는 것을 알 수 있다. 그도 그럴 것이 역경과 좌절은 사람의 의지를 더 강인하게 만드는데, 강인한 의지로 역경을 이겨낸 사람은 실패의 교훈과 성공의 경험을 바탕으로 더 많은 생명력과 경쟁력을 가지기 때문이다. 따라서 아이가 용감하게 좌절을 대하게 하려면 어릴 때부터 심리적 수용력을 단련시켜야 한다.

좌절감은 어려움이나 실패를 경험할 때 또는 필요한 부분이 만족되지 않을 때 생기는 심리적인 감정으로, 사람에 따라서 좌절감의 의미가 모두 다르다.

사람은 살면서 누구나 한 번쯤 어려움과 좌절을 겪으므로 반드시 강인한 사람이 되어야 한다. 나약한 사람은 좌절 앞에 쉽게 무릎을 꿇지만 강인한 사람은 역경일수록 용기를 내서 결국에는 성공한다. 난 칼이 강인한 성격을 갖게 하기 위해서 실패를 인정하고 이에 따른 결과를 모두 감내한 뒤에 다시 실패에 도전하라고 가르쳤다. 실패를 두려워하고 결과를 회피하는 비겁한 행동은 나쁜 아이들이나 하는 짓이다. 이런 아이들은 포도를 못 먹으면 그 포도가 시다고 말하며 내면의 두려움과 남을 기만하려는 생각을 감추고, 자신이 하기 싫은 일을 폄하하며, 부지런히 일하는 사람들을 바보라고 놀리며 공격한다. 또한 종종 자신의 실패를 개성이라고 주장하는데 이것은 거짓된 자부심으로 자신을 위로하는 것에 지나지 않는다. 성공으로 향하는 길에는 늘 수많은 실수와 실패가 도사리고 있는데 이를 극복하기 위해서는 자신의 능력을 다해야 한다.

어느 경우에서도 극단적인 길을 걸어선 안 된다. 극단적인 길을 걷기를 좋아하는 아이는 부모와 교사의 기대에 못 미칠까봐 두렵거나 자신이 초래한 실패를 피하기 위해서이다. 아이들이 실패를 은폐할 때 가장 흔히 쓰는 방법은 술에 손을 대거나 싸움을 하는 것이다. 이것은 아이가 다른 사람들의 시선을 심하게 의식한다는 뜻으로 결코 우연히 일어난 것이 아니다. 어릴 때부터 아이에게 자신감과 강인함과 용기를 키워주고 아이를 믿고 격려하며 자주 교류하면 일련의 나쁜 행동들을 막을 수 있다.

사람은 언제나 자신을 속일 수도 있고 남을 속일 수도 있다. 난 칼이 이렇게 하지 않고 본인은 물론이거니와 다른 사람에게도 도움이 되는 일을 하게 현실적으로 생각하고 적당하게 반응하고 결정하라고 가르쳤다. 모든 것은 현실에 기반을 둬야 성과를 거둘 수 있다. 어려운 상황에 처하면 현실을 회피하고 싶어서 온종일 침묵으로 일관하는 사람들이 있는데 이 상황에서 벗어나려면 힘들더라도 반드시 현실을 마주해야 한다.

부모는 아이가 잔혹한 현실의 영향을 받지 않게 이상적인 환경에서 보호하고 싶어 한다. 하지만 이렇게 하면 아이는 현실의 문제를 처리하는 능력을 배우지 못하고 자꾸만 현실을 도피하고 싶은 심리에 시달리게 된다. 난 부모가 무의식중에 자녀에게 이런 부정적인 영향을 미치는 것도 죄를 짓는 것이라고 생각한다.

칼의 심리적 수용력을 키우기 위해서 난 힘든 상황 속에서도 칼이 현실을 직시하게 돕고 문제를 해결하는 방법을 가르쳤다. 그러자 칼은 어떤 역경이 닥쳐도 부모에게는 이에 대처할 수 있는 능력이 있다는 것을 믿고 자신도 부모처럼 할 수 있다고 말했다.

♣ '조용히' 하는 게임

힘이 센 사람도 자신을 들어올리기는 불가능하다. 세상에서 가장 정복하기 힘든 것은 자기 자신인데, 자신을 정복하는 것은 자신을 성공적으로 다스리는 것을 뜻한다. 자제력은 사람이 필히 갖춰야 할 기본적인 소양이자 성숙한 심리의 요소다. "마음의 병은 마음의 약으로 고쳐야 한다."는 말이 있는데 아이가 자신의 감정을 통제하게 하려면 감정에 바탕을 둔 방법을 사용해야 한다.

내가 칼에게 자제력을 키워줄 때 사용한 방법은 '조용히' 하는 게임이다.

게임 방법은 간단하다. 일정한 시간 안에 여러 나무막대기 중에서 하나를 뽑아 다른 것을 건드리지 않고 옮기는 것으로, 고도의 집중력과 민첩한 행동이 필요하다. 만약에 다른 나무막대기를 건드리면 옆 사람들이 마구 놀려도 된다. 점수는 나무막대기 하나당 1점으로 계산하고 상대방의 방해에도 불구하고 옮기는 데 성공하면 2점으로 계산한다.

한번은 이 게임을 하다가 칼이 녹색 나무막대기 아래에 있는 빨간 나무막대기를 7㎜ 정도 움직였는데 얼마나 집중했는지 손을 다 부들부들 떨었다. 난 칼을 방해하기 위해서 칼의 귓불에 대고 바람을 불기도 하고 말도 걸었다. 하지만 칼은 내 방해에도 꿋꿋하게 심호흡을 하며 빨간 나무막대기를 옮기는 데 성공했다.

칼은 이 게임을 통해서 타인의 방해를 안 받고 자제하는 법과 정서를 다스리는 법을 배웠는데, 난 평소에도 남에게 방해를 안 받고 자신의 감정을 잘 다스리려면 어떻게 해야 하는지 자주 가르쳤다.

아이 스스로 자신의 정서를 다스리게 하려면 먼저 정서의 변화부터 인식해야 하는데, 아이는 화가 나면 얼굴이 붉어지고 긴장하는 등 자세, 표정, 태도에 변화가 일어난다. '조용히' 하는 게임은 아이가 이 같은 신체 변화를 인식한 뒤에 심호흡이나 집중력 분산 등의 방법을 통해서 서서히 안정을 되찾게 도와준다.

자제력이 생기면 자신을 바르게 인식할 수 있어서 주변 환경의 방해를 받지 않고, 나쁜 일이 벌어져도 쉽게 흥분하지 않고 의연하게 대처할 수 있다. 또한 이것은 공부뿐만 아니라 일상생활을 하고 대인관계를 유지하는 데도 도움을 준다.

♣ 열심히 쟁취하기 VS 과감히 포기하기

앞서 말했지만 내 교육 목표는 칼을 다방면에 걸쳐 두루 발전한 사람으로 만드는 것이었다. 난 칼이 배우고 싶어 하는 것이 있으면 최대한 학구열을 만족시켜 주고, 성장에 도움이 되는 일이면 반대하거나 막지 않았다.

어떤 부모들은 자신의 이상향에 따라서 아이를 키우고 싶어 하고 너무 일찍 아이의 발전 방향을 결정하는데 이것은 아이가 건강하게 성장하는 데 전혀 도움이 안 된다.

예술을 좋아하는 부모는 아이의 취향을 고려하지도 않은 채 강제로 그림이나 음악을 가르치는데 이렇게 하면 예술에 반감이 생겨 원래 좋아하던 것도 싫어하게 된다. 난 부모가 시켜서 강제로 피아노를 연습하는 아이들을 보면 가슴이 아팠다. 이것은 학습이 아니라 벌 받는 것이 아닌가? 부모의 강요에 못 이겨 그림을 그리는 아이가 과연 화가가 될 수 있을까?

칼은 공부를 일찍 시작한 덕분에 어린 나이에 풍부한 지식을 쌓고 다양한 취미를 가질 수 있었다. 하지만 이것은 내가 억지로 시킨 것이 아니라 칼이 먼저 배우고 싶어 했다. 칼은 모든 분야에 흥미가 많아서 뭐든지 즐겁게 배우며 유년시절을 아름답게 보냈다.

세상에 모든 능력을 완벽히 갖춘 사람은 없다. 때문에 난 칼에게 모든 것에 정통하라고 강요하지 않았다.

예술은 상상력과 창의력을 풍부하게 만드는데, 난 칼이 자신이 좋아하는 회화와 음악 분야의 활동에 참여하는 것을 지지하고 격려했지만 예술가가 되는 것은 반대했다. 물론 칼이 끝까지 예술가가 되겠다고 고집을 부렸으면 나도 별 수 없었을 것이다.

다방면에 걸쳐 두루 발전하라는 것은 모든 면목을 다 갖추거나 균등한 실력을 갖추라는 의미가 아니다. 따라서 부모는 아이가 자신에게 적합하지 않은 것에 빠져있을 때 환경과 조건 및 아이의 특징, 흥미, 미래를 고려해서 아이가 올바른 선택을 내리게 도와야 한다. 경험이 부족한 사람은 순진하게도 경험이 풍부한 인사들이 일찍이 불가능하다고 예언한 것들을 끝까지 포기하지 않으면 성공할 수 있을 것이라고 믿는다. 물론 이런 신념은 높이 살만하다. 하지만 부모는 자녀가 정확한 판단을 내리지 못하고 있을 때 앞길을 훤히 밝힐 수 있는 등불을 내줘야 한다.

소중한 생명을 불가능한 일에 낭비해서야 되는가? 따라서 부모는 아이의 인생에 이 같은 일이 일어나지 않도록 반드시 적당한 때를 봐서 현실적인 관점에서 문제를 설명하고 이해시켜야 한다. 이 과정을 거치고 나면 아이도 한결 더 성숙해진다. 살면서 쟁취할 수 있는 것은 열심히 노력해서 쟁취하고 포기해야 할 것은 과감히 포기할 줄 알아야 한다. 이것은 일종의 지혜이자 인생에 대한 시험이다.

내가 칼에게 악기를 가르친 이유는 손가락을 단련시키고 정서와 지능을 개발하기 위해서였다. 그래서 칼이 연주하다가 음을 틀려도 실망하거나 질책하지 않았다. 칼은 특히 피아노 치는 것을 좋아했는데 이것은 취미이기도 하지만 지능을 계발하는 데도 도움을 주므로 연주 솜씨가 훌륭하지 않아도 별로 개의치 않았다.

칼이 아홉 살 때 어느 날 갑자기 더 이상 언어와 수학 등의 지식을 공부하지 않고 용감한 기사나 장군이 되겠다고 말했다. 난 칼의 생각을 이해했다. 나도 칼만할 땐 용감한 기사가 되고 싶었다. 아홉 살쯤이면 막철이 들기 시작해 성공하거나 세계를 정복하고 싶어 하는 등 영웅이 되기를 갈망하는데 칼도 예외가 아니었다. 부모는 이 시기의 아이들이 미숙한 생각에 잘못된 선택을 내려서 귀중한 시간을 낭비하지 않도록 각별히 주의해야 한다. 난 다른 부모들처럼 영웅이 되고 싶어 하는 칼의 꿈에 찬물을 끼얹지 않고 영웅이 갖춰야 할 자질을 대해서 천천히 설명했다.

"전에 아빠가 동양의 영웅 이야기를 해준 것 기억하니?"

"기억나요. 전 그들처럼 가난한 사람들을 돕는 의로운 협객이 될 거예요. 그들은 전국의 명산을 돌며 무예를 열심히 연마해서 영웅이 됐어요."

표정에서 칼이 그들을 얼마나 동경하는지 알 수 있었다.

"그런데 칼, 넌 협객이 되고 싶은데 무예를 가르쳐 줄 스승이 없어서 어떡하지?"

"동양에 가면 돼요."

"그러면 되겠구나. 하지만 동양에 간다고 스승을 찾을 수 있을까? 설령 찾는다고 해도 과연 그 스승이 네게 무예를 가르쳐주려 할까? 이야기는 그저 이야기일 뿐이야. 한번 생각해봐. 사람이 한 번에 몇 십 미터씩 뛰는 게 말이 되니? 이건 사람으로서 도저히 불가능한 일이야. 이야기는 심심할 때 시간을 때우거나 상상하기 위해서 읽는 거야. 또 아빠가 네게 동양의 영웅 이야기를 해준 건 네가 영웅이 되라는 뜻이 아니라 영웅의 용감한 정신을 본받으라는 뜻이었어."

칼이 실망하기에 난 칼을 타일렀다.

"칼, 시대가 변했어. 네가 말하는 영웅과 장군은 지금처럼 과학이 발전하기 전에 칼 들고 싸울 때 얘기야. 지금은 과학이 발전해서 장군이 되려면 무공이 아니라 풍부한 지혜와 학식을 갖춰야 해. 칼, 사람이 세상에 태어난 건 반드시 쓸모가 있기 때문이야. 영웅은 꼭 전쟁터에만 필요하지 않아. 네가 장점을 잘 발휘하면 여러 분야에서 영웅이 될 수 있어. 넌 수학도 잘하고 언어와 문학에 재능이 뛰어난데 그냥 버리기에 아깝지 않아? 문학가가 되면 많은 정신적인 부를 창조하고, 발명가가 되면 쓸모 있는 물건을 많이 만들 수 있잖아. 그리고 네게 적합하지 않은 건 과감히 포기해야 해. 스스로 자신이 어떤 사람인지 이해하면 진정한 영웅이 될 수 있을 거야."

그 순간 칼은 영웅의 숨은 의미와 쟁취와 포기의 관계를 이해했는지 고개를 끄덕였다. 이후 칼은 어떤 상황에서도 현명한 선택을 내렸다.

♣ 정신의 건강

진리를 추구하는 것은 우매함에서 벗어나 광명을 향해 나아가는 것이다. 난 줄곧 칼이 진리를 추구하게 했다.

하지만 많은 부모들은 이 점을 중요하게 생각하지 않는다. 그들의 목적은 단지 아이가 돈을 벌어오게 하는 것으로, 부모의 무지가 아이를 시정아치나 상냥한 점원으로 만든다.

사람은 누구나 지능과 인격을 열심히 발달시킬 권리가 있다. 부모는 이른바 처세철학이나 자수성가하는 방법을 가르치는 것을 멈추고 아이의 지능이 최대한 발달되도록 탐구심과 진리를 추구하는 정신을 가르쳐야 한다. 진정한 교육은 아이의 지능을 충분히 계발시키는 것으로 아이가 이 교육을 잘 소화하면 애초의 무지한 부모를 깜짝 놀라게 할만한 성과를 거둘 수 있다.

어리석은 부모는 아이에게 진리를 추구하는 정신을 가르치지 않고 터무니없는 이유를 대며 아이의 머릿속에 공포나 미신 같은 쓸데없는 것들만 주입한다. 이런 것들이 아이의 뇌에 병균처럼 넓게 퍼질 경우 아이는 진정한 의미의 지식을 배울 수 없을뿐더러 주변의 사물을 정확하게 판단하지 못하고, 심하게는 진리를 탐구하는 정신을 잃고 어리석고 무능해진다.

아이는 어리고 모르는 것이 많아서 어른의 절대적인 도움이 필요한데, 미신 이야기는 이런 아이들의 의식을 흐려놓는다. 난 무슨 일이 있어도 아이들에게 미신을 말하지 말아야 한다고 생각한다. 미신 이야기로 아이를 놀라게 하는 것은 눈밭에 물을 뿌리는 것이나 마찬가지로, 이렇게 하면 아이의 밝은 내면 세계에 그늘이 지고 아이가 건강하게 자라지 못하게 된다. 부모는 세간에 떠도는 미신 이야기에 아이가 감염되지 않도록 아이에게 현명한 지혜와 지식을 '주사' 해야 한다. 이렇게 하면 아이의 뇌에 정신적인 병균이 침입해도 병에 잘 걸리지 않는다.

유아기 때 들은 귀신이나 미신에 관한 이야기는 평생에 걸쳐 아이에게 영향을 준다. 이것은 정신이상이 발생하는 주요 이유 중의 하나이기도 하다. 난 어느 정신과 전문의가 말해준 기능성 정신병 환자의 수를 듣고 놀라움을 금치 못한 적이 있는데, 그들 대부분은 어릴 때 무서운 일을 직접 겪었거나 들어서 정신질환을 앓게 되었다. 그는 또 조기교육을 잘 받으면 기능성 정신병에 걸리는 것을 피할 수 있다고 말했다. 이런 점에서 볼 때 교육은 인류를 구하는 제2의 의학인 것도 같다.

이 열정적인 의사는 이해를 돕기 위해서 특별히 내게 환자를 보여줬다. 우울증을 앓는 27세의 청년은 한 눈에 봐도 불쌍해 보였는데 그는 온종일 자신이 용서받을 수 없는 죄를 저질러서 지옥에 떨어질 것이라는 공포에 떨었다. 의사 말에 의하면 이 청년은 여섯 살 때 어느 무지한 교사로부터 지옥에 관한 무서운 이야기를 듣고 이렇게 되었다고 했다.

다음 환자는 목사의 부인으로 역시 우울증을 앓았다. 그녀는 모든 것에 공포를 느꼈는데, 어두워도 무섭고 혼자 있어도 무서워서 도통 잠을 이룰 수 없고 어쩌다 잠들어도 악몽을 꿔서 바로 깨어난다고 했다. 그녀는 피골이 상접한 게 눈을 깜빡여야 살아있는 생명체라는 것을 느낄 수 있었다. 그녀도 어릴 때 어떤 목사에게 악마에 관한 이야기를 듣고 정신병에 걸렸다.

난 이들의 사연에 가슴이 아팠다. 하지만 무책임한 그 목사에 대해서는 화가 났다. 목사라면 응당 음지에 있는 사람을 양지로 안내해야 하는데 그는 오히려 무서운 이야기로 양지에 있던 사람을 음지로 끌어내렸다. 이것은 18층 지옥에 떨어질 일로 결코 하나님이 용서하지 않을 것이다.

난 칼에게 많은 얘기를 해줬지만 모두 인생을 체험하고 이치를 깨달을 수 있는 긍정적인 얘기만 했지 결코 무서운 얘기를 하지 않았다. 한번은 칼이 세상에 악마가 진짜로 있냐고 묻기에 난 있을 수도 있고 없을 수도 있다고 대답했다.

"전 있다고 생각해요."

칼이 말했다.

"왜 그렇게 생각해? 본 적 있어?"

"아뇨. 하지만 모두가 그렇게 말하잖아요."

"귀로 들은 건 믿지 말고 눈으로 본 것만 믿어. 네가 못 봤으면 없는 거야."

"하지만 사람들은 모두 있다고 말하잖아요."

"그건 어리석은 사람들이 제멋대로 추측한 거야."

"그럼 아까는 왜 있을 수도 있다고 하셨어요?"

칼은 쉬지 않고 물었다.

"아빠는 마음에 사는 악마를 말한 거야."

칼의 진지한 모습에 난 분명하게 설명해 줄 필요가 있다고 느꼈다.

"좋은 사람의 마음에는 악마가 없지만 나쁜 사람의 마음에는 있어. 나쁜 사람들은 온종일 놀기만 하고 사람들에게 해만 입히는데 이런 사람이 악마가 아니고 뭐니? 정직하고 남을 잘 돕고 착한 일을 많이 하는 사람은 천사지만 자신만 생각하고 나쁜 일만 하는 사람은 악마야. 그리고 칼, 늘 정의가 사악함을 이긴다는 걸 잊지 마."

"알겠어요."

칼은 흥분해서 말했다.

"악마는 바로 나쁜 마음을 먹고 있는 사람들이에요. 전 정직한 사람이 돼서 악마를 무서워하지 않을 거예요."

이렇게 해서 칼은 궁금증을 푸는 동시에 처세의 도리도 배웠다.

사람들과 어울리는 법을 가르친다

사람들 간에 서로 이해가 부족하면 자기 입장에서만 생각해서 항상 자기는 옳고 남은 틀린 사람이 된다.

♣ 경청의 기술

　　　　　사람들과 교제하지 않으면 공부를 많
이 한 똑똑한 아이건 재능을 타고난 신동이건 자신의 잠재력을 발휘하지
못해 위대한 일을 할 수 없다. 난 사교성을 매우 중시해서 칼이 우정, 협
동심, 명랑함, 도덕, 예의, 자존심, 책임감 등을 갖추고 사람들과 어울리
며 더 많은 친구를 사귀게 했다.

　좋은 대인관계는 순풍에 돛단 듯 많은 길을 열어준다. 하지만 대인관
계가 나쁘면 가는 곳마다 벽에 부딪히게 돼 결코 성공할 수 없다. 즉 타
인과 좋은 관계를 유지하는 사람은 일생이 즐겁고 관계가 불편한 사람은
평생 외롭고 불행하다. 어떤 친구가 내게 이렇게 말한 적이 있다.

　"우리 가족은 부인이나 나나 또 아이들이나 무슨 문제가 생겨도 두렵거나 부끄러워서 다들 말을 안 해."

난 모두가 터놓고 얘기할 수 있게 가족회의를 해보는 것이 어떠냐고 조언했다. 그는 내 조언을 받아들여 가족 수대로 노트를 사서 다른 가족이 자신에게 잘못한 점을 적게 했다. 또한 정기적으로 가족회의를 열어서 새로운 리더를 뽑고 모든 집안일의 결정권을 맡겼다.

훗날 친구는 내게 처음 가족회의를 열었을 땐 서로 말하기를 주저하다가 나중에는 모두 마음을 터놓고 얘기하게 되었고, 매 회의 때마다 명절을 보내는 것처럼 온 가족이 둘러앉아 문제를 해결해서 가족 분위기도 더 좋아졌다고 얘기했다.

예전에는 친구 본인이 불편할 정도로 부인과 아이들이 친구를 무서워했지만 지금은 대화가 끊이지 않는다. 아이들이 저녁 식사를 마치고 놀아달라고 하자 친구 부부는 흔쾌히 대답했고, 친구 부부가 제때 잠자고 밥을 먹어달라고 하자 아이들이 순순히 말을 들었다. 친구네 가족은 이런 소통방식이 민주적이라서 좋아했다. 가족 분위기가 좋아지자 자녀교육 문제도 술술 풀리고 부부간의 금실도 신혼 초처럼 좋아졌다.

난 이런 방법을 뷔페식 가정교육이라고 부른다. 가족끼리 사소한 문제로 사이가 멀어지면 적극적인 방법으로 문제를 해결해야 한다. 말썽꾸러기 아이는 집안일로 고생하는 엄마에게 짐이 되고, 아이들이 시끄럽게 피우는 소란은 하루를 힘들게 보내고 집에 돌아온 아빠의 화를 돋운다. 이렇게 되면 부모는 화를 참지 못하고 아이를 혼내고 때리는데 그런다고 소용이 있을까? 현명하지 못한 방법은 교육적인 효과를 내기는커녕 아이와의 거리만 넓혀놓는다.

이럴 땐 적극적으로 문제를 해결하는 태도와 방법을 취해서 다같이 둘러앉아 차분히 대화를 나누는 것이 더 효과적이다.

적극적인 의사소통은 부모와 아이 사이를 더욱 가깝게 만들뿐더러 그 자체로도 아이에게 좋은 교육이 된다. 또한 아이는 부모의 말과 행동을 모방하기 때문에 어떤 문제가 생겼을 때 자신감을 갖고 적극적이고 현명하게 대처할 것이다.

칼은 네 살 때부터 가족회의에 참여해 부모와 하인들과 함께 문제를 토론했다. 비록 어른들의 말을 못 알아들을 때가 많았지만 무슨 일이 일어났고 다른 사람들이 어떻게 얘기를 나누며 문제를 해결하려면 어떤 능력이 필요한지 충분히 알 수 있었다.

가족회의에서는 중요하지만 그냥 지나치기 쉬운 문제들도 다뤄졌는데, 일례로 아내는 자신이 빨래를 하거나 옷을 널 때 칼이 도와주면 기쁠 것이라고 말하기도 했다. 가족회의 때 아이가 할 수 있는 작은 일들에 대해서 토론하는 것은 부모가 아이를 이해하고 아이가 부모를 믿고 교육에 협조하는 데 도움이 된다.

난 칼을 가르치면서 많은 교류의 경험을 쌓았는데 이 중의 하나가 바로 경청의 예술이다.

칼이 잠들기 전에 우리 부부는 칼에게 그날에 있었던 일을 얘기해서 무엇이 좋고 나쁜지 판단하게 했다. 이 과정에서 칼은 서서히 자신을 반성하는 습관을 키웠고, 우리 부부는 칼의 성격과 대인관계를 더 많이 이해할 수 있었다. 부모는 아이에게 자신의 말만 경청하고 무슨 일이건 자신과 상의해서 의견을 구하라고 강요하지 말고, 먼저 경청하는 분위기를 조성하고 본인도 아이의 말에 귀 기울여야 한다. 이렇게 해야 서로 신뢰를 바탕으로 교류할 수 있다. 칼과 대화할 때 난 칼이 좋은 생각을 하면 바로 긍정해주고 잘못된 생각을 하면 옳은 이치를 설명해서 생각을 바로 잡았다.

어느 날 칼은 이웃에 사는 브라운 부인이 너무 격식을 따지고 불친절해서 싫다고 말했다.

"아줌마가 잘 안 웃어서 불친절해 보이는 거지 실은 마음이 착한 분이야. 네가 잘하면 아줌마도 기뻐하실걸? 그러니 아줌마와 잘 지내도록 해."

우리 부자에게 가장 아름답고 중요한 때는 저녁식사 시간이었다. 우리 가족은 늘 식사하며 가족문제를 토론했는데 누구나 자유롭게 자신의 생각을 말할 수 있었다. 난 이 시간만큼은 누구도 우리 가족을 방해하지 못하게 했다. 식사시간에 칼이 하는 말은 언제나 인기 만점이었고, 칼은 모두가 자신의 말을 즐겁게 들어주는 것에서 스스로 존중받고 있는 것을 느낄 수 있었다. 가끔 난 일부러 칼과 야외에서 산책하며 편안하게 교감했는데, 이렇게 하면 서로의 마음이 더 잘 전해졌다.

경청은 부모가 아이에 대한 사랑과 존중을 표현해서 아이가 자신의 능력을 인식하게 만드는 좋은 교육방법이다. 아이는 자신의 생각을 자유롭게 발표했을 때 무시와 조롱을 받지 않으면 더 이상 자신의 생각을 말하는데 주저하지 않고, 가정, 학교, 사회에서 일어난 각종 문제도 용감하고 자신 있게 처리한다.

소통은 시간, 장소, 환경, 방법을 시험하는 일종의 종합 예술이다. 난 칼이 자신만의 심리공간을 갖거나 정서의 폭이 크길 바랐고, 칼이 위로를 필요로 할 때 묵묵히 안아주며 따뜻한 사랑을 전했다. 또한 말하기 껄끄러운 일은 종이에 써서 전달했는데 이것은 감정을 더욱 진실해 보이게 만들었다.

난 집안사람들이 칼을 더 잘 이해하는 동시에 칼이 사교성을 키울수 있도록 갖은 방법을 동원해서 칼과 집안사람들이 서로 잘 어울려 지내게 했다.

♣ 이해의 힘

가족간에 감정이 소원해지거나 아이의 성격에 문제가 생기는 이유는 서로 이해가 부족하고 교류가 원활하게 이루어지지 않기 때문이다.

아이의 거짓말을 예로 들면 아이들은 대부분 자신의 지위가 부모와 불평등하다고 생각될 때 거짓말을 한다. 자신들과 문제를 상의하지도 않고 자신들의 일을 이해하려고 들지도 않으면서 잘못했을 땐 엄격하게 꾸짖으니까 거짓말을 하는 것이다.

가족간에 성공적으로 교류하려면 이해, 관심, 수용, 믿음, 존중이 필요하다. 이해는 서로의 입장에서 해야 하고, 관심은 마음만 가지지 말고 실제로 행동에 옮겨야 하며, 수용은 서로 다름을 인정하고 남의 장점을 감상해야 한다. 믿음은 타인뿐만 아니라 자신도 믿어야 하고, 존중은 타인의 권리 특히 부모가 아이의 권리 및 생각과 선택을 존중해야 한다.

건강하고 질서 있는 교류 환경을 만들려면 부모가 모든 것을 결정한 뒤에 아이들이 수동적으로 따르는 것이 아니라 모두가 자유롭게 자신의 생각을 밝힐 수 있어야 한다. 아이는 어른의 일에 참여했을 때 부모를 더 잘 이해하고 적극성을 발휘해서 부모에게 자신의 능력을 보여준다.

내 남동생의 아들인 베르너는 칼보다 한 살 동생으로 사람들에게 귀여움을 많이 받았다. 한동안 남동생이 우리 집에 머물 때도 베르너가 아내의 사랑을 독차지하는 바람에 칼이 씁쓸해했다.

칼은 베르너와 싸우면 엄마가 꼭 베르너 편만 든다는 생각이 들었다. 이것은 다른 사람이 부모의 사랑을 뺏어 갈 때 자연스럽게 느끼는 불평등한 심리였다. 한편 아내는 칼이 베르너와 사이좋게 지내고, 자신의 마인드와 행동을 조절하고 타인을 보살피는 법을 배워서 나중에 좋은 대인관계를 쌓길 바랐다.

아내는 칼에게 직접적으로 이치를 설명하거나 베르너와 사이 안 좋게 지내는 이유를 묻지 않고 두 아이에게 정중히 물었다.

"앞으로 너희들 일에 끼어들지 않을 거야. 둘 다 어느 정도 컸으니 둘 사이의 관계는 알아서 처리할 수 있을 거라고 믿어. 하지만 관계가 영 회복되지 않으면 다시 날 찾아도 좋아. 칼, 동생에게 잘할 수 있지?"

아내는 이런 식으로 칼이 가족 구성원으로서의 책임을 인식하고 동생을 보살피게 했다. 칼은 서서히 철이 들어서 동생을 보살피는가 하면 공부를 가르치고 이야기를 들려주는 등 베르너와 형제간의 우애를 쌓았다.

가끔 칼이 스스로 자신의 잘못을 깨닫길 바랄 때가 있었는데 고치고 안 고치고의 문제는 전적으로 칼에게 맡겼다.

"칼, 지금 이런 문제가 있는데 어떻게 하면 좋을까?"

이렇게 말하는 것은 부자간에 정을 쌓고 서로 이해하는 데 도움이 된다. 서로 이해하면 모든 문제는 쉽게 풀린다.

어느 날 칼과 베르너가 논에 가서 논다고 하기에 난 어두워지기 전까지 돌아오라고 일렀다. 하지만 노는 게 너무 재미있었는지 깜깜한 밤이 돼서야 돌아왔다. 며칠 뒤에 칼이 놀러나갈 때 다시 말했다.

"엄마 아빠가 걱정하지 않게 제때 돌아와. 그날 우리가 얼마나 맘을 졸였는지 아니? 네 엄마는 무슨 일이 일어났는지 알고 거의 울 뻔했어."

자신의 결정을 지켜야겠다고 생각한 칼은 그날 이후 다시는 시간을 어기지 않았다. 상의는 아이가 남의 입장에서 생각하게 하거니와 남을 이해하는 습관이 들게 하고 이해, 믿음, 약속의 중요성을 깨닫게 한다. 만약에 당시에 내가 상의하지 않고 질책했으면 칼이 진심으로 우리의 고충을 이해하지 못하고 점점 더 말을 안 들었을지도 모른다.

가족회의는 온 가족의 감정과 생활을 잇는 고리로써 우리 가족은 주로 축제일, 만찬회, 놀이 등에 관해서 토론했다. 이 과정에서 칼이 다소 미숙한 의견을 내도 바로 부정하지 않고 융통성 있는 방법으로 스스로 올바른 결정을 내리게 했다. 한번은 칼이 온 가족이 야외로 나들이 가자는 의견을 내서 가족회의를 열었는데 칼은 시간과 장소를 정한 것은 물론이고 준비물 목록까지 뽑아왔다. 계획을 좀 더 완벽하게 만들기 위해서 우리 부부는 여기에 몇 가지 의견을 더 냈고 사람들은 누군가가 의견을 발표하면 열심히 노트에 받아 적었다.

교류 기술은 아이의 사회 적응력과 밀접한 관계가 있다. 때문에 어려서 교류의 기술을 배우면 사회에 나가서도 사람들과 잘 어울려 지낼 수 있다.

이해는 교류의 기초요, 대인관계에 필요한 기초 소양이다. 사람들 간에 서로 이해가 부족하면 자기 입장에서만 생각해서 항상 자기는 옳고 남은 틀린 사람이 된다. 자아의 계곡에 빠지면 교류는커녕 타인을 이해하지 못하고 타인의 장점을 발견하지도 못하게 된다. 타인을 이해하지 못하면 협동해서 일을 할 수 없는데 이것은 스스로 장애물을 설치하는 것이나 마찬가지라서 개인의 능력이 뛰어나더라도 결국 모든 일이 벽에 막히고 만다. 타인을 이해하고 서로 원활하게 교류해야 종합적으로 발전한 사람이 될 수 있다.

♣ 거만함, 대인관계를 망치는 가장 큰 장애물

난 조금씩 자라나는 칼에게 사람들과 화목하게 지내려면 심리적으로 가깝게 지내야 한다고 가르쳤다. 심리적인 거리가 멀면 제대로 소통할 수 없기 때문이다. 사람은 누구나 허영심이 있는데 칼도 예외는 아이었다. 게다가 칼은 또래 아이들에게 없는 지식, 명예도 있었다. 칼은 다른 사람들과 어울리는 데 어려움을 겪었고, 나도 칼이 학문으로 인정받은 뒤에 조금씩 변하는 것을 느낄 수 있었다.

어느 날, 칼을 데리고 교회에 미사를 올리러 갔다가 우연히 칼의 행동을 보고 화를 참을 수가 없었다. 사람들은 모두 칼에게 다가와 다정하게 인사했다. 하지만 칼은 미소로 화답하지 않고 고개만 까딱 움직이며 거만하게 굴었다. 칼의 냉담한 모습에 인사를 건넸던 오랜 고향 친구들은 당혹스러워했고, 몇몇 사람은 내게 이상한 눈초리를 보내 날 굉장히 민망하게 만들었다.

난 교회에서는 아무 내색도 안 했다가 집에 돌아온 뒤에 물었다.

"칼, 오늘 교회에서 왜 그랬어?"

"뭘요, 아빠? 왜 그렇게 절 이상하게 쳐다보세요?"

칼은 반문했다.

"네게 인사를 건네는 사람들에게 어쩜 그렇게 차갑게 굴 수가 있어?"

"제가 언제요? 전 모두에게 목례로 인사를 올렸어요."

"하지만 누가 봐도 네 태도는 예전과 달랐어. 그렇게 행동하는 건 스스로 장애물을 만드는 것이나 마찬가지야."

"제가 그렇게 심각했어요? 전 단지 예전보다 많이 자란만큼 점잖게 군 거예요. 게다가 서로 친하지 않아서 할 말도 없었어요."

난 칼의 말에서 스스로 자신을 유명인사로 착각하고 남을 깔보는 것을 알 수 있었다. 이럴 땐 백 마디 말로 이치를 설명하기보다 직접 고생하게 두는 것이 낫다. 그래서 난 더 이상 아무 말도 하지 않았다. 오래지 않아 칼은 안하무인식 태도를 거두고 울상을 지었다. 칼이 정원에 혼자 멍하니 앉아있기에 가까이 다가가서 물었다.

"칼, 친구들과 놀지 않고 여기서 혼자 뭐해?"

"친구들이 저랑 놀기 싫어해요."

"왜?"

"모르겠어요. 저만 보면 모두 피해요."

칼은 평소에도 친구들 앞에서 재능을 자랑하고 자신이 그들보다 한 단계 더 높은 사람인 양 잘난 척을 떨었다. 그러자 친구들은 칼을 싫어하며 아무도 놀아주지 않았다. 칼이 거만을 떤 대가를 받는 걸 보면서 때가 되면 칼에게 무엇이 문제인지 말해주기로 했다.

"칼, 넌 착하고 재주도 많은 아이야. 아빠는 그런 네가 자랑스러워. 하지만 지식과 능력이 있는 게 다가 아니야. 훌륭한 사람이 되려면 친구들의 관심과 도움도 있어야 해. 요즘 들어 부쩍 남들에게 인정받는다고 거만하게 굴던데 이건 매우 어리석은 행동이라는 걸 기억해둬. 거만하게 구는 건 스스로 자신의 미래에 장애물을 설치하는 것과 같아. 타인과 화목하게 지내지 못하는 사람은 사방이 벽으로 막혀서 제대로 실력을 발휘할 수 없어."

칼은 뭔가를 깨달은 듯 황급히 내게 물었다.

"그럼 전 이제 어떡해요?"

"어떡하냐고? 잘난 척하지 않고 사람들과 잘 어울리면 되지. 이렇게 하면 다시 사람들이 좋아하고 친구도 많아질 거야."

이후 칼은 제 혼자 신동이나 천재로 군림하지 않고 겸손하게 행동해서 사람들의 존경을 받았다.

♣ 대인관계와 거리 조절

　　　　　　　사람들은 보통 아이는 때 묻지 않은 순결체라서 최선을 다해서 보호해야지 너무 일찍 대인관계를 맺게 해선 안 된다고 생각한다. 심지어 너무 일찍 대인관계를 맺으면 아이들의 순결한 영혼이 다치고 아이에게 이롭지 않다고 생각하는 사람도 있다.

　하지만 언젠가 아이도 사회에 나가 각종 문제를 대면해야 하지 않는가. 사회는 저마다 다른 꿍꿍이를 가지고 사는 사람들이 모인 매우 복잡한 종합체라서 대인관계가 서툴면 단 한 발자국도 옮기기 어려워진다.

　몇몇 사람들은 대인관계의 뜻을 왜곡해서 내가 아이를 교활하고 능글맞게 만든다고 수군댔는데, 정작 가장 부끄러워하고 비판받아야 할 사람은 비정상적인 대인관계를 맺는 그들이었다.

　사실 대인관계 그 자체는 나쁜 것이 전혀 없는데도 사람들은 삐딱한 시선으로 쳐다본다. 아이를 바르게 지도하고 사람들이 대인관계를 제대로 인식하면 분명히 대인관계를 통해서 이익을 얻을 것이다.

　칼은 괴팅겐대학에 입학한 뒤에 많은 사람들을 만나면서 대인관계를 잘 맺는 것의 중요성을 실감했다.

　어느 날 칼의 철학 교수가 칼의 일상생활과 예전에 어떤 교육을 받았는지 알아보기 위해서 괴팅겐 근교에 우리가 임시로 머물고 있던 집을 찾아왔다. 칼은 매우 반갑게 교수를 맞이했다. 하지만 교수는 보이지 않는 힘에 속박이라도 당한 것처럼 차갑게 굴었다. 난 평소 격식을 따지는 사람이 아니지만 그날만큼은 예의를 지키며 시종일관 정중하게 행동했다. 교수가 간 뒤에 칼이 말했다.

"아빠, 오늘 왜 그러셨어요?"

"뭐가? 평소와 똑같았잖아."

"평소에는 편하게 계셨는데 오늘은 마치 예의의 표본 같았어요."

"너 교수님 하시는 건 못 봤니? 교수님도 마찬가지였어."

"그래요? 참, 교수님은 우리가 싫으면 오시지 말든지 왜 오셔서 그렇게 언짢은 표정을 하고 계셨대요?"

"언짢은 게 아니라 어색해서 그런 거니까 우리가 이해해야지. 그리고 너도 좀 이상하던데? 교수님과 같이 있는 게 어색해서 그런지 평소와 다르게 행동하던데?"

칼이 답답해하며 말했다.

"이상한 교수님이에요. 어색하건 안 어색하건 사람을 보면 즐겁게 인사하는 게 기본이죠. 대체 우리 집에 와서 뭘 그리 많이 생각하셨을까요?"

칼이 대인관계의 미묘함을 잘 모르는 것 같아 난 인내심을 가지고 계속해서 설명했다.

"옛날에 시골에 있을 땐 사람들의 생각이 모두 단순했어. 하지만 우리는 지금 도시에 있고 어쩔 수 없이 바뀐 환경에 적응해야 해. 물론 사람을 친절하게 대하는 건 옳은 일이야. 하지만 어떤 사람들은 널 이해하지 못할 수도 있고 또 어떤 목적을 가지고 너와 가깝게 지내려는 걸 수도 있기 때문에 상대방이 어떤 속마음을 숨기고 있는지 잘 관찰해야 돼. 잘 모르는 사람과는 무슨 일이건 너무 직접적이거나 지나치지 않게 거리를 잘 조절하는 것이 좋아."

난 칼이 내 말을 완벽하게 못 이해하더라도 이런 사실을 알아두면 미래에 도움이 될 것이라고 생각했다.

실제로 그 이후 칼은 사람들과 사이좋게 지냈다. 칼을 아는 사람들은 한결같이 칼을 속이 깊고 분수를 아는 아이라고 칭찬했다. 이것은 칼이 성공적인 인생을 사는 데 필요한 요소 중의 하나를 갖췄다는 뜻이기도 했다.

나의
교육이념

어떤 사람들은 내가 자랑하기 위해서 칼에게 그림과 음악과 문학 방면의 흥미를 키웠다고
생각하는데 이것은 날 잘 모르고 하는 소리다. 난 한 번도 칼을 특정 분야의 천재로 키울
생각을 하지 않았고 사람들 앞에서 칼의 재능을 뽐낸 적도 없다. 난 단지 칼이 완벽에 가까
워져 즐겁고 행복하게 인생을 살길 바랐다.

♣ 완벽에 가까워지게 하기 위해서

　　　　　　　　예술이 없는 세상은 아마 황무지 같을
것이다. 아이가 좀 더 세상을 풍요롭고 행복하게 살게 하려면 문학과 예
술에 흥미를 가지게 해야 한다.

　나의 교육이념은 칼을 심신이 고르게 발전한 사람으로 키우는 것으로,
난 지덕체의 발전을 매우 중시했다. 칼을 지식만 많은 허약한 책벌레로
키우고 싶지 않았다. 이런 사람은 결코 큰일을 해내지 못하기 때문이다.
감사하게도 칼은 허약한 책벌레가 되지 않았다.

　지식과 인격은 없고 체격만 좋은 사람은 몸에 근육이 많을지언정 결코
힘이 세지 않다. 이런 사람은 거칠고 몰상식해서 사회에 공헌하지 못하
고 체력에 의지해서 살아간다. 교육을 받지 않은 사람도 무지하고 심지

어는 잔인해서 사회에 공헌을 하기는커녕 오히려 해를 입힌다.

난 칼에게 지식만 가르치지 않고 지덕체를 모두 가르쳤다. 그 덕에 칼은 건강하고 지식이 풍부하며 인격적으로도 훌륭했다. 칼은 어릴 때도 건강하고 명랑했다. 하지만 난 이것에 만족하지 않고 칼이 더 발전하도록 다양한 분야에 흥미를 키워줬다.

칼이 어릴 때 아내는 칼의 손을 잡고 박수를 치거나 장단을 맞추며 듣기 좋은 노래를 불렀다. 그녀는 칼이 노래를 들으면 떼를 쓰다가도 얌전히 우유를 먹고 자신도 따라하고 싶은지 흥얼거린다고 말했다. 그러자 난 칼이 무용도 함께 배우면 더 좋겠다는 생각이 들었다.

칼은 생후 10개월 때 예술적인 감각을 보였다.

어느 날 아내가 흥분해서 말했다.

"여보, 우리 칼이 얼마나 똑똑한지 알아요? 오늘 칼을 안고 노래를 불러줬는데 칼이 손을 이렇게 흔들면서 춤을 추는 거예요. 노래를 흥얼거리면서 춤을 추는 게 확실하기에 칼의 손을 잡고 거울 앞으로 데려 갔더니 더 힘차게 손발을 흔들면서 춤을 추지 않겠어요?"

비록 칼의 '춤'은 모방한 것에 불과했지만 아내의 말에 나도 모르게 기분이 좋아졌다. 모든 창조는 모방에서 비롯되고, 모방은 발전의 원동력이 된다. 따라서 부모가 잘 격려하면 아이가 모방을 통해서 자신감과 흥미를 가질 수 있다.

예술을 감상하며 즐거움을 얻는 것은 인생의 큰 낙이다. 예술은 대부분 사람의 감정을 표현한다.

난 칼에게 어휘를 가르칠 때 실용적인 단어뿐만 아니라 잘 쓰이지 않는 단어도 가르쳤다. 이것은 칼의 시야를 넓히고 연상 작용을 강화시키며 정서를 키우기 위해서였다.

예를 들어 칼에게 연못을 들여다 보면 거꾸로 선 자신의 그림자를 볼 수 있다고 가르쳐줬는데, 칼은 연못에 자신의 손 그림자를 비추는 것을 매우 좋아해서 햇살이 좋은 날에는 늘 연못가에 가서 손바닥을 앞뒤로 뒤집으며 그림자놀이를 했다.

칼에게 흥미와 취미를 키우기 위해서 관련 내용을 성심성의껏 안배했다. 먼저 집안의 소품은 다른 사람이 선물하더라도 분위기가 안 맞거나 다른 가구와 어울리지 않으면 결코 배치하지 않았다. 벽에는 절로 기분이 즐거워지는 벽지를 바르고 고민 끝에 고른 그림 액자를 걸었다.

가족에게도 꼭 우아하거나 소박한 옷을 입지 않아도 되니 단정하게 깨끗하게만 입어달라고 요구했다.

집 주변에는 화단을 꾸며서 봄부터 가을까지 늘 만개한 꽃을 볼 수 있었다. 정취가 없거나 주변 꽃들과 조화를 이루지 않는 꽃은 아예 심지 않았다.

어느 날 칼이 바닥에 웅크리고 앉아 뭔가를 재미있게 하고 있었다. 칼을 방해하지 않고 몰래 가까이 가서 봤더니 나뭇가지로 땅에 그림을 그리는 중이었다. 그런데 자세히 보니, 그것은 단순한 낙서 수준의 그림이 아니라 위에는 태양과 구름이 있고 아래는 나무와 논과 논을 일구는 몇 명의 농부가 있는 구도에 맞게 그린, 내용이 있는 그림이었다.

"칼, 그림 그리는 거 재미있어?"

난 칼의 머리를 쓰다듬었다.

"네!"

"왜 재미있어?"

"잘 모르겠는데 그냥 이곳이 예뻐서 그리고 싶었어요."

"우리 칼, 커서 화가가 될 거야?"

"생각해 본 적은 없지만 그림 그리는 건 재미있어요. 그림을 그리다가 하늘의 구름이 쉬지 않고 움직이는 걸 봤어요."

난 칼이 이렇게 말해서 기뻤다. 예술가가 될 생각은 없어도 칼은 그림을 그리면서 관찰력을 키웠다.

훗날 난 칼에게 도화지와 크레용을 사주고 취미생활을 할 수 있는 조건을 제공하기 위해서 열심히 노력했다. 비록 칼이 커서 예술가가 되진 않았지만 난 칼이 어릴 때 그린 그림을 버리지 않고 간직했다. 그것은 칼이 창조한 작품이자 유년시절의 아름다운 기념품이었다.

이 밖에 난 칼의 문학성을 키웠다. 칼이 어릴 때 칼에게 재미있는 이야기를 들려줬고, 칼이 스스로 책을 읽을 수 있게 됐을 땐 좋은 문학작품을 사줬다. 칼은 어릴 때부터 문학적 재능이 뛰어났는데 호머, 베르길리우스와 같은 위대한 시인들의 작품을 좋아해서 이들의 시를 줄줄 외우고 본인이 직접 시를 쓰기도 했다.

어떤 사람들은 내가 자랑하기 위해서 칼에게 그림과 음악과 문학 방면의 흥미를 키웠다고 생각하는데 이것은 날 잘 모르고 하는 소리다. 난 한 번도 칼을 특정 분야의 천재로 키울 생각을 하지 않았고 사람들 앞에서 칼의 재능을 뽐낸 적도 없다.

난 단지 칼이 완벽에 가까워져 즐겁고 행복하게 인생을 살길 바랐다.

♣ 어떻게 풍부한 감정을 키울까

　　　　　　난 칼을 지식만 풍부하고 감정이 메마른 사람으로 키우고 싶지 않았다. 감정이 메마른 사람은 차가운 기계라서 능력이 많아도 기껏해야 일개 부품의 신세를 벗어날 수 없다. 동물도 감정이 있는데 사람이 감정이 메말라서야 되는가? 감정의 여부는 아이의 미래의 행복과 직접적으로 연결돼 있다.

　아이에게 사랑과 사회적 책임감을 키우는 것은 모든 부모의 버릴 수 없는 책임이다. 나도 다른 부모들처럼 칼이 종교 활동에 참여하고 애완동물을 키우게 해서 생명과 자신의 인생을 사랑하고 포부와 사회적 책임감을 가지게 했다.

　어떤 부모는 아이에게 좋은 생활조건과 환경을 제공하면서 사랑하는 마음을 키워주지 않아 아이가 모든 것을 자기중심적으로 생각하고 다른 사람을 돌보지 않는다.

　많은 가정에서는 생활의 즐거움을 얻고 사랑을 나누고자 고양이나 강아지 같은 애완동물을 키운다. 나도 이런 가정의 부모들처럼 칼에게 사랑하는 마음을 키워 약자를 돕게 했다.

　칼이 네 살 때의 어느 날 집에 많은 손님이 찾아왔다. 오랜만에 다같이 모인 사람들은 서로 자기 얘기를 하느라 정신이 없었다.

　이때 집에서 키우는 강아지가 뛰어 들어왔다. 칼은 다른 아이들처럼 강아지 꼬리를 잡아서 자기 쪽으로 끌어당겼다.

　난 칼이 이러는 것을 보고 바로 무서운 표정을 짓고 칼의 머리카락을 잡아당겼다. 그러자 칼이 깜짝 놀라서 강아지 꼬리를 놓아줬다.

나도 칼의 머리카락을 놓아주며 말했다.

"칼, 아빠가 머리카락 당기니까 기분 좋아?"

"아니요."

칼이 부끄러워했다.

"그럼 다시는 강아지 꼬리 잡아당기지 마라."

말을 마친 난 칼을 밖으로 내보냈다.

난 칼이 규칙에 어긋나는 일을 하면 엄격하게 대하며 다른 사람의 입장에서 생각하게 했고, 이 덕에 칼은 착하고 감정이 풍부한 사람이 될 수 있었다. 칼은 사람만 사랑하는 것이 아니라 짐승도 가엽게 여기고 보살펴서 많은 사람들에게 존경과 사랑을 받았다.

누구보다도
행복하다

어릴 때부터 진리의 참맛을 느꼈던 칼이 누구보다도 행복해 보였다.

♣ 놀라운 사건

　　　　　　　어느 날 우연히 메르제부르크 공립중
학교의 프란츠 교장을 만났는데 그는 내 자녀교육법에 관심이 많았다.
당시에 그는 칼처럼 우수한 아이가 학교에 와서 학생들을 격려하면 좋을
것이라고 감탄하며 말했다. 어린 칼이 학생들 앞에서 실력을 뽐내면 나
머지 학생들에게 좋은 자극이 될 것이라고 생각했던 것이다.

　처음에 난 칼이 이 일로 자만할까봐 교장의 제의를 받아들이지 않았
다. 하지만 교장의 삼고초려로 결국 난 칼과 함께 학교를 방문하기로 결
정했다. 단 칼에게 나쁜 영향이 생기지 않도록 칼에게 이 일의 목적을 알
리지 않고, 사전에 아이들과 입을 맞춰서 무슨 일이 있어도 칼을 칭찬하
지 않는다는 조건을 내걸었다.

약속 당일에 난 칼에게 다른 학생들이 어떻게 공부하는지 학교에 구경 가자고 했다. 프란츠 교장은 학교시설과 개요를 소개한 뒤에 우리를 교실로 안내했다. 교장은 그리스어 교사로 마침 플루타르크에 관해서 수업할 차례였는데 그가 어려운 문제를 내자 아무도 대답하지 못했다. 그러자 교장은 마지못해 칼에게 질문하는 척했다. 칼이 별로 고민도 하지 않고 논리정연하게 대답하자 학생들이 깜짝 놀랐다.

그는 학생들에게 칼의 실력을 더 알리기 위해서 칼에게 라틴어판《줄리어스 시저》를 보고 물음에 답하게 했고, 칼은 이번에도 막힘없이 대답했다. 뒤이어 칼은 교장의 부탁으로 이탈리아 책을 정확한 발음으로 유창하게 읽었다. 칼의 실력에 놀란 아이들은 사전에 약속한 것도 잊고 박수를 쳤다.

그는 프랑스어도 시험해보고 싶어 했는데 마땅한 교재가 없자 직접 프랑스어로 말을 걸었다. 물론 칼은 더듬지 않고 모국어를 하듯이 프랑스어를 술술 말하고 많은 물음에도 대답했다. 칼은 프란츠 교장이 낸 그리스 역사와 지리에 관한 물음에도 대답했을 뿐더러 다른 수학문제도 거침없이 풀었다. 교실에 있던 교사와 학생들은 눈앞에서 벌어지는 광경에 입을 다물지 못했다. 난 이런 칼이 기특하고 자랑스러웠다.

이것은 칼이 여덟 살 때인 1808년 5월 20일에 있었던 일로, 이 일은 이로부터 사흘 뒤인 1808년 5월 23일 〈함부르크 통신〉에 '지역 역사상 가장 놀라운 사건' 이라는 제목으로 소개되었다. 난 지금까지도 이 신문 기사를 보관하고 있다.

칼 비테는 목사의 아들이다. 그는 공부를 시작한 지 오년밖에 안 되었다는 사실이 믿기지 않을 만큼 재능이 뛰어나지만 겸손하고, 또래 아이들처럼 건강하고 명랑하다.

칼의 아버지에 따르면 칼은 타고난 천재가 아니라 합리적인 후천적 교육을 받으며 지식을 쌓았다고 한다.

하지만 안타깝게도 겸손한 칼 비테의 아버지는 이에 대한 자세한 언급을 삼갔다.

이 소식은 각지의 신문을 타고 금세 널리 퍼졌다. 칼은 하룻밤 새에 전국을 뒤흔들었다. 칼이 유명해진 뒤에 유명한 학자와 교육전문가를 포함한 많은 사람들이 칼을 보러왔는데, 이들은 칼의 실력에 감탄을 금치 못했다.

♣ 라이프치히대학 입학증명서

칼이 뛰어난 재능으로 하룻밤 사이에 유명인이 되자 라이프치히대학의 교수와 시 관계자가 칼을 라이프치히대학에 입학시키는 것이 어떠냐는 제의를 해왔다. 그들은 토머스중학교 교장인 러스터 박사가 칼을 테스트할 수 있게 허락해 달라고 부탁했다.

난 망설여졌다. 내가 칼을 열심히 가르친 건 칼이 박학다식해지길 바라서였지 이런저런 테스트를 받게 하기 위해서가 아니었다. 게다가 그들이 아무 문제나 내서 칼에게 좋지 않은 영향이 미칠까봐 걱정되었다. 하지만 러스터 박사와 대화를 나눈 뒤에 그가 뜻이 깊은 사람이라는 걸 알고 칼의 희망찬 미래를 위해서 테스트를 허락했다.

난 러스터 박사에게 예전처럼 칼이 자신이 테스트를 받는지 모르게 해달라고 부탁했다. 러스터 박사는 내 뜻을 이해하고 그렇게 하겠다고 약속했다. 1809년 12월 12일, 테스트는 형식적이지 않은 평상적인 분위기에서 진행되었다. 테스트를 마친 뒤에 러스터 박사는 칼에게 다음과 같은 추천서를 써줬다.

요청에 따라서 금일 10세인 칼 비테를 테스트했다.

본인은 《일리아드》의 발췌분으로 그리스어를 테스트하고, 《아이네이스》의 발췌분으로 라틴어를 테스트했으며, 갈릴레이의 걸작 발췌분으로 이탈리아어를 테스트하고, 어느 책의 일부분으로 프랑스어를 테스트했다. 모두 난도가 높은 문제였지만 칼은 상당한 수준의 실력을 보였다.

칼은 언어의 기초가 튼튼하고 박학다식하며 이해력이 뛰어나다. 소식에 따르면 칼은 아버지인 칼 비테 목사로부터 교육을 받았다고 한다.

러스터 박사는 친필 편지로 라이프치히대학의 학장에게 칼은 열 살짜리 꼬마이지만 대학의 수업을 이수할 수 있는 충분한 능력이 있다고 강조했다. 또한 편견을 버리고 칼을 대학에 입학시키면 대학의 발전에도 도움이 될 것이라고 말했다.

학교 측은 러스터 박사의 테스트 결과를 받아들여 이듬해 1월 18일에 칼을 대학에 입학시켰다. 입학하던 날에 난 칼을 데리고 학장인 존스 박사를 찾아가 유쾌한 대화를 나눴고, 이후에 그는 시의 권위 있는 인물들에게 편지를 보냈다.

칼 비테는 올해 겨우 열 살이지만 열아홉 스무 살 청년들보다 더 똑똑합니다.

칼은 프랑스어, 이탈리아어, 라틴어, 영어, 그리스어를 유창하게 구사하는데 최근에 칼을 테스트한 많은 학자들이 칼의 재능에 혀를 내둘렀습니다. 칼은 국왕 앞에서도 테스트를 받은 적이 있습니다. 칼은 이 밖에도 문학, 역사, 지리 등에 풍부한 지식을 갖고 있는데 이 모든 것은 아버지의 교육의 있었기에 가능했습니다. 칼의 아버지의 교육방법이 결코 칼의 재능에 뒤지지 않는 셈이죠.

칼은 다른 신동들과 달리 심신이 건강하고 명랑하며 예의가 바른 보기드문 인재입니다. 만약에 계속해서 좋은 조건을 제공하면 칼은 탄탄대로를 달릴 것입니다.

하지만 가난한 농촌의 목사인 칼의 아버지가 언제까지 칼의 교육에 전념할 수 있을지 걱정됩니다.

칼의 아버지는 칼이 대학을 다니는 3년 동안 가족이 다함께 시에서 살고 싶어 하는데 그렇게 하면 자신이 하던 일을 버려야 합니다. 칼은 일년에 4마르크만 있으면 계속해서 라이프치히에 머물며 공부할 수 있습니다. 부탁컨대 매년 4마르크씩 3년간 후원을 해주십시오.

몰락할 수도 있는 인재를 돕는 영예로운 사업에 도움을 주시리라고 믿습니다. 또한 비테 박사가 같은 방법으로 이곳의 아이들을 가르치면 우리의 교육연구에도 큰 도움이 될 것입니다.

영예로운 사업에 꼭 동참해주시기 바랍니다.

이 편지는 큰 반향을 일으켰고, 결국 칼은 매년 4마르크가 아닌 8마르크씩 후원받게 되었다. 또한 내가 칼 곁에 머물며 계속 교육할 수 있도록 시 정부는 날 새로운 교구로 배치하고 월급도 두 배나 많이 줬다.

호의와 도움을 베푼 사람들에게 그저 고마울 따름이다.

♣ 국왕의 알현과 괴팅겐대학 입학

난 국왕에게 목사직 사표를 내기 위해서 칼을 데리고 카셀에 갔다.

한 가지 사실을 분명히 하자면 당시의 국왕은 프리드리히가 아니라 웨스트팔리아 왕국의 국왕 제롬(나폴레옹 1세의 동생)이었다. 웨스트팔리아는 나폴레옹 1세가 1809년에 엘베 강 서쪽에 건립한 왕국으로, 그 지역 일대를 통치했다.

공교롭게도 내가 카셀에 갔을 때 국왕은 궁에 없었다. 그날 우리를 마중한 대신은 처음에 칼의 재능을 의심했지만 대화를 나눈 끝에 실력을 믿고 감탄을 금치 못했다. 기억에 그는 세 시간에 걸쳐 철학, 문학, 천문, 지리, 역사 등의 분야를 테스트했는데 칼은 이에 거침없이 대답했다. 결국 그는 칼을 명실상부한 천재로 인정했다.

"우리나라에도 좋은 대학이 많은데 왜 칼을 외국으로 보내려고 하죠?"

그는 칼을 라이프치히에 보내지 말고 국내에 머물 것을 권했다.

그는 그날 저녁 만찬에 우리 부자와 정부 대신들을 초대했다. 저녁 만찬 자리에서도 사람들은 칼을 테스트했고, 결과에 만족해했다. 그들은 상의 끝에 칼을 국내에 있는 할레대학이나 괴팅겐대학에 보내면 장학금을 주겠다고 약속했다. 하지만 우리는 라이프치히 사람들의 기대를 저버릴 수 없어서 이들의 호의를 거절했고, 난 할레 지역 목사직 사표를 내기 위해서 국왕이 올 때까지 기다렸다.

7월 29일에 난 대신에게 편지를 받았다.

> 폐하께 귀하의 사직 의사와 아드님의 뛰어난 재능에 대해서 보고했습니다.
>
> 폐하께서는 귀하가 크리스마스 이후에 현직에서 물러나는 것을 허락하고 아드님이 졸업하면 다시 교구를 지정해주신다고 했습니다.
>
> 하지만 본국에도 좋은 대학이 많은 만큼 아드님을 국내대학에 진학시키시기 바랍니다. 아드님을 괴팅겐대학에 진학시키면 금년 크리스마스 이후 3년 동안 매년 60마르크의 장학금을 지급받을 수 있으니, 외국에 갈 필요도 없고 외국의 도움을 받을 필요도 없습니다.
>
> 금일부터 크리스마스까지 두 달간 괴팅겐으로 이직할 준비를 하십시오.
>
> 폐하의 뜻을 전하게 된 것을 기쁘게 생각하며 이 조치가 아드님의 학업에 도움이 되길 바랍니다.

이렇게 해서 칼은 같은 해 가을학기부터 4년간 괴팅겐대학에 다니게 되었다. 난 칼이 너무 어린 탓에 마음이 놓이지 않아 함께 학교를 다니며 칼을 보살폈다.

칼의 4년간 학과일정은 이랬다.

제1학기 : 고대사 上, 물리학

제2학기 : 수학, 식물학

제3학기 : 응용수학, 박물학

제4학기 : 화학, 해부학

제5학기 : 측량학, 실험화학, 광물학 上, 미적분

제6학기 : 실용기하학, 광학, 광물학 下, 프랑스 문학

제7학기 : 정치사, 고대사 下

제8학기 : 고등수학

이 밖에도 해부화학, 논리학, 언어학 등이 있었다.

보통 열한 살 정도의 아이가 스무 살 청년들과 공부하면 긴장하게 마련이다. 하지만 칼은 긴장하지 않은 채 대학생활도 공부도 모두 부담 없이 즐겁게 했다.

칼은 마음껏 놀고 운동하며 동식물 표본을 채집했다. 또한 회화, 피아노 연주, 무용 등 다양한 분야에서 더 많은 재능을 키우고 수업이 끝나면 날마다 고전어와 근대어를 연구했다.

일주일 간의 부활절 휴일동안 우리 부자는 여행을 떠났다. 난 친구들이 부지런히 칼의 공부를 도우라고 조언할 때마다 이렇게 말했다.

"내가 칼을 여럿이 감상할 수 있는 장난감으로 만들려면 너희 말을 들을 거야. 하지만 난 칼을 전시품으로 만들고 싶은 생각이 없어. 아직까진 지식을 쌓는 것보다 칼이 건강하게 뛰어놀고 견문을 넓히는 게 더 중요해. 게다가 앞으로 칼이 공부할 시간은 많아."

난 무엇보다도 칼의 건강을 중시해서 칼이 대학을 다니는 동안 비가 오나 눈이 오나 실외활동을 하게 했다. 우리 부자는 천둥번개가 치는 날에도 산책했는데, 비 오는 날 우리가 길거리를 뛰어다니는 모습을 보는 것은 그리 어려운 일이 아니었다.

이듬해 여름 두 번째 학기가 끝나갈 무렵에 국왕이 괴팅겐대학에 시찰을 나왔는데 이때 칼은 식물학 강의를 듣느라 식물원에 있었다. 수행단에는 먼저 칼을 테스트했던 대신도 있었는데 그가 한눈에 칼을 알아보고 국왕에게 소개했다. 그러자 국왕은 매우 기뻐하며 칼과 얘기를 나누고 싶어 했다. 우리 부자는 국왕과 여행 앞으로 불려나갔다. 국왕은 칼에게 자신이 후원할 테니 공부에 전념하라고 격려했다.

우리가 물러난 뒤에 국왕 부부를 수행하던 귀부인들이 우르르 몰려와 칼을 둘러싸고 끊임없이 뽀뽀했다. 이후 칼은 국왕이 마차에 오를 때까지 장군 두 명의 호위를 받으며 국왕과 함께 다녔다.

이때 칼의 나이는 겨우 열 살이었다.

1812년 겨울 즉 다섯 번째 학기에 칼은 열세 살의 나이로 나선에 관한 논문을 발표해서 학자들의 호평과 상이라는 두 마리 토끼를 모두 잡았다. 또한 자신이 발명한 곡선형의 간단한 도구를 설명하고 국왕과 대신들에게 찬사를 받기도 했다.

일곱 번째 학기 때 다시 말해서 열네 살 때 칼은 정치사를 공부하는 동시에 《삼각법》을 집필했다. 이 책은 바로 출판되지 않고 칼이 괴팅겐대학을 떠나 하이델베르크대학에 있을 때인 1815년에 출판되었다.

1813년에 약속했던 장학금의 기한이 끝나자 국왕은 이듬해까지 연장해서 칼이 마음껏 공부하게 했다.

1812년에 나폴레옹의 러시아 정벌이 실패한 뒤에 웨스트팔리아 왕국이 쇠퇴의 길로 들어서자 웨스트팔리아 정부는 하노버, 브런즈윅, 헤센의 정부에 칼을 추천했다.

전쟁 중이라 각국의 자금 사정이 좋지 않았지만 하노버, 브런즈윅, 헤센 세 나라는 칼의 학비를 지원해주기로 약속했다. 이렇게 해서 괴팅겐대학의 마지막 학기 학비는 세 나라가 부담해줬다. 이것은 당시 사람들이 칼의 학식을 얼마나 중시했는지 알 수 있는 대목으로 조건 없이 베푸는 그들의 호의에 깊이 감사했다.

♣ 열다섯 살짜리 박사

1814년 4월, 칼은 여행 중에 기센대학을 방문했다가 철학 교수들과 공통으로 학술문제를 토론했다. 토론을 마친 뒤에 교수들은 칼의 학식을 인정하는 한편 1812년에 발표했던 논문의 가치를 높게 평가했다. 이 일로 칼은 1814년 4월 10일에 기센대학 학장으로부터 철학박사 학위를 받았다.

우리 부자는 마지막 학기 학비를 받기 위해서 브런즈윅에 가야 했다. 칼의 마지막 학기 학비를 하노버, 브런즈윅, 헤센 정부에서 공동으로 제공했기 때문이다. 브런즈윅에 도착하자 당국의 직원이 우리를 브런즈윅 공작에게 안내했다. 막 여행을 떠나려던 참이었던 공작은 우리를 반갑게 맞이했다. 그는 우리와 많은 대화를 나눈 뒤에 칼이 원하면 미국에 친척이 있으니 그곳에 유학을 보내주겠다고 했다.

하노버에 학비를 받으러 갔을 땐 강연 요청을 받기도 했다. 예전에 칼은 잘츠베들러에서 수학보고를 하고 호평을 받았는데 상대방은 이 연장선상에서 강연해주길 바랐다. 칼은 이튿날 지역 중학교 대강당에서 보고를 하기로 결정했다.

1814년 5월 3일, 이때 칼의 나이 열다섯이었다.

하노버의 지식인들이 모두 모인 가운데 칼은 독일어로 강연을 시작했다. 당시에 칼은 급하게 학비를 받으러 다니느라 강연 준비는커녕 밤에 잠잘 시간도 모자랐지만 말도 더듬지 않고 훌륭하게 강연을 진행했다. '혹시 원고를 보고 읽는 것이 아닐까' 라고 의심했던 사람들은 몰래 뒤로 가서 칼을 보고는 맨손으로 하는 것에 깜짝 놀랐다. 칼도 이 점을 눈치채고 자신이 결코 원고를 보고 읽지 않는 것을 증명하기 위해서 강단 앞까지 나와 강연을 해서 박수 세례를 받았다. 칼은 환호와 갈채 속에서 강연을 끝냈다.

하노버 정부는 칼의 학식을 인정하고 원래보다 더 많은 학비를 지급했다. 또한 하노버의 공작도 브런즈윅 공작처럼 칼이 원하면 영국에 유학을 보내주겠다고 약속했다.

우리는 기센에서도 사람들에게 환영받고 궁에 초대되어 융숭한 대접을 받았다.

칼이 대학을 졸업한 뒤에 난 칼의 진로를 두고 고민하지 않을 수 없었다. 가장 빠르게 출세하는 길은 칼이 기존에 공부했던 학문을 계속해서 연구하는 것이었다. 하지만 이렇게 하면 한 분야에만 정통한 학자가 되지 않는가. 난 거듭 생각해서 이 길을 선택하지 않았다.

난 칼이 더 풍부한 지식을 배우게 하기 위해서 법대에 진학시키기로 결정했다. 그러자 어느 수학교수가 애석해하며 내게 이유를 물었다. 난 말했다.

"열아홉 살 전에 되도록 많은 지식을 공부해야 그 이후에 자신이 가고 싶은 길을 갈 수 있을 것 같아서요. 칼이 열아홉 이후에도 수학을 좋아하면 그땐 수학을 연구하게 해야죠."

칼은 헤이델베르크대학에서 법학을 전공할 때도 좋은 성적을 받고 교수와 학생들에게 사랑을 받았다.

♣ 건강하고 즐거운 영재

　　　　　　　누군가 내게 칼이 조기교육을 받아서 성적이 좋긴 하지만 이것 때문에 건강이 나빠지진 않았냐고 물었다. 이 문제는 매우 중요했다. 하지만 칼은 어릴 때건 커서건 모두 건강했다.

시인 하이네는 웰란에게 보낸 편지에 "칼이 열한 살 때 테스트해본 적이 있는데 비범한 재주도 놀라웠지만 몸이 건강하고 성격이 명랑해서 더 놀랐다"고 썼다.

사실 칼은 사람들이 생각하는 것처럼 하루 종일 책상 앞에 앉아서 지루하게 유년시절을 보내지 않았다.

난 드라이든의 이 시 구절을 매우 좋아한다.

"진리를 맛보는 것보다 더 행복한 게 없어 진리의 행복이 영원히 잊혀지지 않는구나."

난 어릴 때부터 진리의 참맛을 느꼈던 칼이 누구보다도 행복해 보였다. 앞서 말했지만 칼은 책상 앞에 앉아있기보다 대부분의 시간을 놀고 운동하며 보냈다.

칼은 어릴 때부터 견문이 넓고 다른 아이들보다 아는 것이 많아서 생각하는 것이 성숙했다. 칼의 박학다식함은 다른 아이들이 뒤쫓을 수도 없을 만큼 높은 수준이었지만 그렇다고 거만하게 굴거나 다른 아이들을 무시하지 않았다. 아이들과 놀 때도 칼은 남의 화를 돋우지 않고 상냥하게 굴었을 뿐더러 분위기를 즐겁게 만들어서 아이들이 함께 놀고 싶어했다. 간혹 일부러 시비를 거는 아이들이 있었지만 칼은 싸우지 않고 현명하게 대처했다. 옛날부터 학자는 고리타분하다고 여겨졌는데 칼은 어릴 때나 다 컸을 때나 지루한 책벌레가 되지 않고 늘 사람들을 즐겁게 해줬다.

　문학에 재능이 많았던 칼은 이미 어려서 동서고금의 문학작품에 정통하고 훌륭한 시와 글을 썼다. 인격적으로 아름다운 학자가 된 칼을 보며 성공적인 자녀교육에 뿌듯함을 느낀다.

후기

눈부신 성과를 이룬 아들이 자랑스럽다. 하지만 이보다 더 기쁜 사실은 내 교육이론이 다른 사람들 말처럼 잠꼬대가 아니라 실제로 효과가 있다고 증명된 것이다.

교육가들이 참고하게 하기 위해서가 아니라 자녀교육에 관심이 많은 사람들이 현재 유행하는 교육방법 외에도 다른 효과적인 방법들이 많다는 걸 알았으면 하는 마음에서 이 책을 썼다.

합리적으로 교육하면 대부분의 아이들이 훌륭한 사람이 될 수 있다고 믿는다. 칼이 훌륭한 성과를 낼 수 있었던 건 교육법이 적절했기 때문이다. 하지만 그렇다고 다른 교육가들이 아이를 칼처럼 만들지 못했다고 그들을 질책해선 안 된다. 나 때문에 기존의 교육가들이 무능하다고 질책받기 때문에 그들이 날 적대시한 건 정상이다. 난 교육가들을 질책하지 말라고 열심히 설명했지만 역부족이었다. 부모는 가정교육을 잘 시키지 않으면 유능한 교육가가 아이를 지도해도 소용이 없다는 것을 알아야 한다. 이런 의미에서 볼 때 난 교육가들의 적이 아니다.

사실 나와 비슷한 교육관을 갖고 있는 교육가는 그리 많지 않다. 하지만 날 이해해주는 사람이 있어 위로가 된다. 페스탈로치는 내 교육관을 인정한 첫 번째 사람이다. 사람들이 내게 의혹의 눈초리를 보낼 때 그는

"당신의 교육은 반드시 성공할 것이다."라고 격려해주었다. 최근에 페스탈로치와 파리대학의 줄리앙 교수가 내 교육방법을 세상에 공개하라고 권했다. 페스탈로치는 편지도 보내왔다.

14년 전에 함께 교육문제를 토론할 때 당신이 말했지요. 특별한 방법을 이용해서 효과적으로 아들을 가르칠 거라고. 14년이 지난 지금 난 예상했던 것보다 더 훌륭한 당신의 교육적 성과를 보고 있습니다.

하지만 내막을 잘 모르는 사람들은 칼이 원래부터 천재였다고 말하며 당신의 교육적 성과를 의심합니다. 그래서 부탁컨대 모든 아이들이 혜택받을 수 있게 교육방법을 자세하게 밝혀서 당신의 교육방법을 증명해주세요. 이것은 매우 의미 있는 일이니, 진지하게 고려해주시기 바랍니다.

당신의 가장 비천한 친구 페스탈로치로부터

1814년 9월 4일

난 그들의 삼고초려 끝에 이 책을 썼다. 따라서 가장 먼저 이 책을 내게 관심과 지지를 보내준 친구들에게 바치고, 다음으로 우리 부자에게 아무 대가 없이 호의와 도움을 베푼 러스터 박사, 라이프치히의 맘 좋은 시민들, 제롬 국왕 폐하, 브런즈윅 공작, 하노버의 공작 등에도 감사의 뜻을 전하며 바치고 싶다.

칼 비테

1818년 12월 20일 괴팅겐에서

칼 비테의
자녀교육법

개정판 1쇄 인쇄 2022년 11월 15일
개정판 1쇄 발행 2022년 11월 25일

지은이 칼 비테
옮긴이 김락준
펴낸이 고정호
펴낸곳 베이직북스

주소 서울시 금천구 가산디지털1로 16, SK V1 AP타워 1221호
전화 02) 2678-0455
팩스 02) 2678-0454
이메일 basicbooks1@hanmail.net
홈페이지 www.basicbooks.co.kr
블로그 blog.naver.com/basicbooks_marketing
인스타그램 www.instagram.com/basicbooks_kidsfriends/
출판등록 제 2021-000087호

ISBN 979-11-6340-061-5   03370